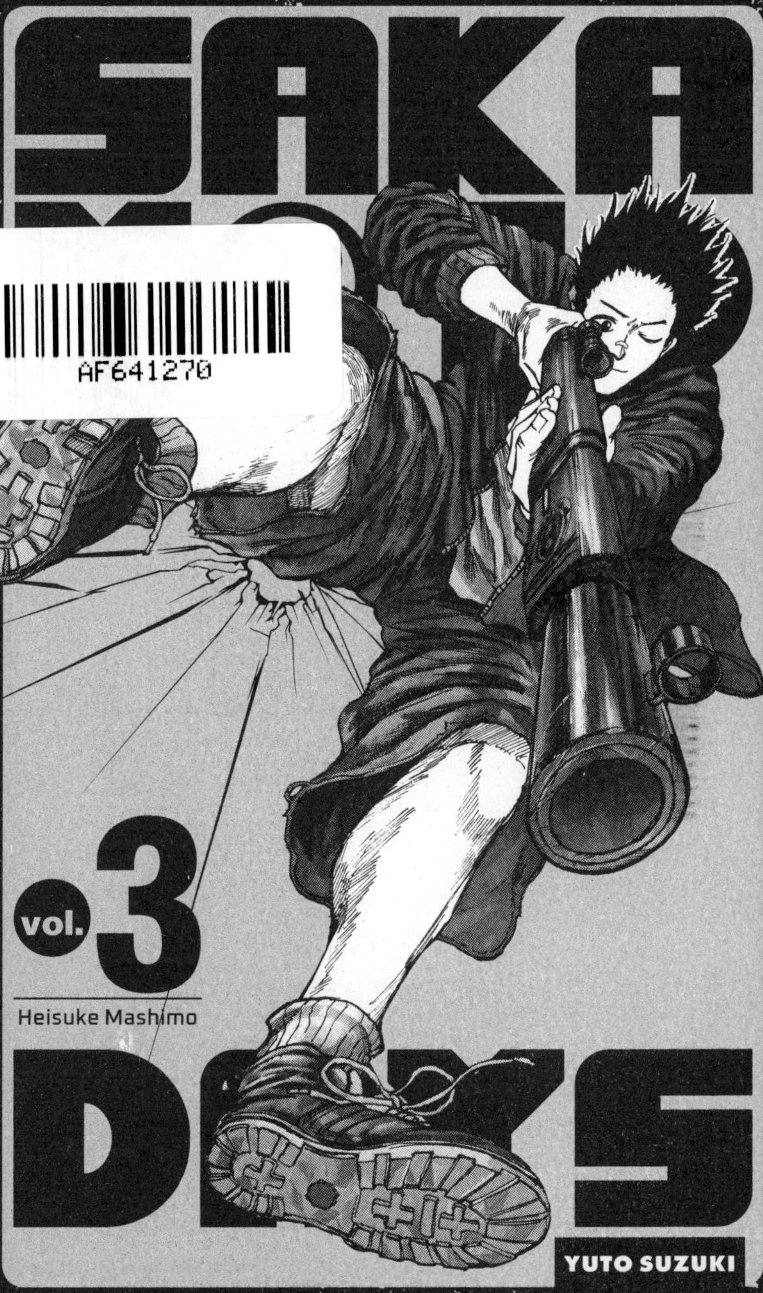
SAKA
DAYS
vol. 3
Heisuke Mashimo
YUTO SUZUKI

SAKAMOTOS LADEN

EMPFEHLUNGEN IN DIESEM BAND!!

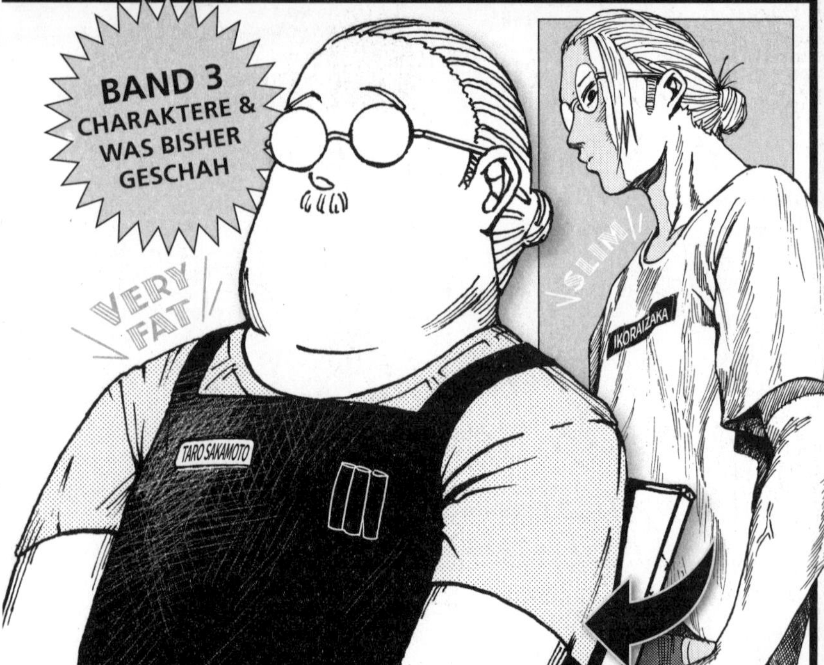

Ehemals der stärkste und gefürchtetste Auftragskiller. Führt jetzt einen kleinen Familienbetrieb, einen Tante-Emma-Laden namens »Sakamoto«, in einem ruhigen Viertel der Vorstadt. Ein recht schweigsamer und gefräßiger Zeitgenosse, der, obwohl er mittlerweile kugelrund ist, noch immer die gefährlichsten Tötungstechniken und alle Tricks und Kniffe eines waschechten Profikillers instinktiv beherrscht. Seine Frau und seine Tochter liebt er über alles. Wenn er zu viele Kalorien verbrennt, magert er schnell ab und ist wieder schlank und fit wie ein Turnschuh.

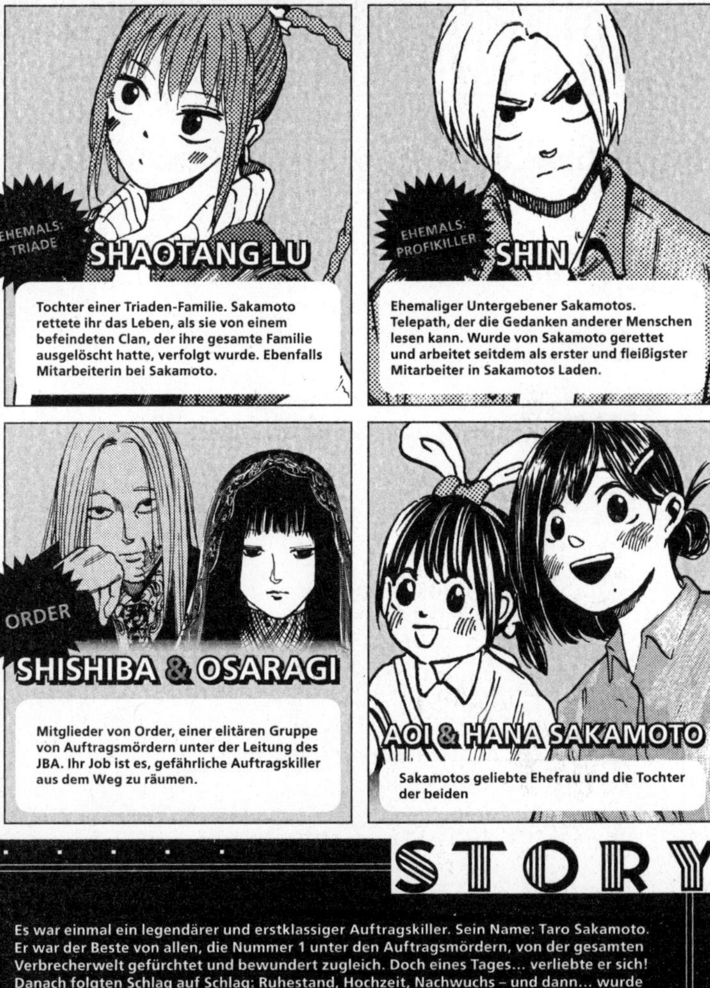

STORY

Es war einmal ein legendärer und erstklassiger Auftragskiller. Sein Name: Taro Sakamoto. Er war der Beste von allen, die Nummer 1 unter den Auftragsmördern, von der gesamten Verbrecherwelt gefürchtet und bewundert zugleich. Doch eines Tages… verliebte er sich! Danach folgten Schlag auf Schlag: Ruhestand, Hochzeit, Nachwuchs – und dann… wurde Sakamoto fett! Und zwar so richtig. Mittlerweile ist er Besitzer eines Familienbetriebs namens »Sakamoto«, und kaum dass er der Unterwelt den Rücken gekehrt hat, sieht er sich ständig neuen Gefahren ausgesetzt. Dabei versucht er doch nur, den ruhigen Alltag und das friedliche Familienleben mit seiner geliebten Frau Aoi und seiner Tochter Hana zu beschützen.
Als ein Kopfgeld von einer Milliarde Yen auf Sakamoto ausgesetzt wird, muss er sich gegen eine schier unaufhörliche Anzahl von Auftragskillern behaupten. Bei den Nachforschungen, wer für das Kopfgeld verantwortlich ist, stößt Team Sakamoto auf einen geheimnisvollen Profikiller namens »X«, der es offenbar ausschließlich auf andere Auftragsmörder abgesehen hat. So hat er bereits mehr als 100 professionelle Attentäter des JBA um die Ecke gebracht. Die Eliteeinheit »Order«, zu der auch Sakamoto früher gehörte, wird deshalb aktiv und nimmt ebenfalls die Verfolgung auf…

SAKAMOTO DAYS vol. 3

INHALT

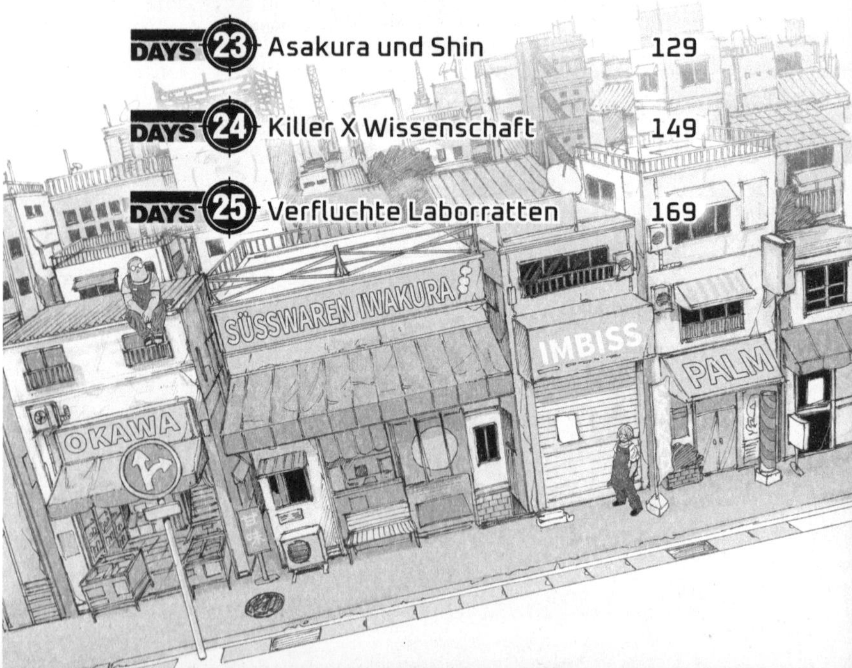

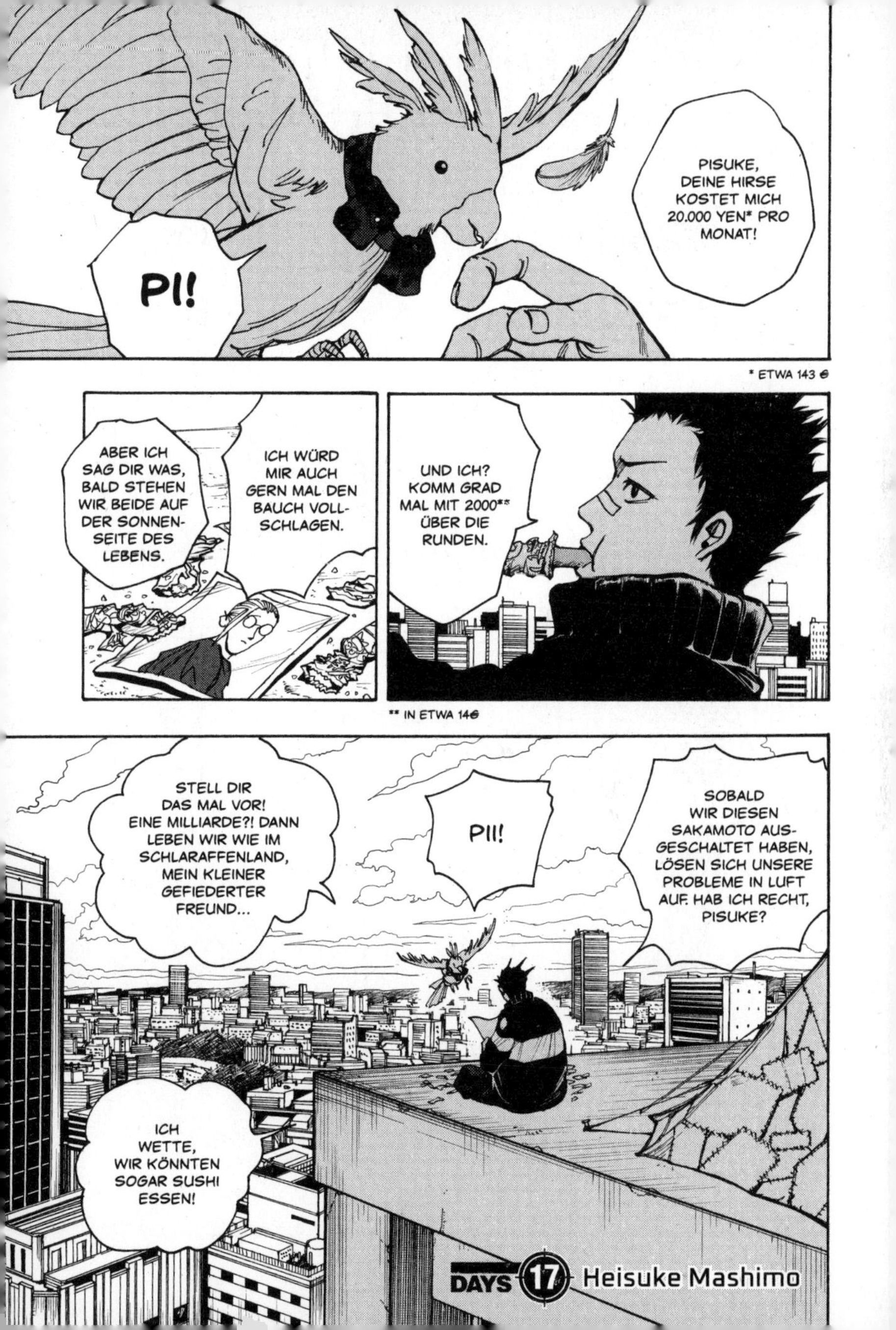
PISUKE, DEINE HIRSE KOSTET MICH 20.000 YEN* PRO MONAT!
PI!
* ETWA 143 €
UND ICH? KOMM GRAD MAL MIT 2000** ÜBER DIE RUNDEN.
ICH WÜRD MIR AUCH GERN MAL DEN BAUCH VOLL-SCHLAGEN.
ABER ICH SAG DIR WAS, BALD STEHEN WIR BEIDE AUF DER SONNEN-SEITE DES LEBENS.
** IN ETWA 14€
SOBALD WIR DIESEN SAKAMOTO AUS-GESCHALTET HABEN, LÖSEN SICH UNSERE PROBLEME IN LUFT AUF. HAB ICH RECHT, PISUKE?
PII!
STELL DIR DAS MAL VOR! EINE MILLIARDE?! DANN LEBEN WIR WIE IM SCHLARAFFENLAND, MEIN KLEINER GEFIEDERTER FREUND...
ICH WETTE, WIR KÖNNTEN SOGAR SUSHI ESSEN!
DAYS 17 Heisuke Mashimo

DAYS 17 Heisuke Mashimo

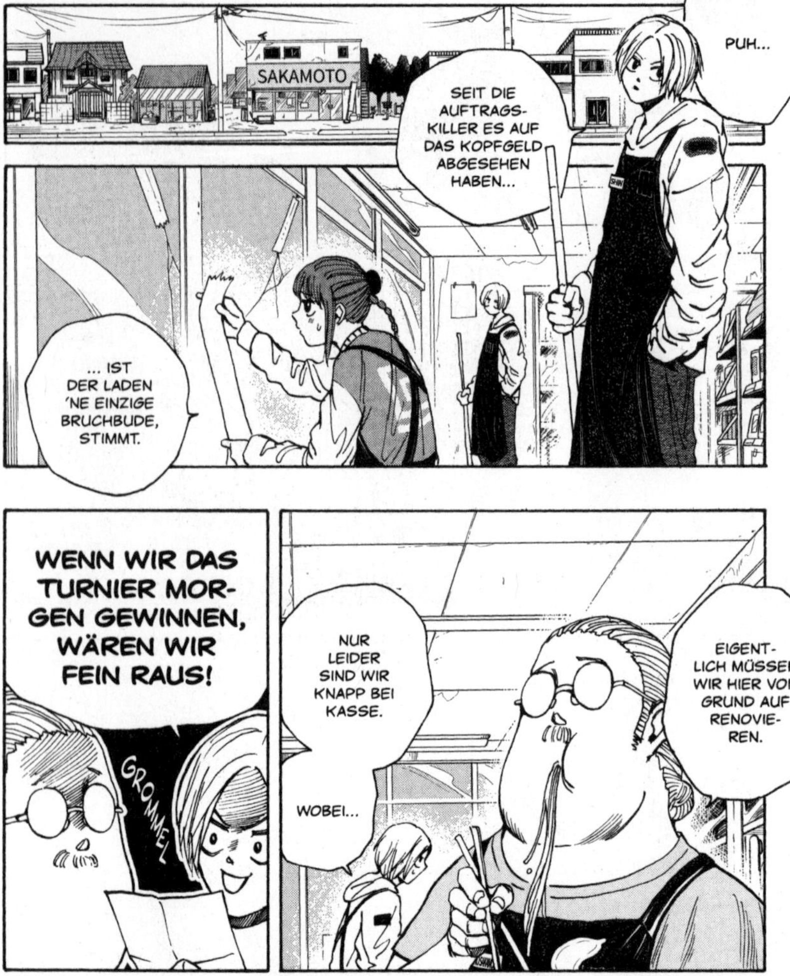

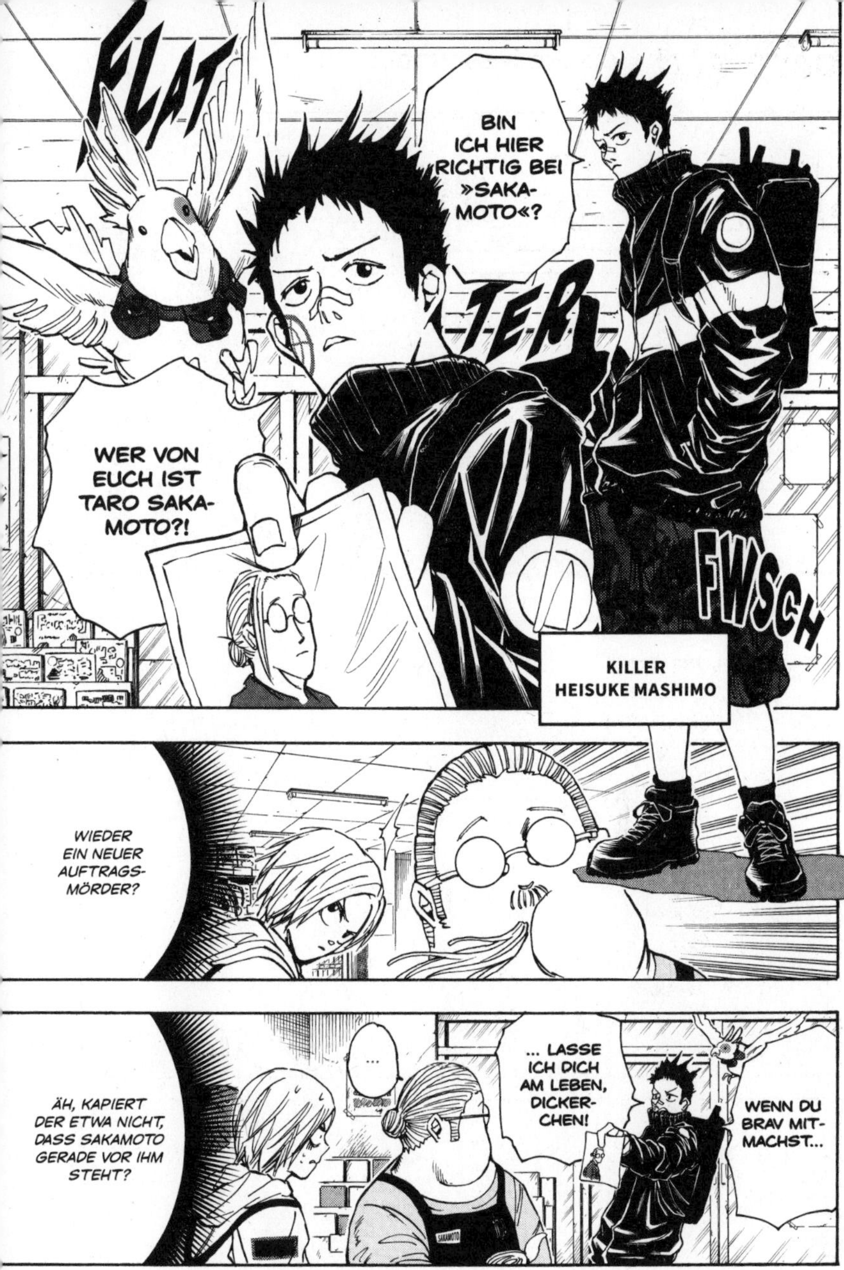

BIN ICH HIER RICHTIG BEI »SAKAMOTO«?
FLAT
TER
WER VON EUCH IST TARO SAKAMOTO?!
FWSCH
KILLER HEISUKE MASHIMO
WIEDER EIN NEUER AUFTRAGSMÖRDER?
WENN DU BRAV MITMACHST...
... LASSE ICH DICH AM LEBEN, DICKERCHEN!
...
ÄH, KAPIERT DER ETWA NICHT, DASS SAKAMOTO GERADE VOR IHM STEHT?
SAKAMOTO

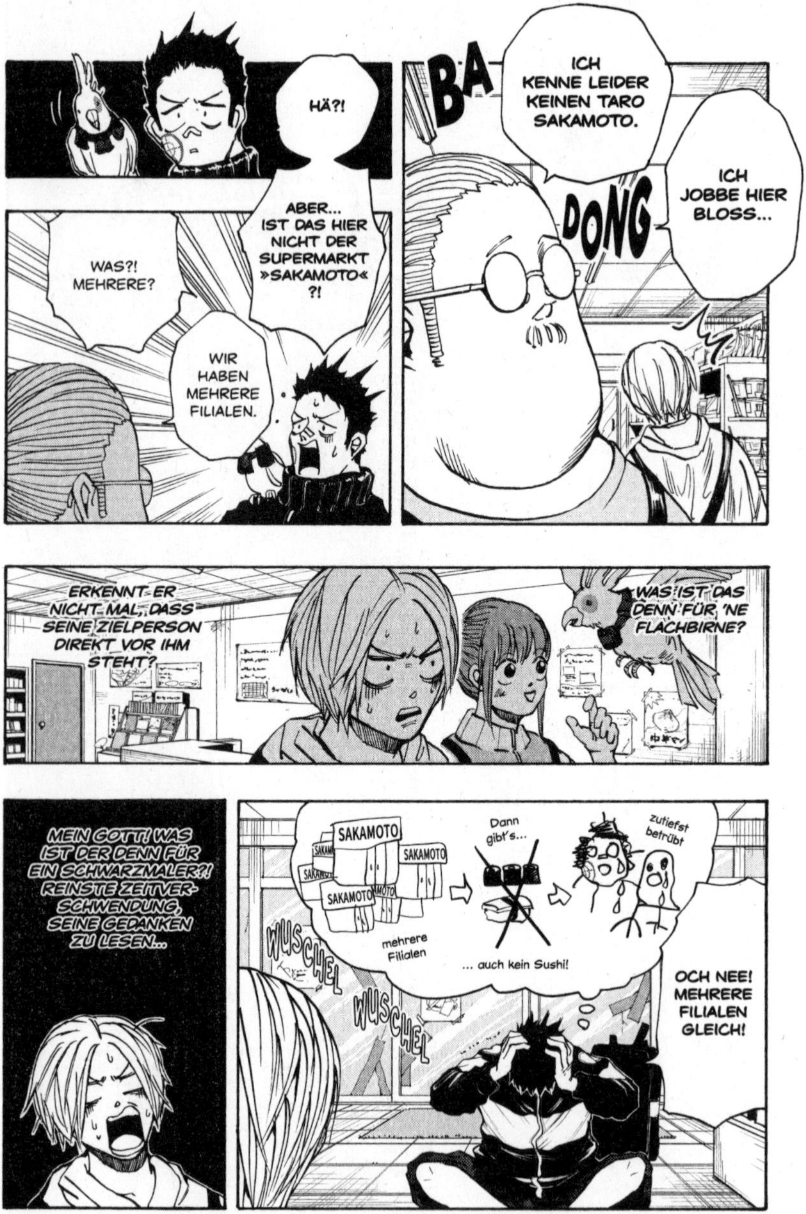
BA
ICH KENNE LEIDER KEINEN TARO SAKAMOTO.
DONG
ICH JOBBE HIER BLOSS...
HÄ?!
ABER... IST DAS HIER NICHT DER SUPERMARKT »SAKAMOTO« ?!
WIR HABEN MEHRERE FILIALEN.
WAS?! MEHRERE?
WAS IST DAS DENN FÜR 'NE FLACHBIRNE?
ERKENNT ER NICHT MAL, DASS SEINE ZIELPERSON DIREKT VOR IHM STEHT?
SAKAMOTO
mehrere Filialen
Dann gibt's...
... auch kein Sushi!
zutiefst betrübt
OCH NEE! MEHRERE FILIALEN GLEICH!
WUSCHEL
WUSCHEL
MEIN GOTT! WAS IST DER DENN FÜR EIN SCHWARZMALER?! REINSTE ZEITVERSCHWENDUNG, SEINE GEDANKEN ZU LESEN...

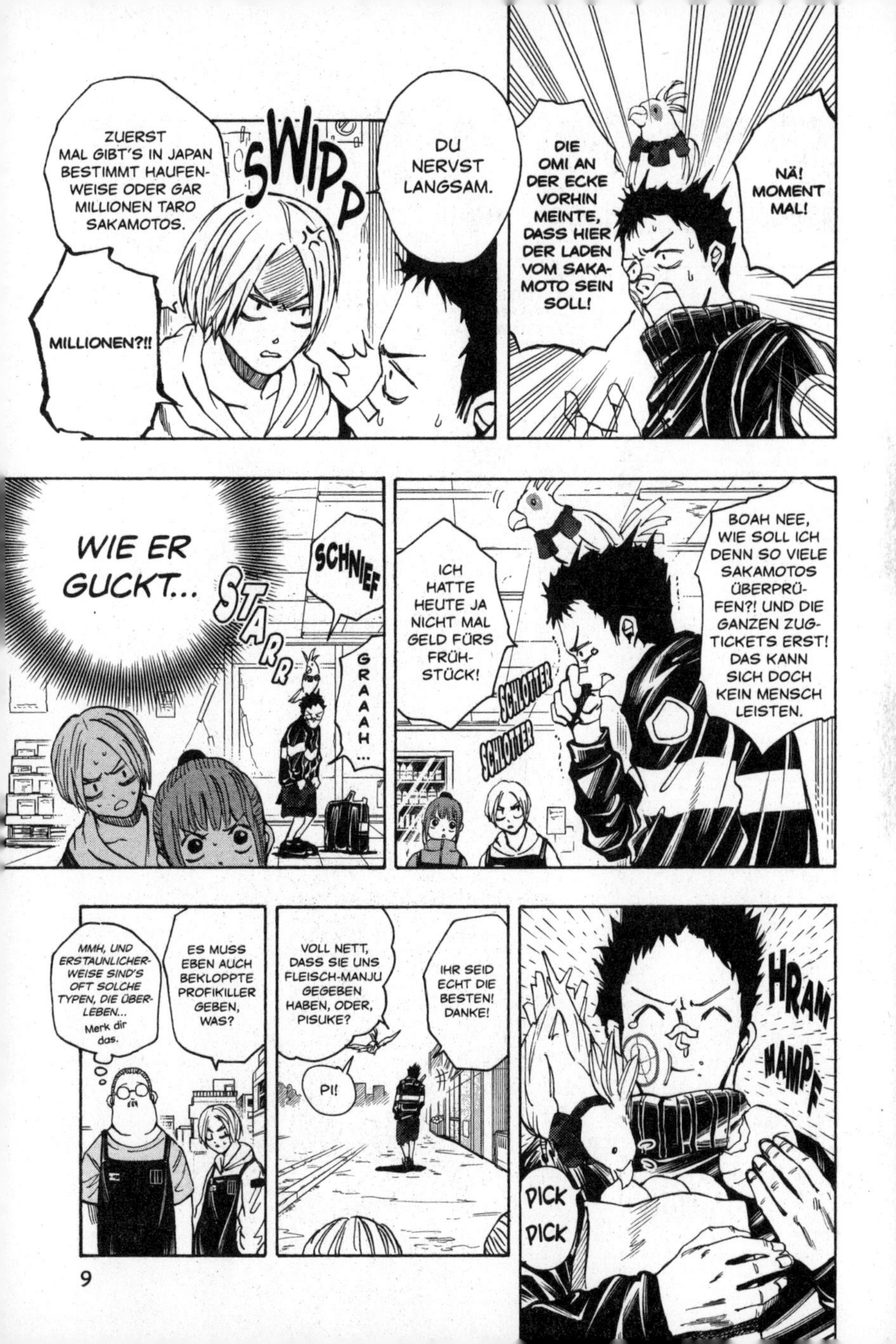
NÄ! MOMENT MAL!
DIE OMI AN DER ECKE VORHIN MEINTE, DASS HIER DER LADEN VOM SAKAMOTO SEIN SOLL!
DU NERVST LANGSAM.
SWIPP
ZUERST MAL GIBT'S IN JAPAN BESTIMMT HAUFENWEISE ODER GAR MILLIONEN TARO SAKAMOTOS.
MILLIONEN?!!
BOAH NEE, WIE SOLL ICH DENN SO VIELE SAKAMOTOS ÜBERPRÜFEN?! UND DIE GANZEN ZUGTICKETS ERST! DAS KANN SICH DOCH KEIN MENSCH LEISTEN.
SCHLOTTER
SCHLOTTER
ICH HATTE HEUTE JA NICHT MAL GELD FÜRS FRÜHSTÜCK!
SCHNIEF
GRAAAAH...
STARR
WIE ER GUCKT...
HRAM
MAMPF
PICK PICK
IHR SEID ECHT DIE BESTEN! DANKE!
VOLL NETT, DASS SIE UNS FLEISCH-MANJU GEGEBEN HABEN, ODER, PISUKE?
PI!
ES MUSS EBEN AUCH BEKLOPPTE PROFIKILLER GEBEN, WAS?
MMH, UND ERSTAUNLICHERWEISE SIND'S OFT SOLCHE TYPEN, DIE ÜBERLEBEN... Merk dir das.

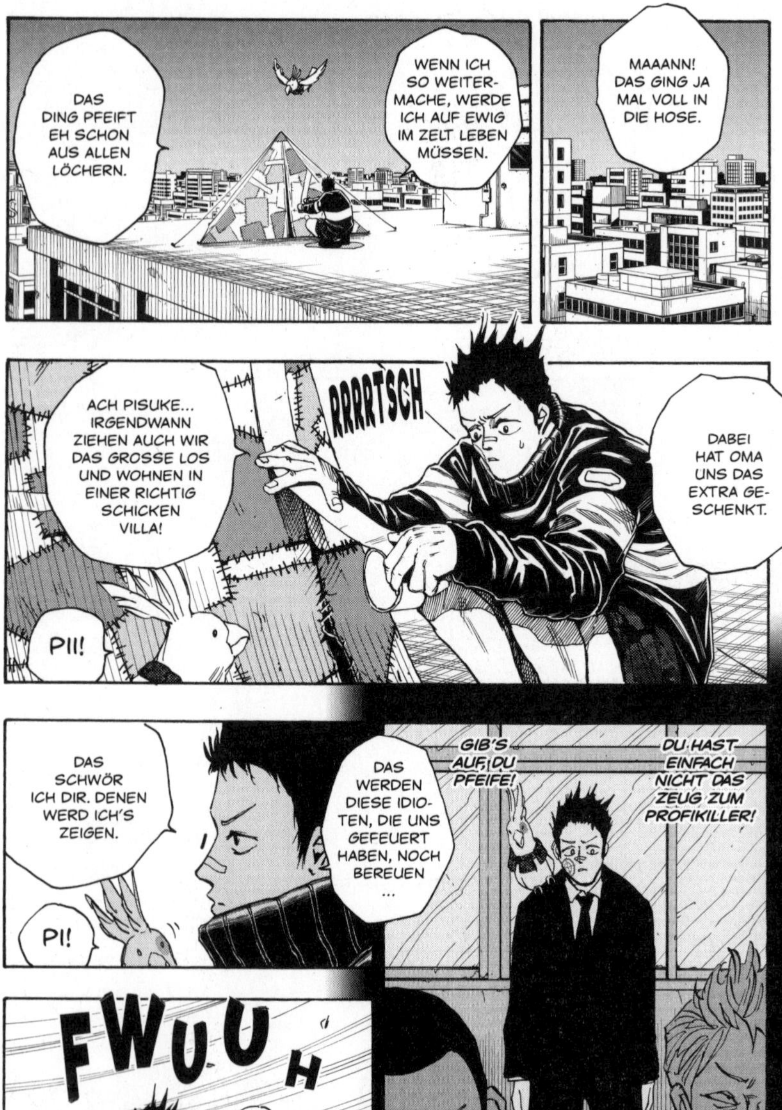
MAAANN! DAS GING JA MAL VOLL IN DIE HOSE.
WENN ICH SO WEITER-MACHE, WERDE ICH AUF EWIG IM ZELT LEBEN MÜSSEN.
DAS DING PFEIFT EH SCHON AUS ALLEN LÖCHERN.
DABEI HAT OMA UNS DAS EXTRA GE-SCHENKT.
RRRRTSCH
ACH PISUKE... IRGENDWANN ZIEHEN AUCH WIR DAS GROSSE LOS UND WOHNEN IN EINER RICHTIG SCHICKEN VILLA!
PII!
DU HAST EINFACH NICHT DAS ZEUG ZUM PROFIKILLER!
GIB'S AUF, DU PFEIFE!
DAS WERDEN DIESE IDIO-TEN, DIE UNS GEFEUERT HABEN, NOCH BEREUEN ...
DAS SCHWÖR ICH DIR. DENEN WERD ICH'S ZEIGEN.
PI!
FWUUH
!

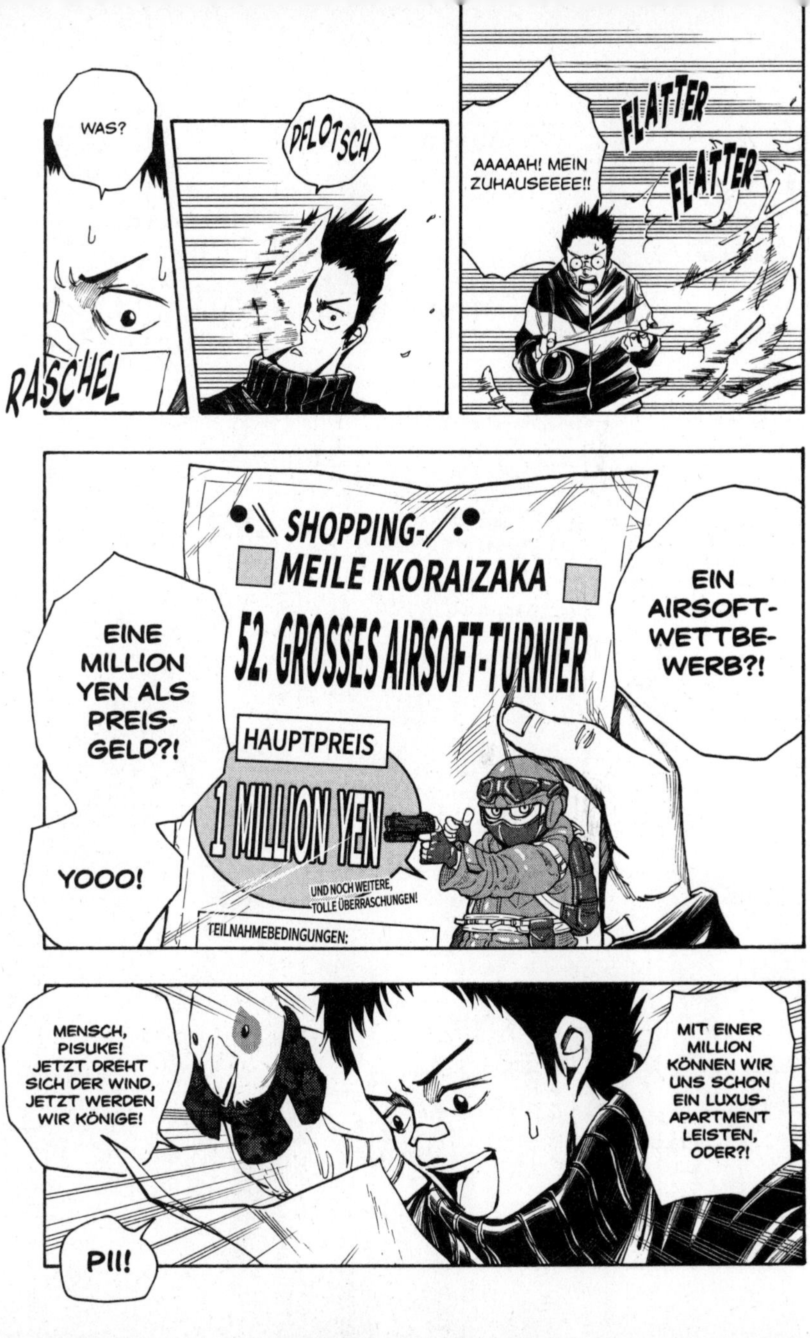
AAAAAH! MEIN ZUHAUSEEEE!!
FLATTER
FLATTER
DFLOTSCH
WAS?
RASCHEL
EIN AIRSOFT-WETTBEWERB?!
SHOPPING-MEILE IKORAIZAKA
52. GROSSES AIRSOFT-TURNIER
HAUPTPREIS
1 MILLION YEN
UND NOCH WEITERE, TOLLE ÜBERRASCHUNGEN!
TEILNAHMEBEDINGUNGEN:
EINE MILLION YEN ALS PREISGELD?!
YOOO!
MIT EINER MILLION KÖNNEN WIR UNS SCHON EIN LUXUSAPARTMENT LEISTEN, ODER?!
MENSCH, PISUKE! JETZT DREHT SICH DER WIND, JETZT WERDEN WIR KÖNIGE!
PII!

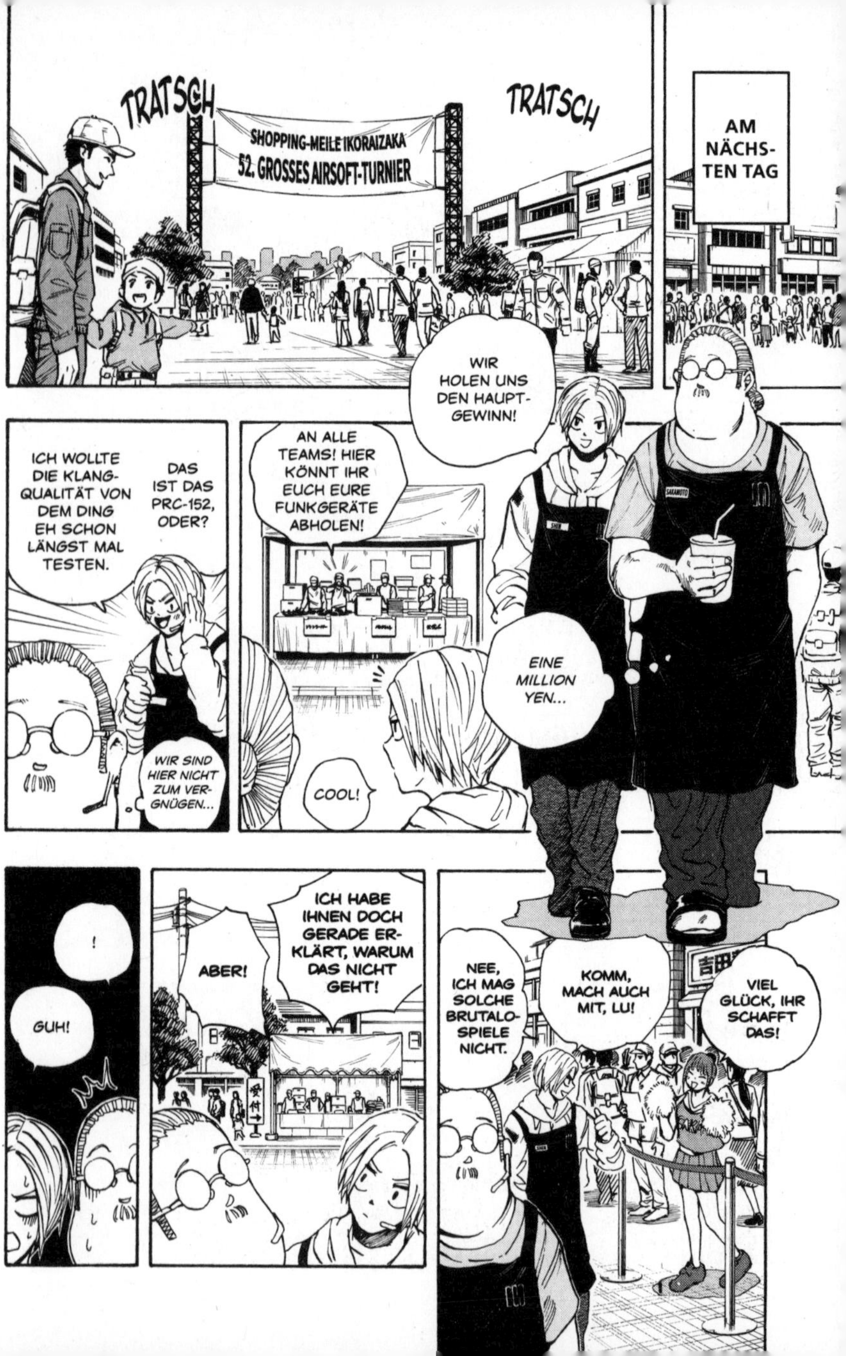
AM NÄCHS-TEN TAG
TRATSCH
TRATSCH
SHOPPING-MEILE IKORAIZAKA
52. GROSSES AIRSOFT-TURNIER
WIR HOLEN UNS DEN HAUPT-GEWINN!
EINE MILLION YEN…
AN ALLE TEAMS! HIER KÖNNT IHR EUCH EURE FUNKGERÄTE ABHOLEN!
COOL!
DAS IST DAS PRC-152, ODER?
ICH WOLLTE DIE KLANG-QUALITÄT VON DEM DING EH SCHON LÄNGST MAL TESTEN.
WIR SIND HIER NICHT ZUM VER-GNÜGEN…
VIEL GLÜCK, IHR SCHAFFT DAS!
KOMM, MACH AUCH MIT, LU!
NEE, ICH MAG SOLCHE BRUTALO-SPIELE NICHT.
ICH HABE IHNEN DOCH GERADE ER-KLÄRT, WARUM DAS NICHT GEHT!
ABER!
!
GUH!

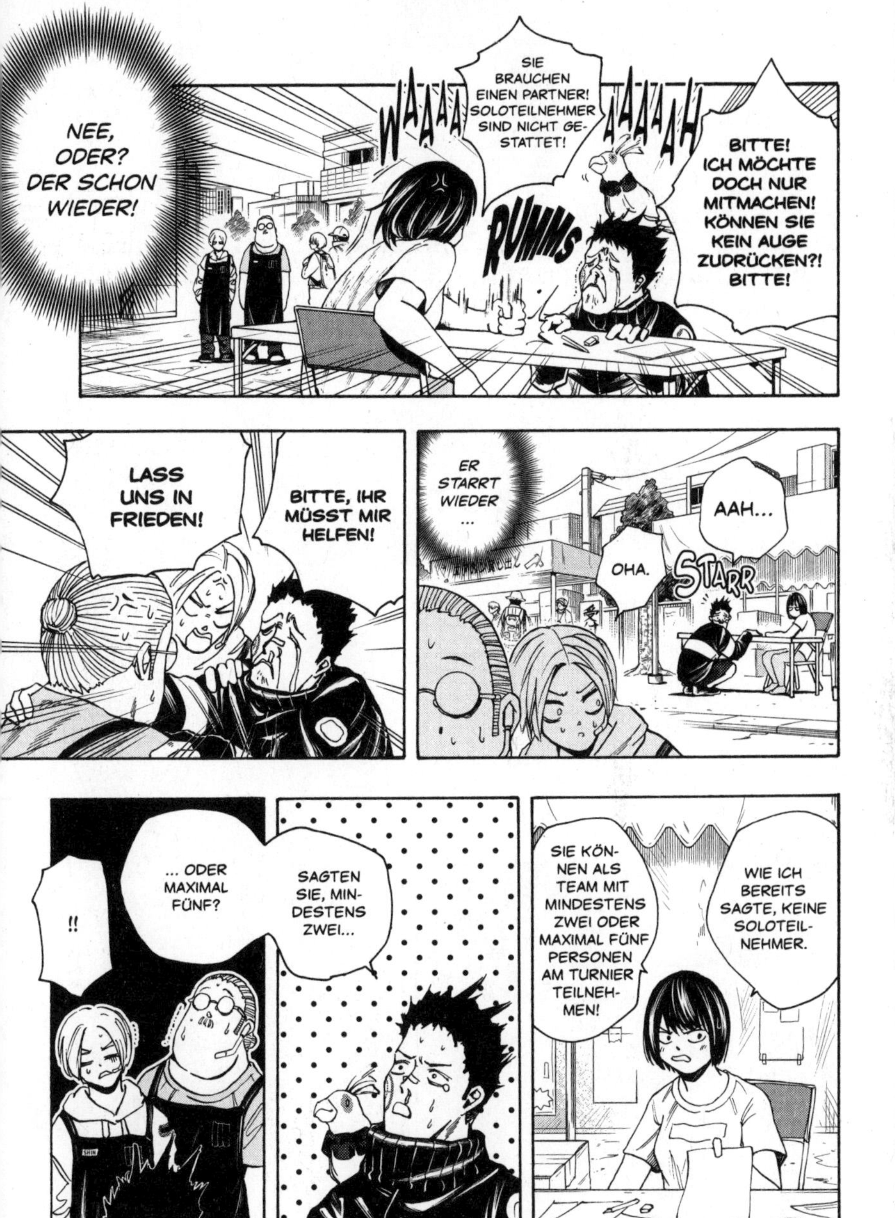
BITTE! ICH MÖCHTE DOCH NUR MITMACHEN! KÖNNEN SIE KEIN AUGE ZUDRÜCKEN?! BITTE!
SIE BRAUCHEN EINEN PARTNER! SOLOTEILNEHMER SIND NICHT GESTATTET!
WAAAAAAAAAH
RUMMS
NEE, ODER? DER SCHON WIEDER!
AAH…
OHA.
STARR
ER STARRT WIEDER …
BITTE, IHR MÜSST MIR HELFEN!
LASS UNS IN FRIEDEN!
WIE ICH BEREITS SAGTE, KEINE SOLOTEILNEHMER.
SIE KÖNNEN ALS TEAM MIT MINDESTENS ZWEI ODER MAXIMAL FÜNF PERSONEN AM TURNIER TEILNEHMEN!
SAGTEN SIE, MINDESTENS ZWEI…
… ODER MAXIMAL FÜNF?
!!

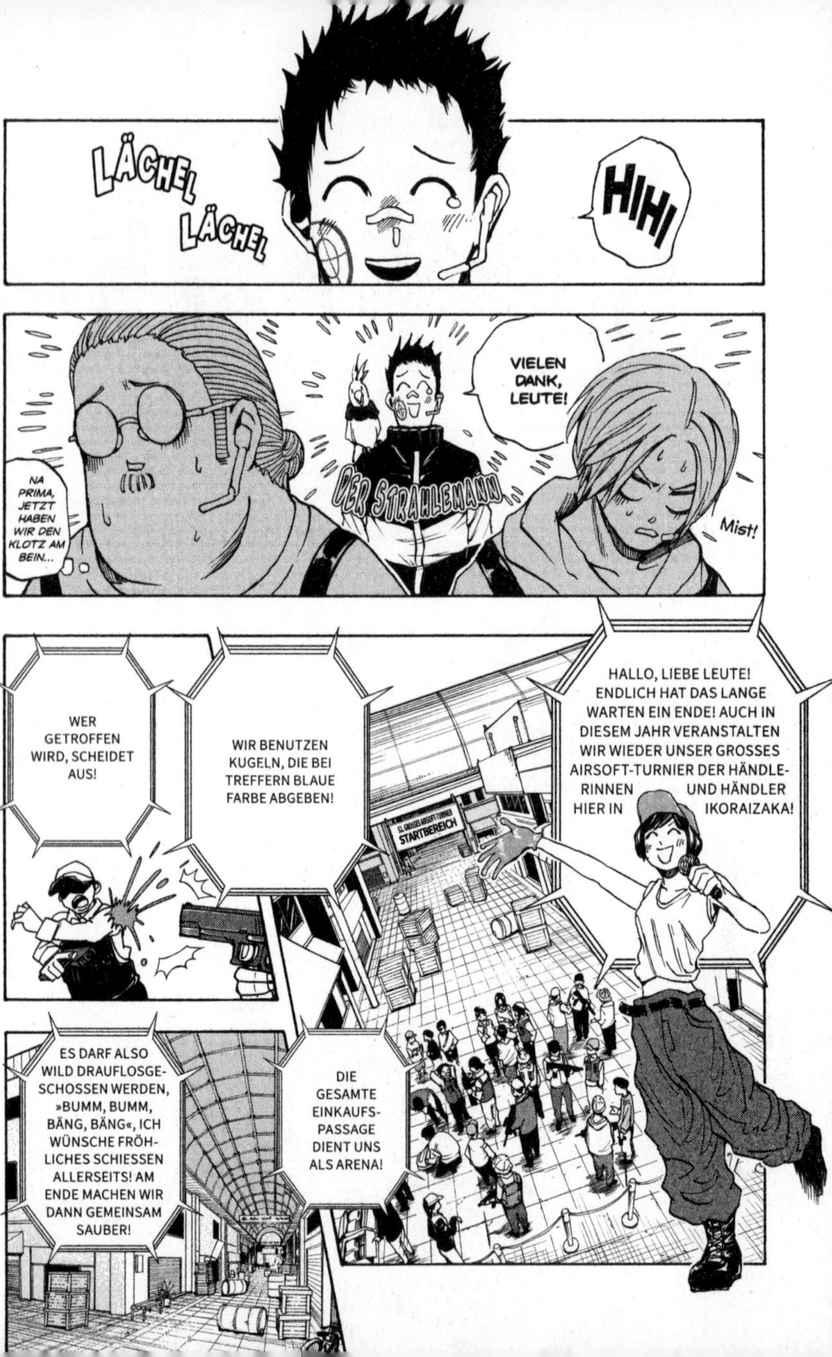
LÄCHEL LÄCHEL
HIHI
VIELEN DANK, LEUTE!
DER STRAHLEMANN
Mist!
NA PRIMA, JETZT HABEN WIR DEN KLOTZ AM BEIN...
HALLO, LIEBE LEUTE! ENDLICH HAT DAS LANGE WARTEN EIN ENDE! AUCH IN DIESEM JAHR VERANSTALTEN WIR WIEDER UNSER GROSSES AIRSOFT-TURNIER DER HÄNDLE-RINNEN UND HÄNDLER HIER IN IKORAIZAKA!
STARTBEREICH
WIR BENUTZEN KUGELN, DIE BEI TREFFERN BLAUE FARBE ABGEBEN!
WER GETROFFEN WIRD, SCHEIDET AUS!
DIE GESAMTE EINKAUFS-PASSAGE DIENT UNS ALS ARENA!
ES DARF ALSO WILD DRAUFLOSGE-SCHOSSEN WERDEN, »BUMM, BUMM, BÄNG, BÄNG«, ICH WÜNSCHE FRÖH-LICHES SCHIESSEN ALLERSEITS! AM ENDE MACHEN WIR DANN GEMEINSAM SAUBER!

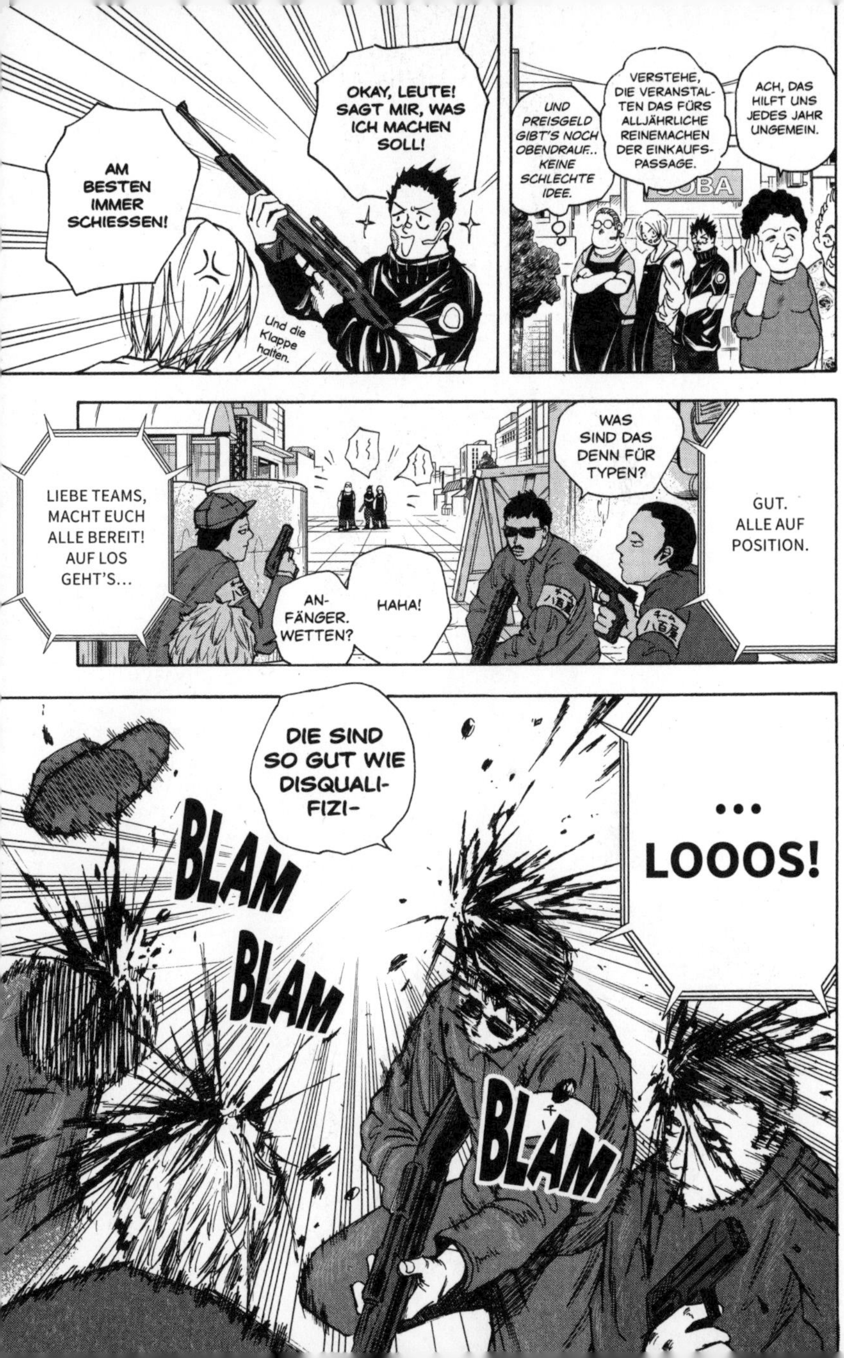
ACH, DAS HILFT UNS JEDES JAHR UNGEMEIN.
VERSTEHE, DIE VERANSTAL-TEN DAS FÜRS ALLJÄHRLICHE REINEMACHEN DER EINKAUFS-PASSAGE.
UND PREISGELD GIBT'S NOCH OBENDRAUF.. KEINE SCHLECHTE IDEE.
OKAY, LEUTE! SAGT MIR, WAS ICH MACHEN SOLL!
AM BESTEN IMMER SCHIESSEN!
Und die Klappe halten.
GUT. ALLE AUF POSITION.
WAS SIND DAS DENN FÜR TYPEN?
HAHA!
AN-FÄNGER. WETTEN?
LIEBE TEAMS, MACHT EUCH ALLE BEREIT! AUF LOS GEHT'S…
…LOOOS!
DIE SIND SO GUT WIE DISQUALI-FIZI-
BLAM
BLAM
BLAM

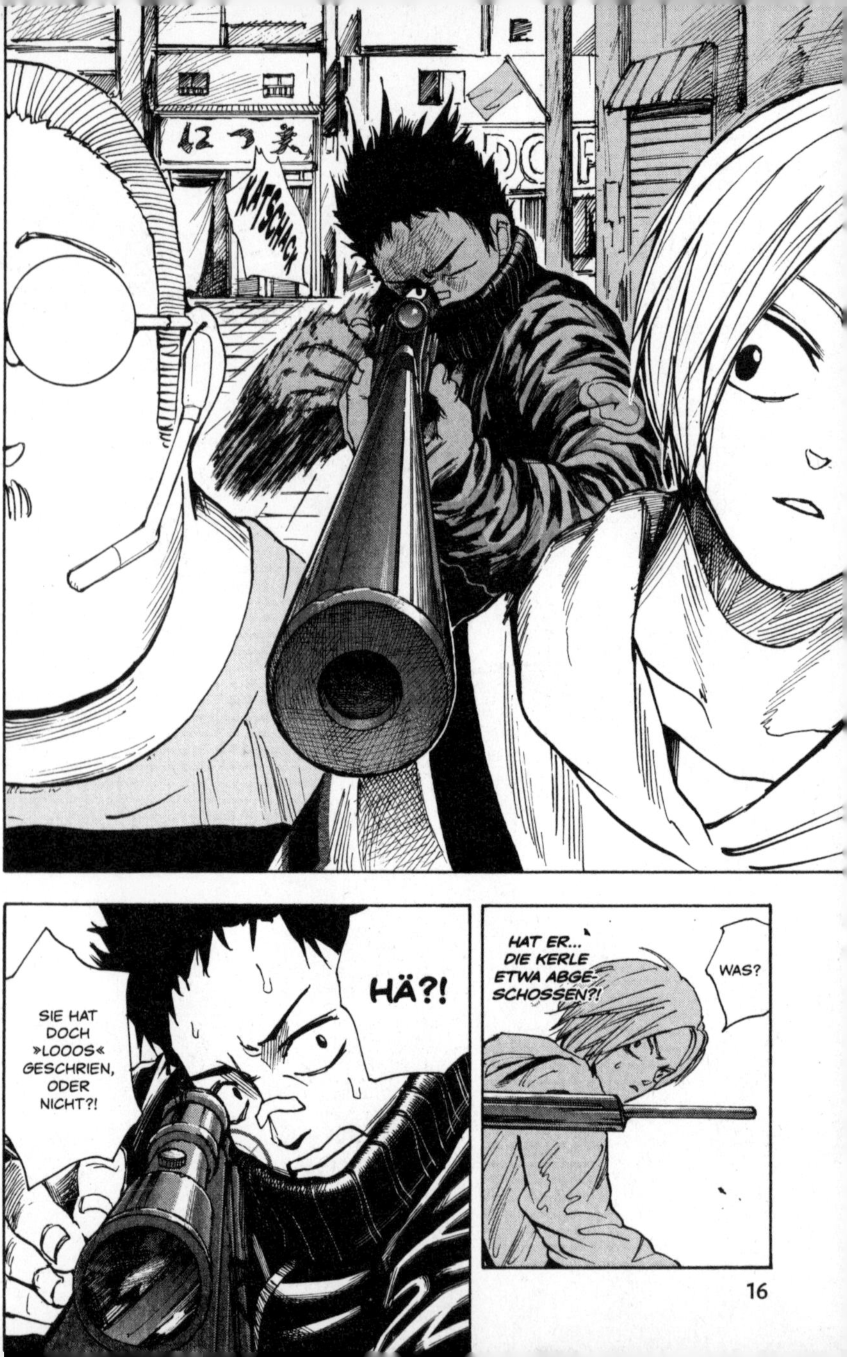
KATSCHACK
WAS?
HAT ER... DIE KERLE ETWA ABGE-SCHOSSEN?!
HÄ?!
SIE HAT DOCH »LOOOS« GESCHRIEN, ODER NICHT?!

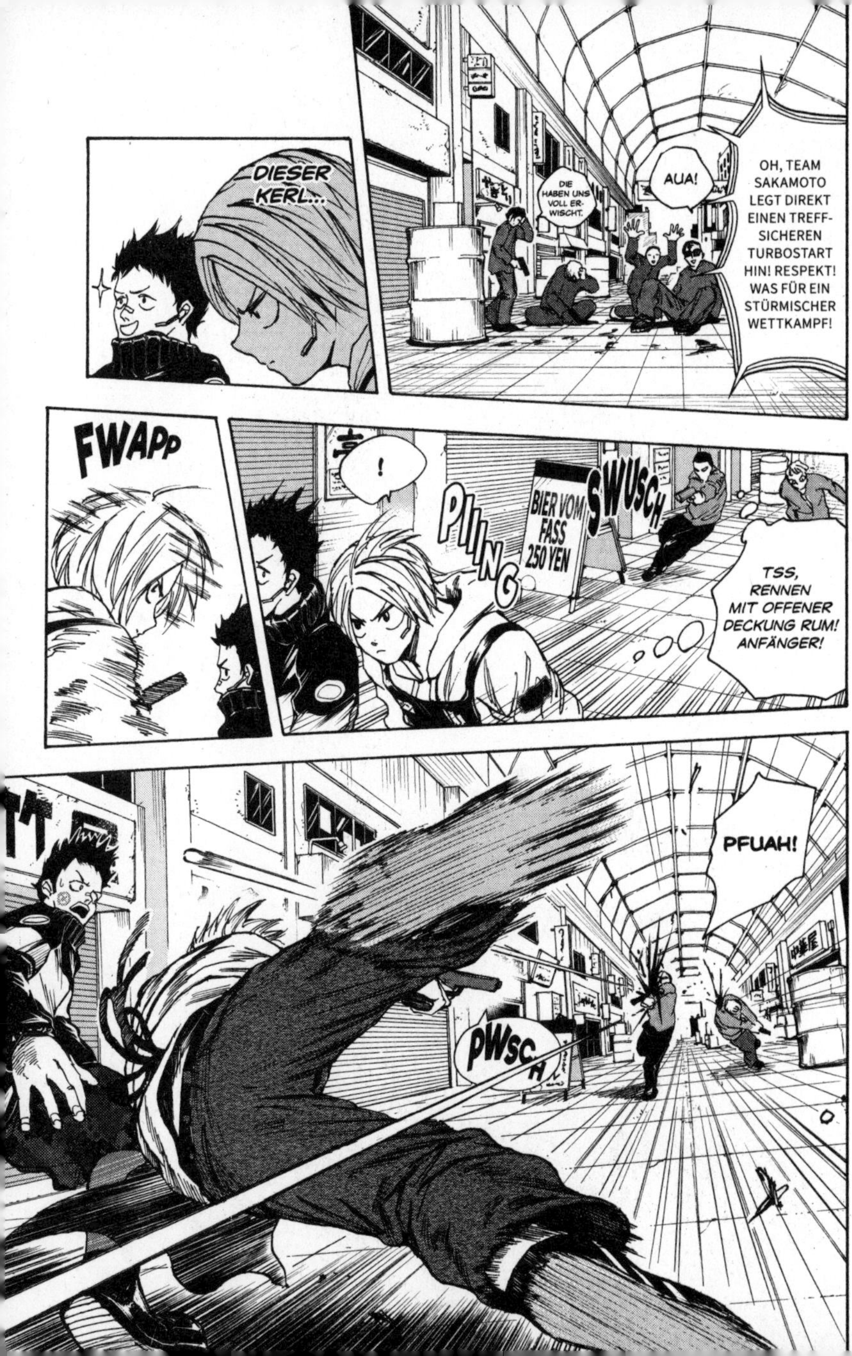
OH, TEAM SAKAMOTO LEGT DIREKT EINEN TREFF-SICHEREN TURBOSTART HIN! RESPEKT! WAS FÜR EIN STÜRMISCHER WETTKAMPF!
AUA!
DIE HABEN UNS VOLL ER-WISCHT.
DIESER KERL...
TSS, RENNEN MIT OFFENER DECKUNG RUM! ANFÄNGER!
SWUSCH
BIER VOM FASS 250 YEN
PIIING
!
FWAPP
PFUAH!
PWSCH

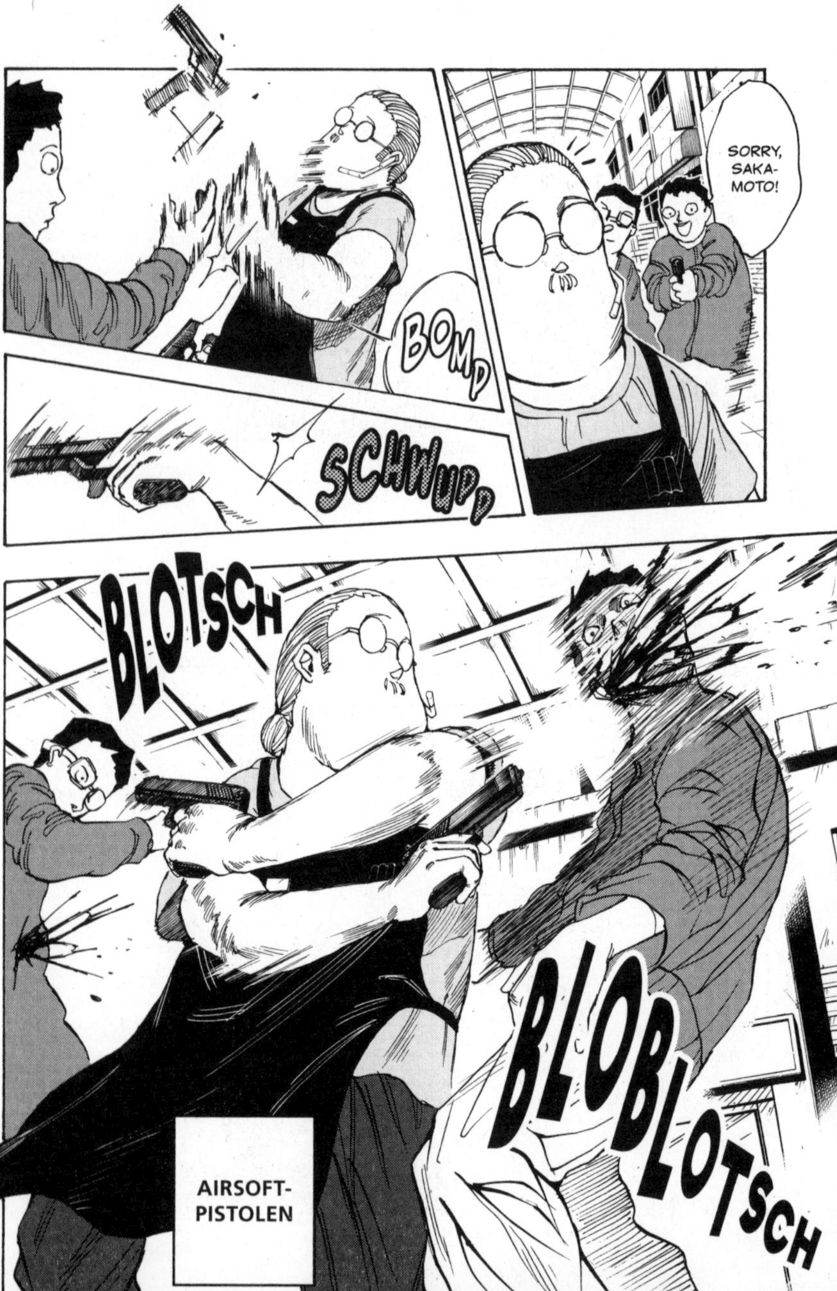
SORRY, SAKA-MOTO!
BOMP
SCHWUPP
BLOTSCH
BLOBLOTSCH
AIRSOFT-PISTOLEN

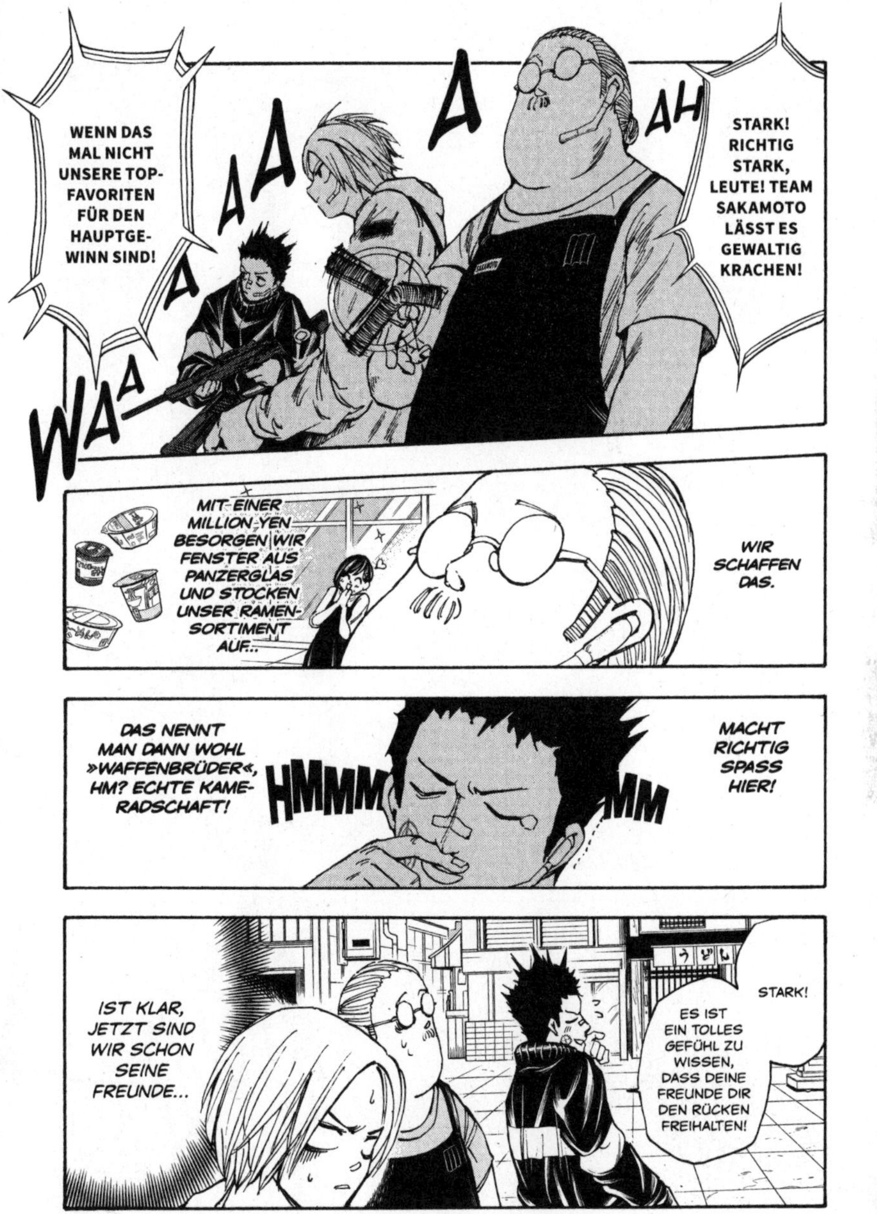
STARK! RICHTIG STARK, LEUTE! TEAM SAKAMOTO LÄSST ES GEWALTIG KRACHEN!
AH
A
AA
A
A
WAA
WENN DAS MAL NICHT UNSERE TOP-FAVORITEN FÜR DEN HAUPTGE-WINN SIND!
SAKAMOTO
WIR SCHAFFEN DAS.
MIT EINER MILLION YEN BESORGEN WIR FENSTER AUS PANZERGLAS UND STOCKEN UNSER RAMEN-SORTIMENT AUF...
MACHT RICHTIG SPASS HIER!
HMMMMM
DAS NENNT MAN DANN WOHL »WAFFENBRÜDER«, HM? ECHTE KAME-RADSCHAFT!
STARK!
ES IST EIN TOLLES GEFÜHL ZU WISSEN, DASS DEINE FREUNDE DIR DEN RÜCKEN FREIHALTEN!
うどん
IST KLAR, JETZT SIND WIR SCHON SEINE FREUNDE...

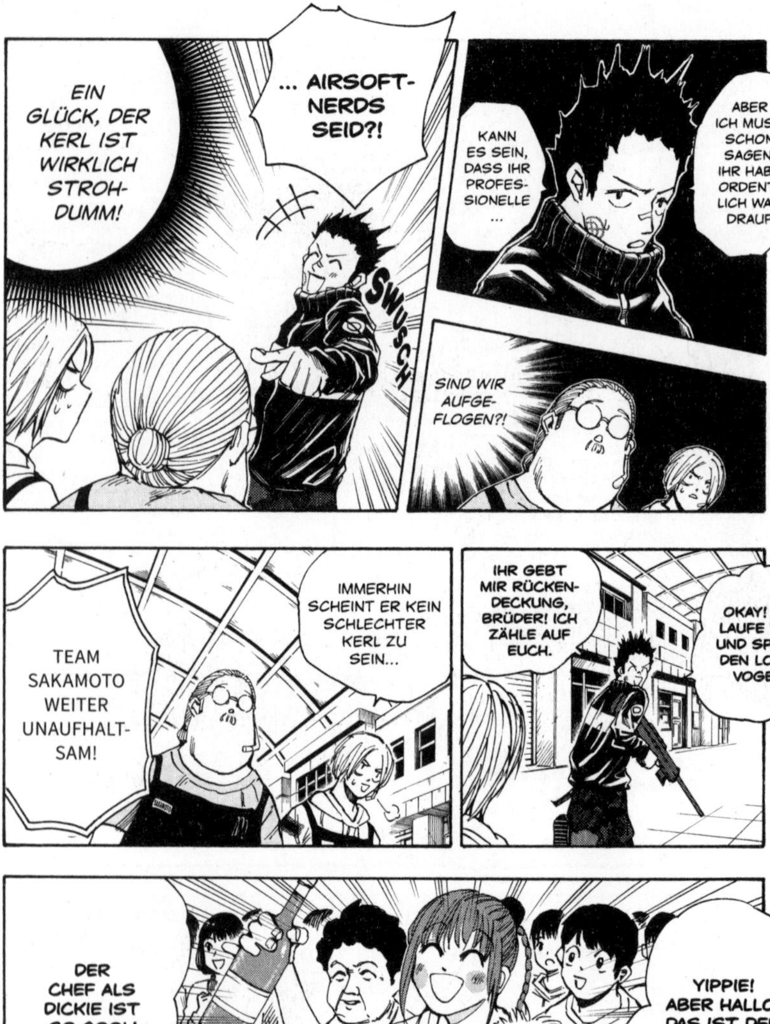
ABER ICH MUSS SCHON SAGEN, IHR HABT ORDENTLICH WAS DRAUF.
KANN ES SEIN, DASS IHR PROFESSIONELLE ...
SIND WIR AUFGEFLOGEN?!
... AIRSOFT-NERDS SEID?!
SWUSCH
EIN GLÜCK, DER KERL IST WIRKLICH STROH-DUMM!
OKAY! ICH LAUFE VOR UND SPIELE DEN LOCKVOGEL!
IHR GEBT MIR RÜCKENDECKUNG, BRÜDER! ICH ZÄHLE AUF EUCH.
IMMERHIN SCHEINT ER KEIN SCHLECHTER KERL ZU SEIN...
TEAM SAKAMOTO WEITER UNAUFHALTSAM!
YIPPIE! ABER HALLO, DAS IST DER LEGENDÄRE TARO SAKAMOTO!
DER CHEF ALS DICKIE IST SO COOL!

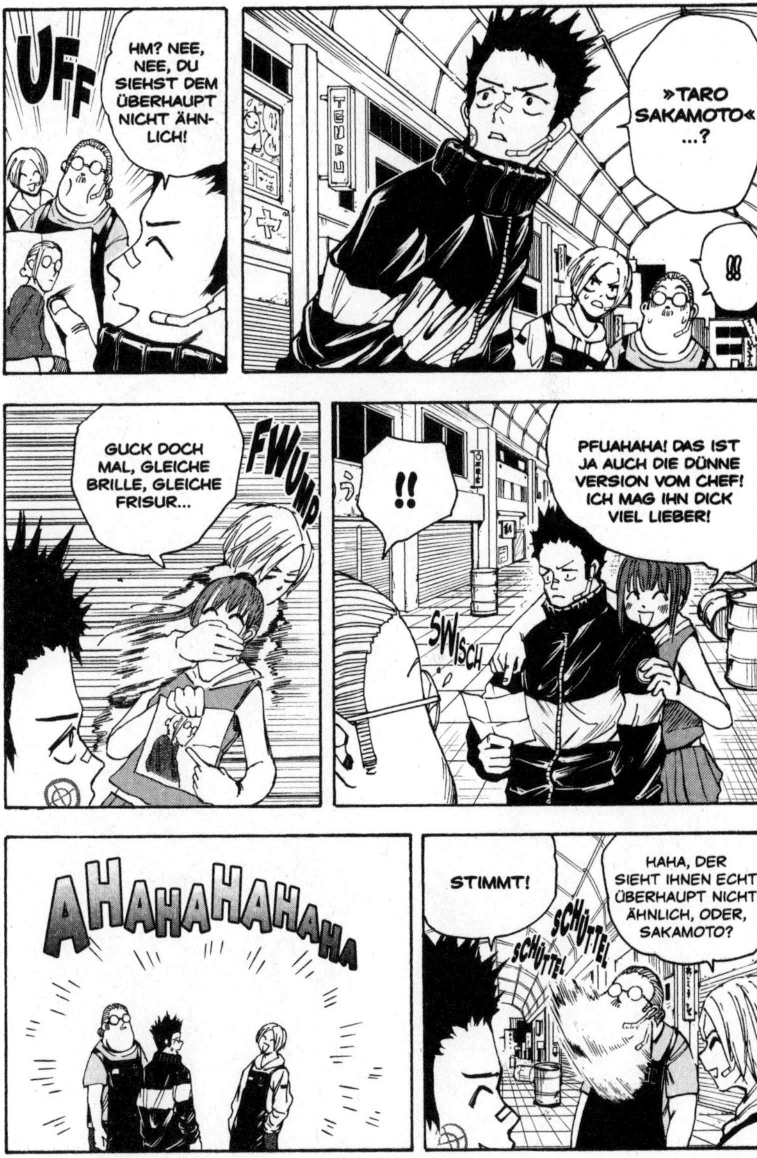
»TARO SAKAMOTO« ...?
!!
UFF
HM? NEE, NEE, DU SIEHST DEM ÜBERHAUPT NICHT ÄHNLICH!
PFUAHAHA! DAS IST JA AUCH DIE DÜNNE VERSION VOM CHEF! ICH MAG IHN DICK VIEL LIEBER!
!!
SWISCH
FWUMP
GUCK DOCH MAL, GLEICHE BRILLE, GLEICHE FRISUR...
HAHA, DER SIEHT IHNEN ECHT ÜBERHAUPT NICHT ÄHNLICH, ODER, SAKAMOTO?
SCHÜTTEL
SCHÜTTEL
STIMMT!
AHAHAHAHAHAHA

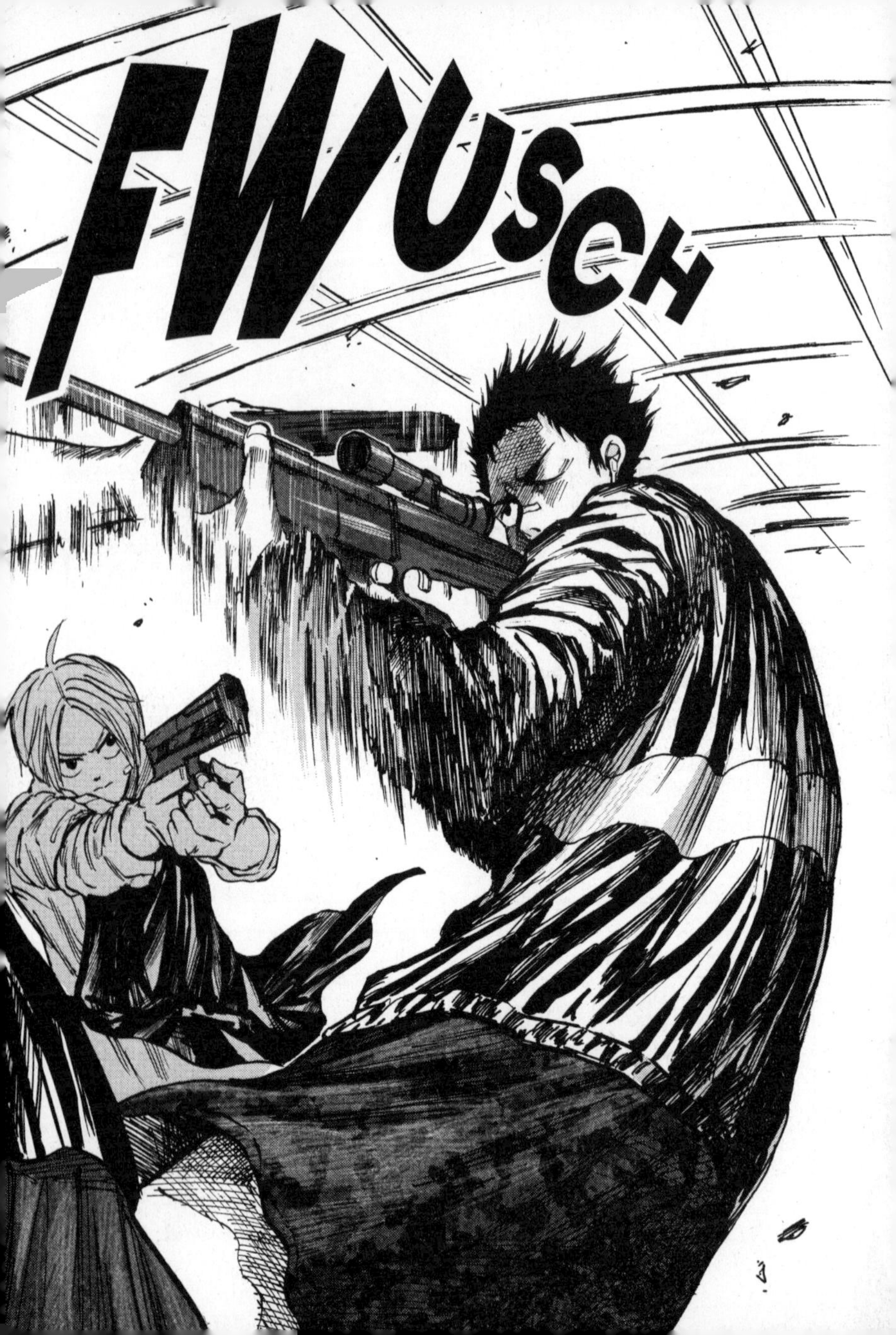
FWUSCH

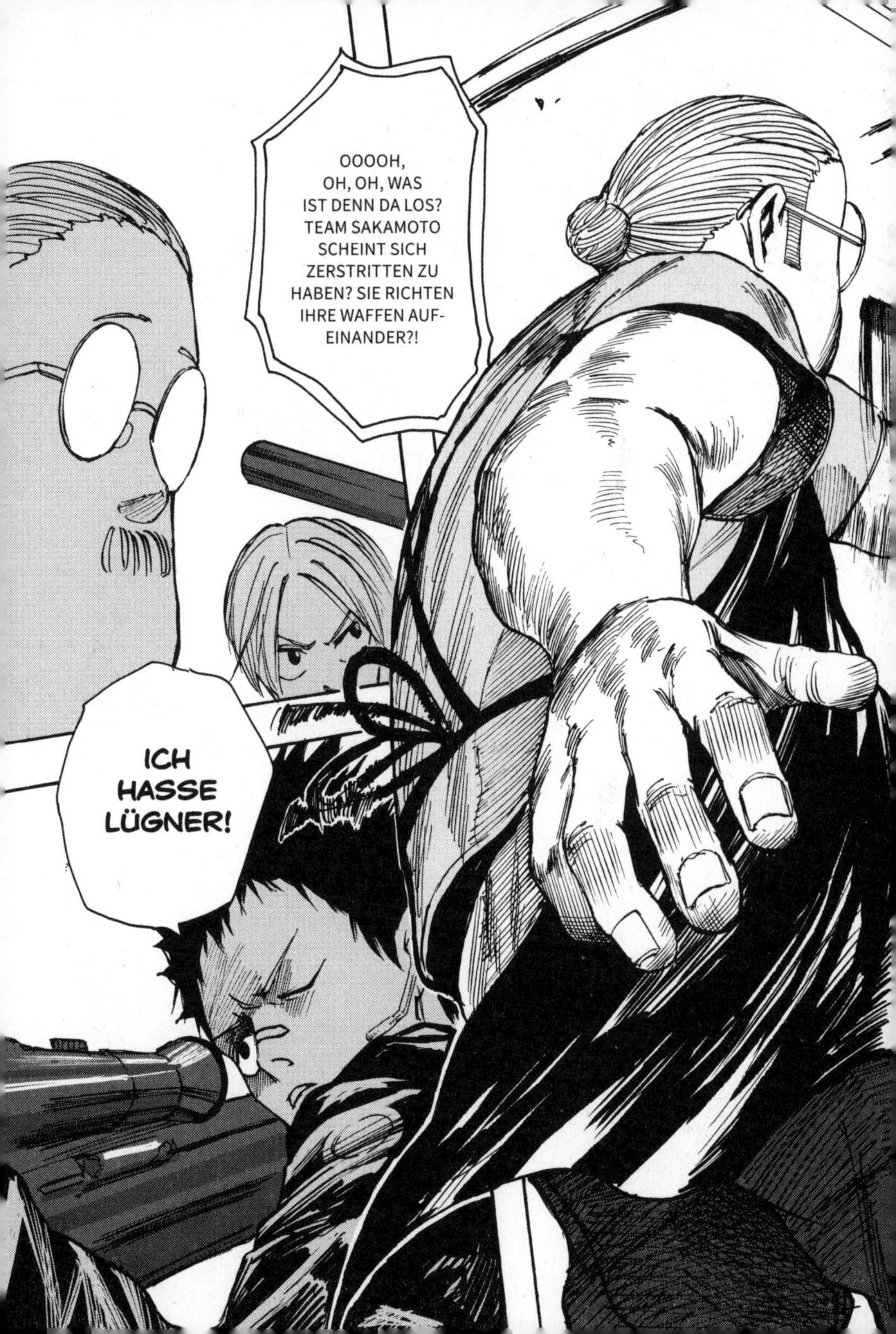
OOOOH, OH, OH, WAS IST DENN DA LOS? TEAM SAKAMOTO SCHEINT SICH ZERSTRITTEN ZU HABEN? SIE RICHTEN IHRE WAFFEN AUF-EINANDER?!
ICH HASSE LÜGNER!

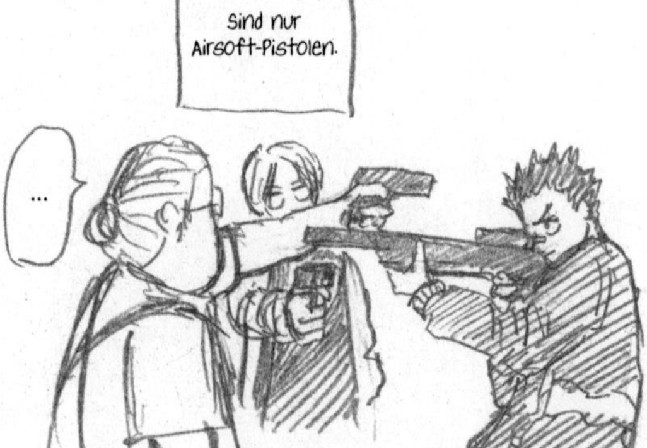
Sind nur
Airsoft-Pistolen.
...

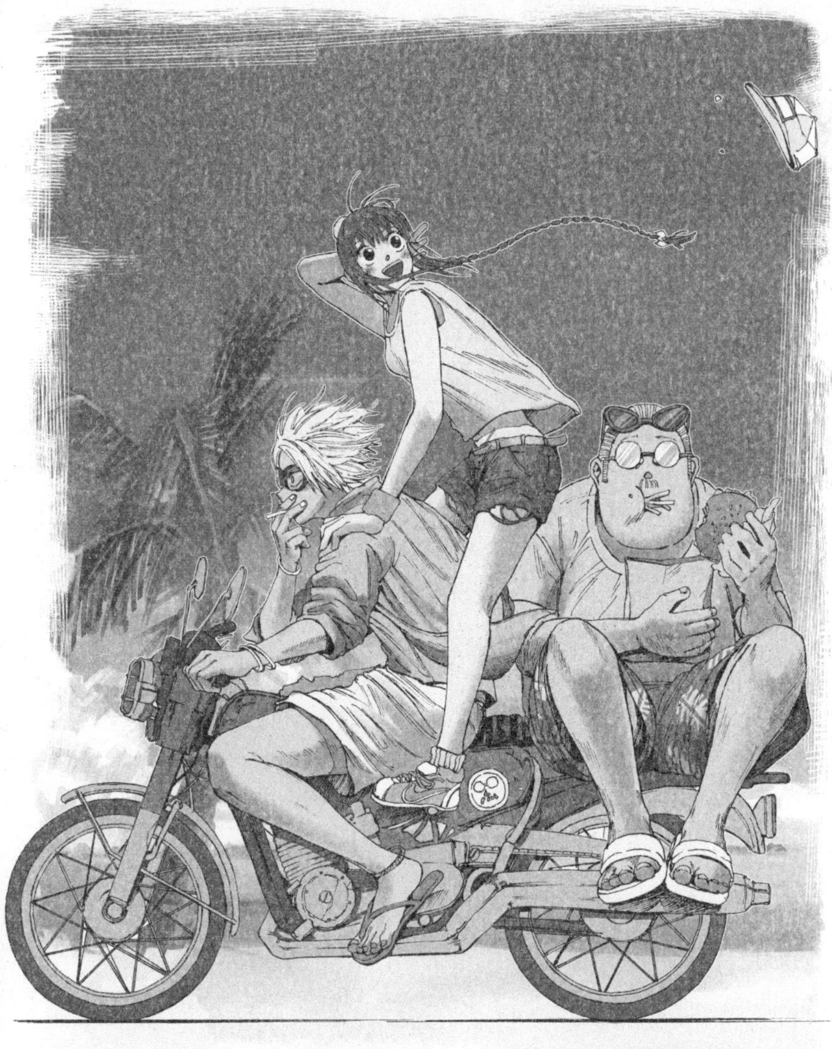

DAYS 18 Vs. Sniper

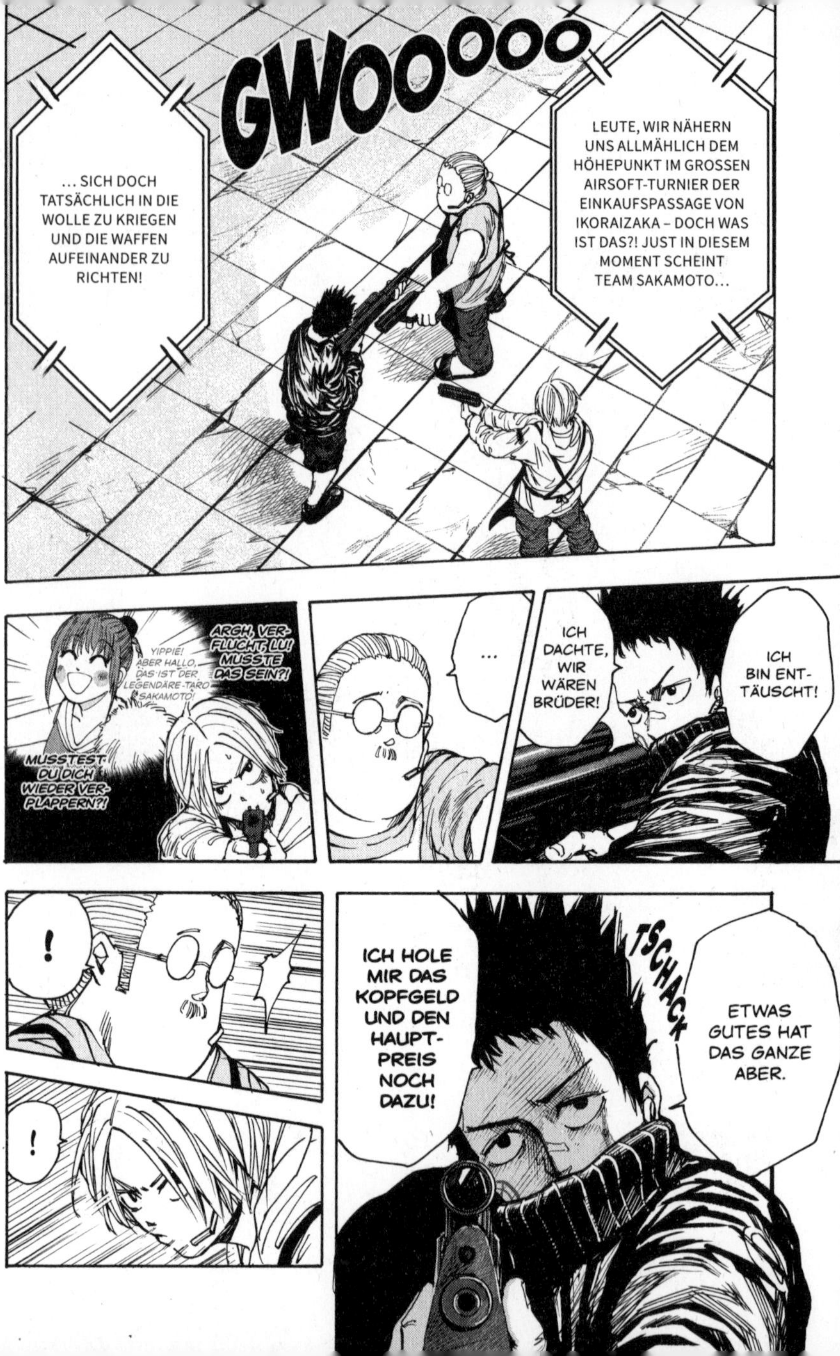
GWOOOOO
LEUTE, WIR NÄHERN UNS ALLMÄHLICH DEM HÖHEPUNKT IM GROSSEN AIRSOFT-TURNIER DER EINKAUFSPASSAGE VON IKORAIZAKA – DOCH WAS IST DAS?! JUST IN DIESEM MOMENT SCHEINT TEAM SAKAMOTO…
… SICH DOCH TATSÄCHLICH IN DIE WOLLE ZU KRIEGEN UND DIE WAFFEN AUFEINANDER ZU RICHTEN!
ICH BIN ENT-TÄUSCHT!
ICH DACHTE, WIR WÄREN BRÜDER!
…
ARGH, VER-FLUCHT, LU! MUSSTE DAS SEIN?!
YIPPIE! ABER HALLO, DAS IST DER LEGENDÄRE TARO SAKAMOTO!
MUSSTEST DU DICH WIEDER VER-PLAPPERN?!
ETWAS GUTES HAT DAS GANZE ABER.
TSCHACK
ICH HOLE MIR DAS KOPFGELD UND DEN HAUPT-PREIS NOCH DAZU!
!
!

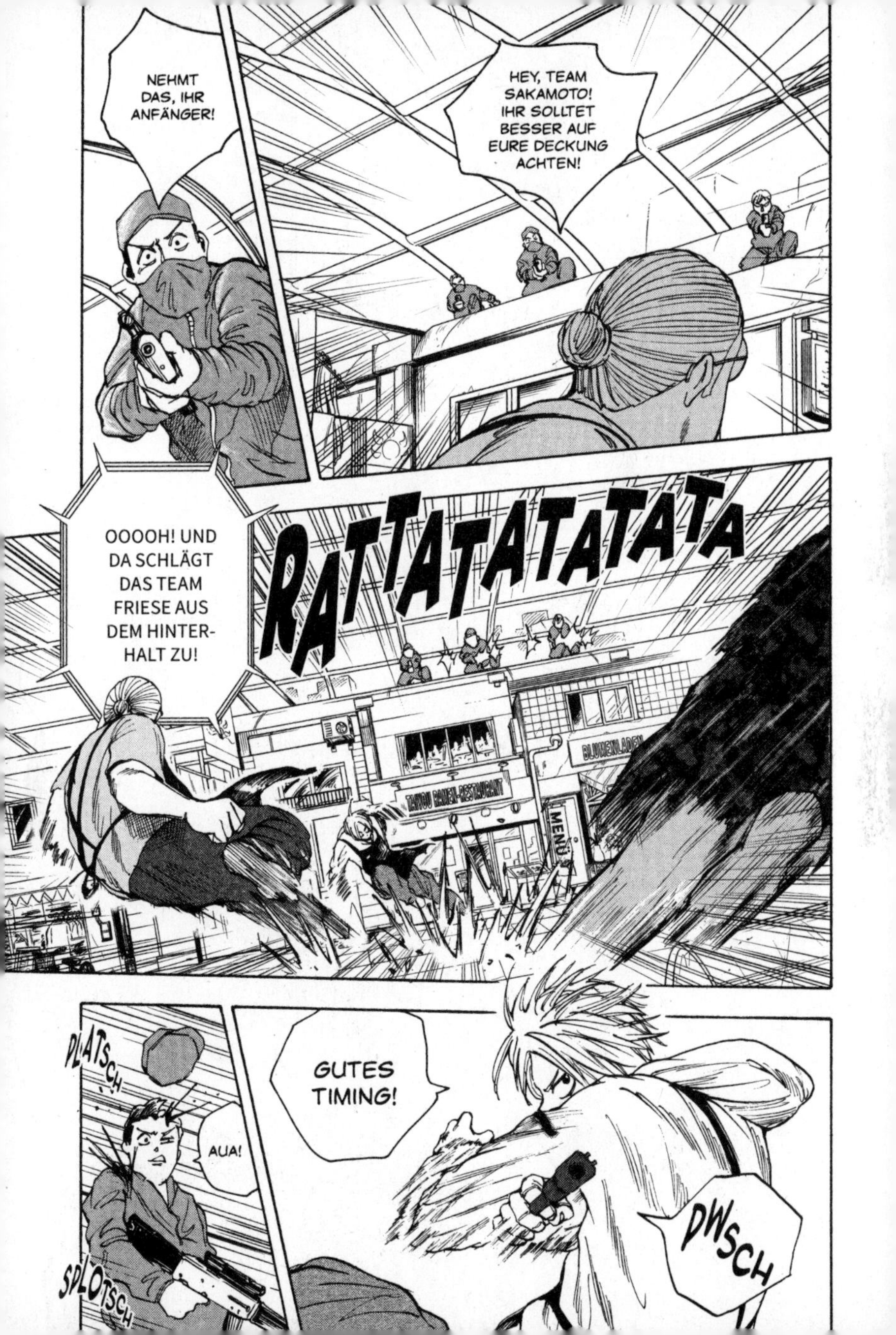
HEY, TEAM SAKAMOTO! IHR SOLLTET BESSER AUF EURE DECKUNG ACHTEN!
NEHMT DAS, IHR ANFÄNGER!
RATTATATATATA
OOOOH! UND DA SCHLÄGT DAS TEAM FRIESE AUS DEM HINTERHALT ZU!
BLUMENLADEN
TAIYOU RAMEN-RESTAURANT
MENÜ
GUTES TIMING!
DWSCH
PLATSCH
AUA!
SPLOTSCH

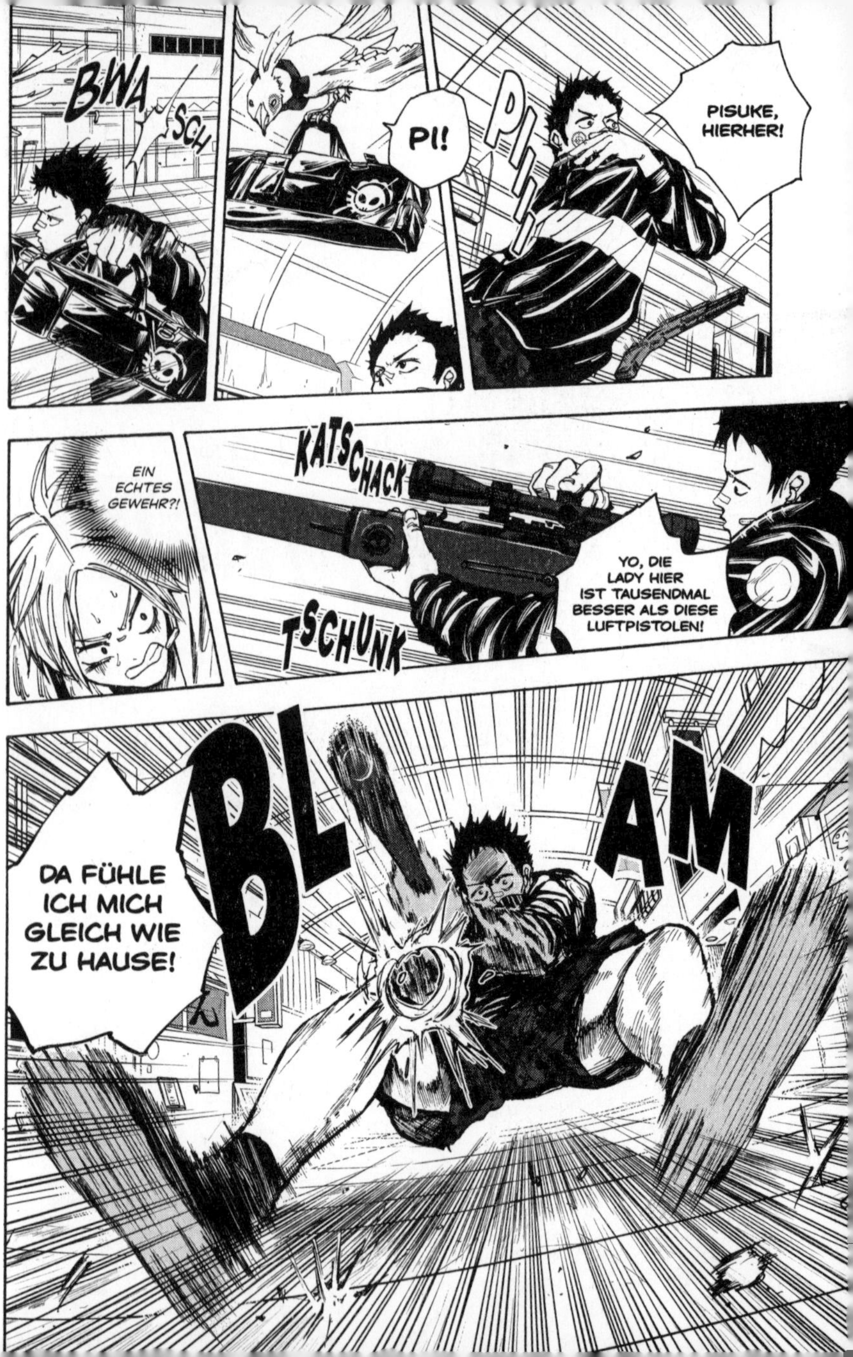
PISUKE, HIERHER!
PI!
BWA SCH
KATSCHACK
YO, DIE LADY HIER IST TAUSENDMAL BESSER ALS DIESE LUFTPISTOLEN!
TSCHUNK
EIN ECHTES GEWEHR?!
BLAM
DA FÜHLE ICH MICH GLEICH WIE ZU HAUSE!

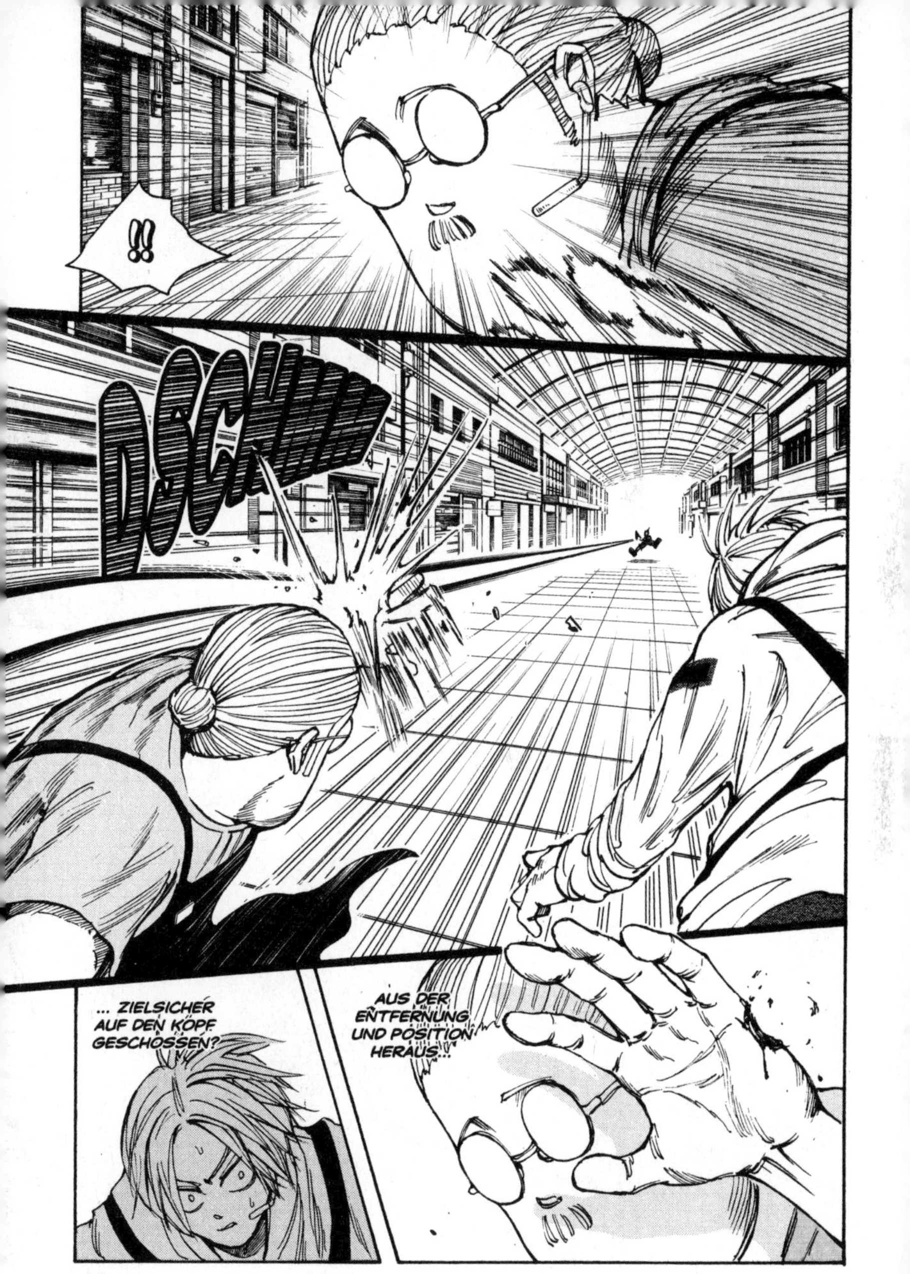
!!
DSCHIIII
AUS DER ENTFERNUNG UND POSITION HERAUS ...
... ZIELSICHER AUF DEN KOPF GESCHOSSEN?

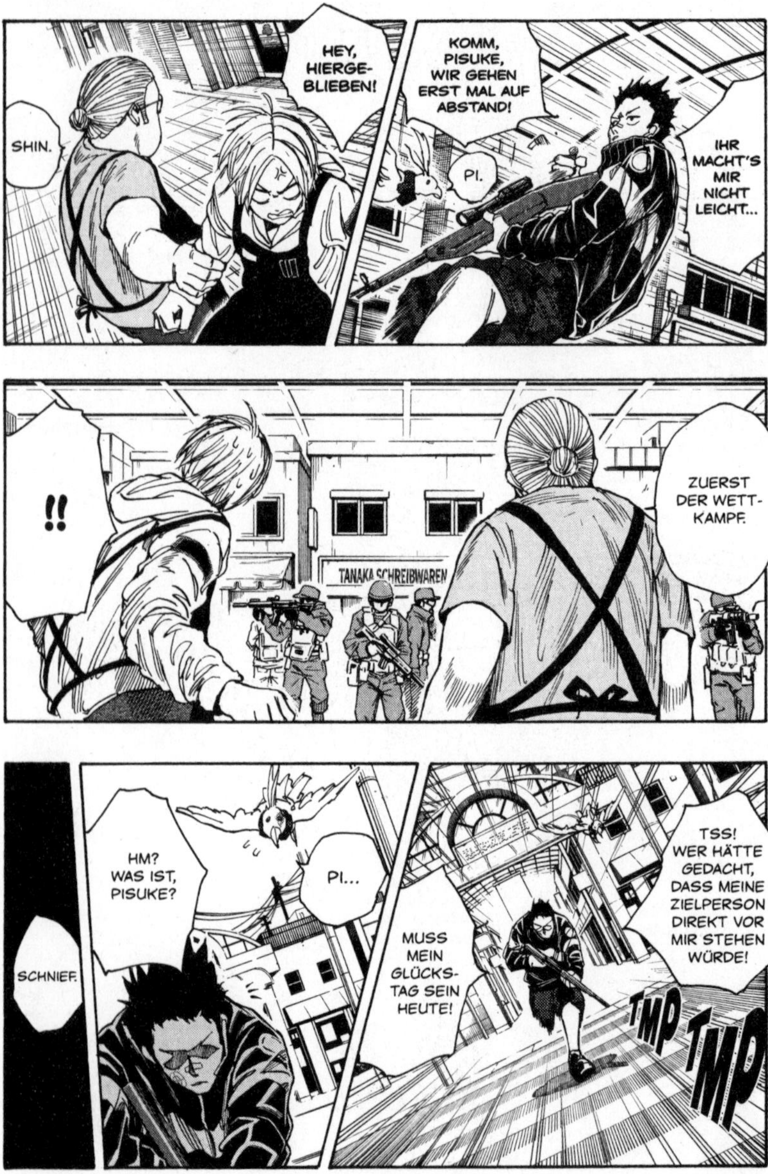
IHR MACHT'S MIR NICHT LEICHT...
KOMM, PISUKE, WIR GEHEN ERST MAL AUF ABSTAND!
PI.
HEY, HIERGE-BLIEBEN!
SHIN.
ZUERST DER WETT-KAMPF.
TANAKA SCHREIBWAREN
!!
TSS! WER HÄTTE GEDACHT, DASS MEINE ZIELPERSON DIREKT VOR MIR STEHEN WÜRDE!
MUSS MEIN GLÜCKS-TAG SEIN HEUTE!
TMP TMP
PI...
HM? WAS IST, PISUKE?
SCHNIEF.

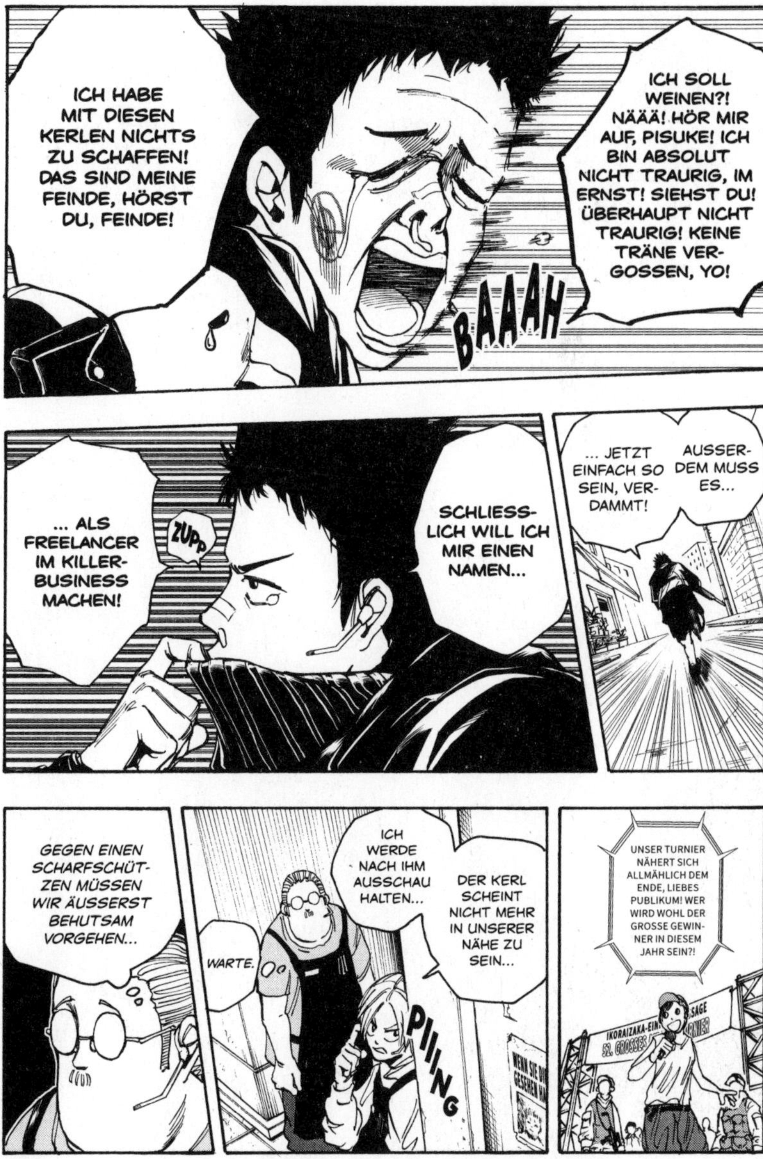
ICH SOLL WEINEN?! NÄÄÄ! HÖR MIR AUF, PISUKE! ICH BIN ABSOLUT NICHT TRAURIG, IM ERNST! SIEHST DU! ÜBERHAUPT NICHT TRAURIG! KEINE TRÄNE VERGOSSEN, YO!
BAAAH
ICH HABE MIT DIESEN KERLEN NICHTS ZU SCHAFFEN! DAS SIND MEINE FEINDE, HÖRST DU, FEINDE!
AUSSERDEM MUSS ES...
... JETZT EINFACH SO SEIN, VERDAMMT!
SCHLIESSLICH WILL ICH MIR EINEN NAMEN...
ZUPP
... ALS FREELANCER IM KILLER-BUSINESS MACHEN!
UNSER TURNIER NÄHERT SICH ALLMÄHLICH DEM ENDE, LIEBES PUBLIKUM! WER WIRD WOHL DER GROSSE GEWINNER IN DIESEM JAHR SEIN?!
DER KERL SCHEINT NICHT MEHR IN UNSERER NÄHE ZU SEIN...
ICH WERDE NACH IHM AUSSCHAU HALTEN...
WARTE.
PIIING
GEGEN EINEN SCHARFSCHÜTZEN MÜSSEN WIR ÄUSSERST BEHUTSAM VORGEHEN...

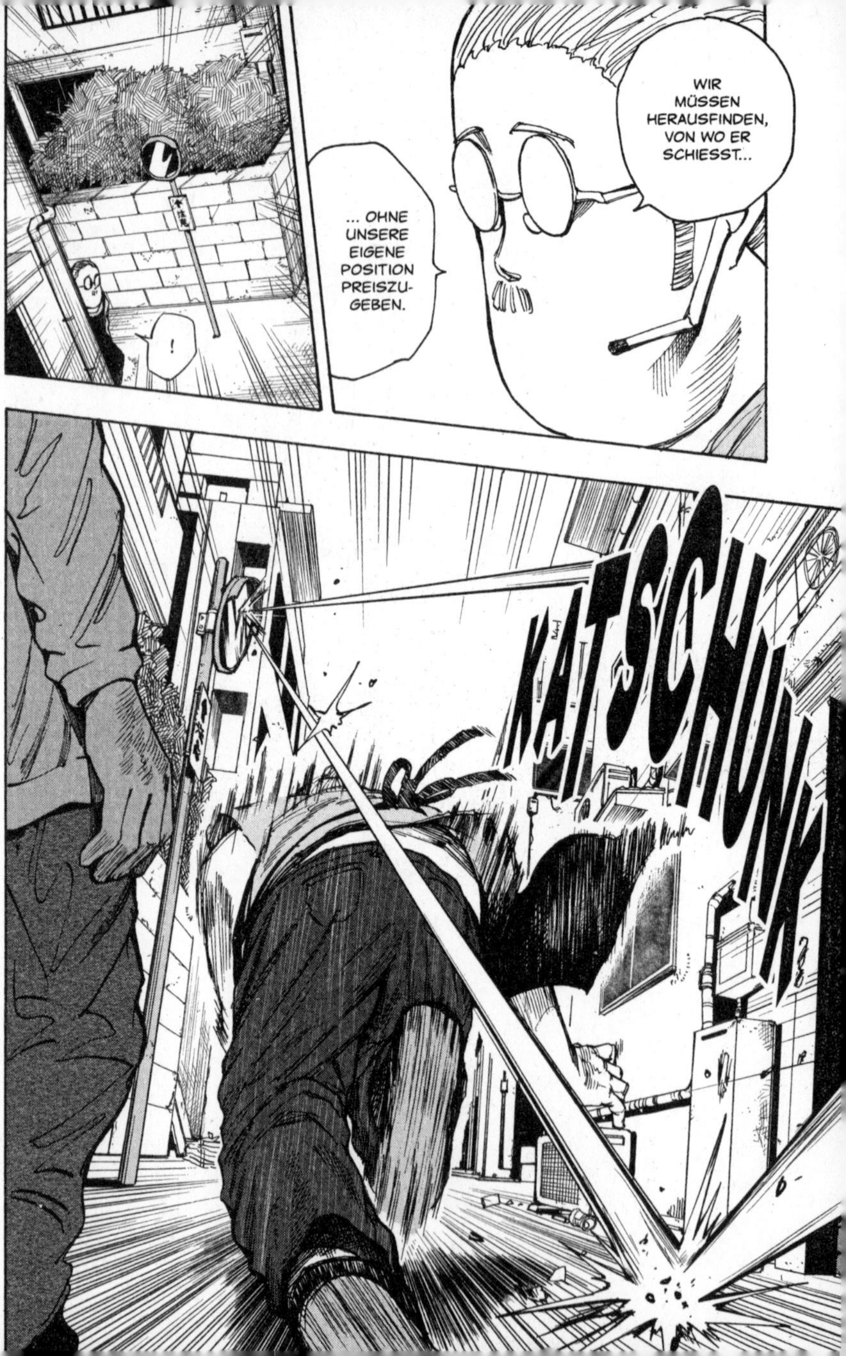
WIR MÜSSEN HERAUSFINDEN, VON WO ER SCHIESST...
... OHNE UNSERE EIGENE POSITION PREISZUGEBEN.
!
KATSCHUNK

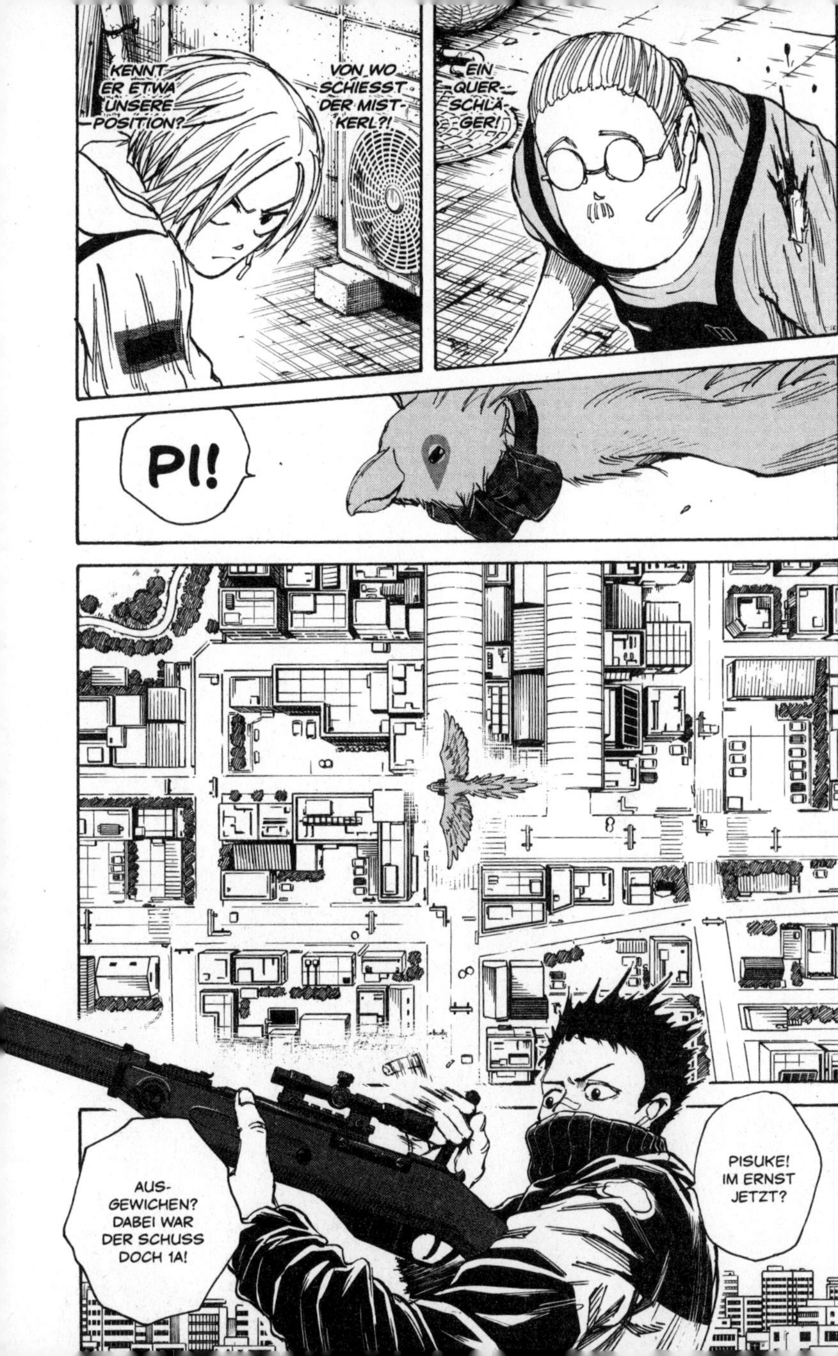
EIN QUER-SCHLÄ-GER!
VON WO SCHIESST DER MIST-KERL?!
KENNT ER ETWA UNSERE POSITION?
PI!
PISUKE! IM ERNST JETZT?
AUS-GEWICHEN? DABEI WAR DER SCHUSS DOCH 1A!

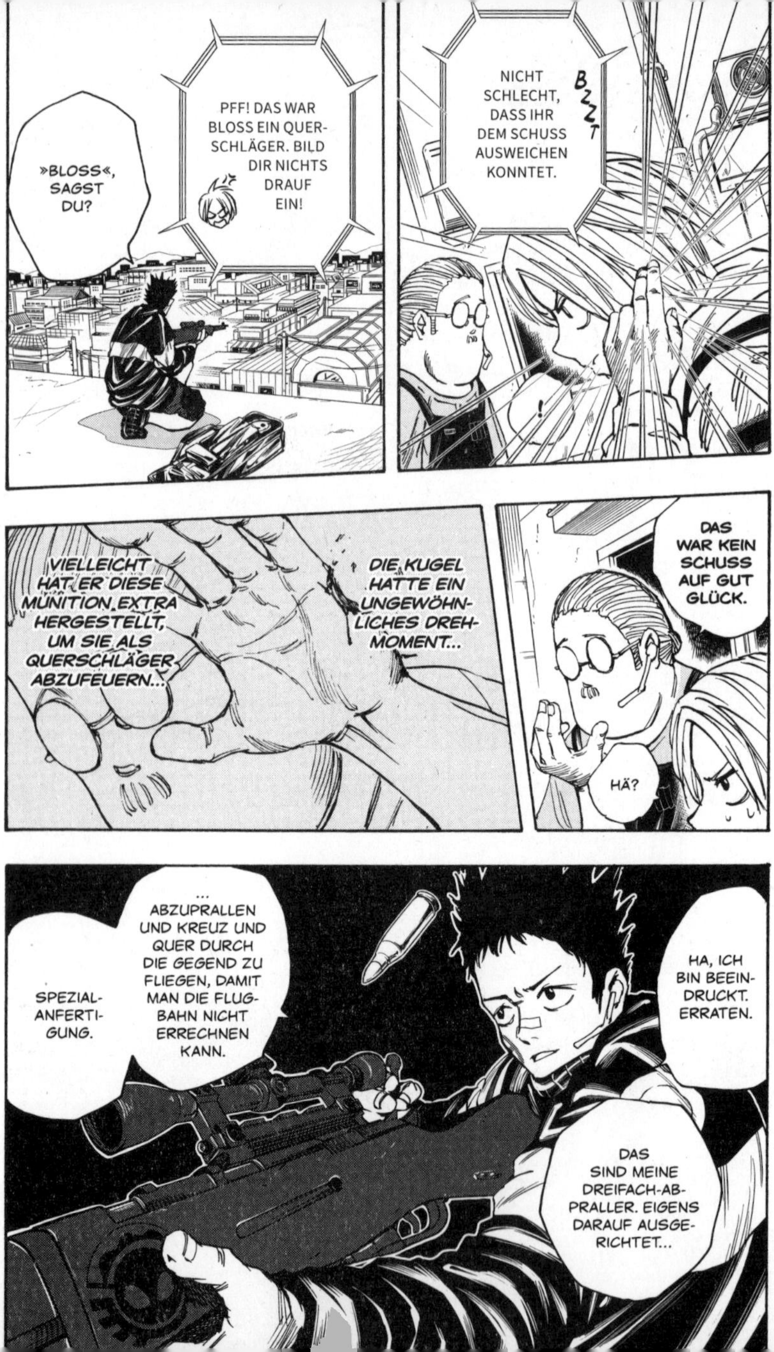
NICHT SCHLECHT, DASS IHR DEM SCHUSS AUSWEICHEN KONNTET.
BZZT
PFF! DAS WAR BLOSS EIN QUER-SCHLÄGER. BILD DIR NICHTS DRAUF EIN!
»BLOSS«, SAGST DU?
DAS WAR KEIN SCHUSS AUF GUT GLÜCK.
HÄ?
DIE KUGEL HATTE EIN UNGEWÖHN-LICHES DREH-MOMENT...
VIELLEICHT HAT ER DIESE MUNITION EXTRA HERGESTELLT, UM SIE ALS QUERSCHLÄGER ABZUFEUERN...
HA, ICH BIN BEEIN-DRUCKT. ERRATEN.
DAS SIND MEINE DREIFACH-AB-PRALLER. EIGENS DARAUF AUSGE-RICHTET...
... ABZUPRALLEN UND KREUZ UND QUER DURCH DIE GEGEND ZU FLIEGEN, DAMIT MAN DIE FLUG-BAHN NICHT ERRECHNEN KANN.
SPEZIAL-ANFERTI-GUNG.

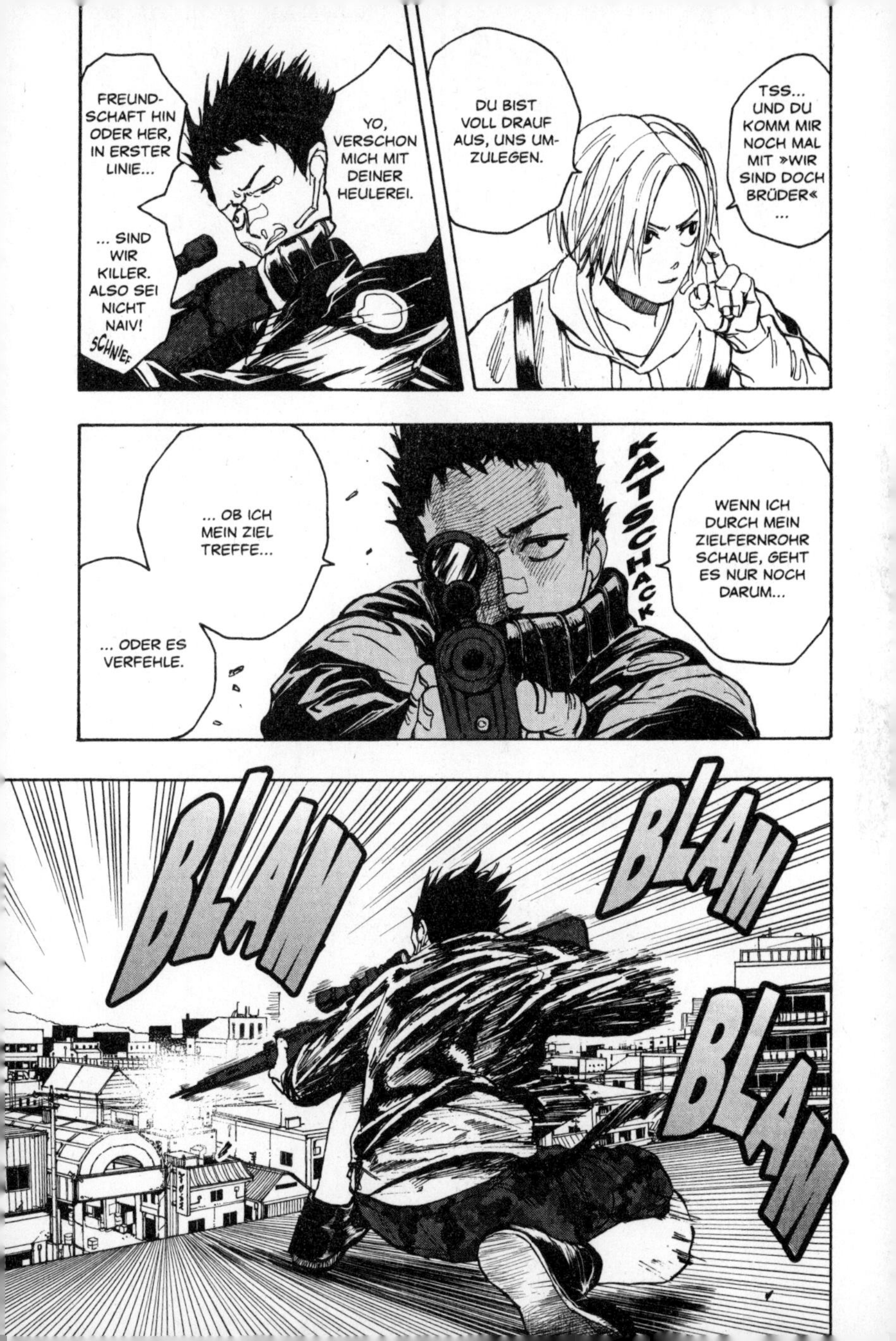

TSS... UND DU KOMM MIR NOCH MAL MIT »WIR SIND DOCH BRÜDER« ...
DU BIST VOLL DRAUF AUS, UNS UM-ZULEGEN.
YO, VERSCHON MICH MIT DEINER HEULEREI.
FREUND-SCHAFT HIN ODER HER, IN ERSTER LINIE...
... SIND WIR KILLER. ALSO SEI NICHT NAIV!
SCHNIEF
KATSCHACK
WENN ICH DURCH MEIN ZIELFERNROHR SCHAUE, GEHT ES NUR NOCH DARUM...
... OB ICH MEIN ZIEL TREFFE...
... ODER ES VERFEHLE.
BLAM
BLAM
BLAM

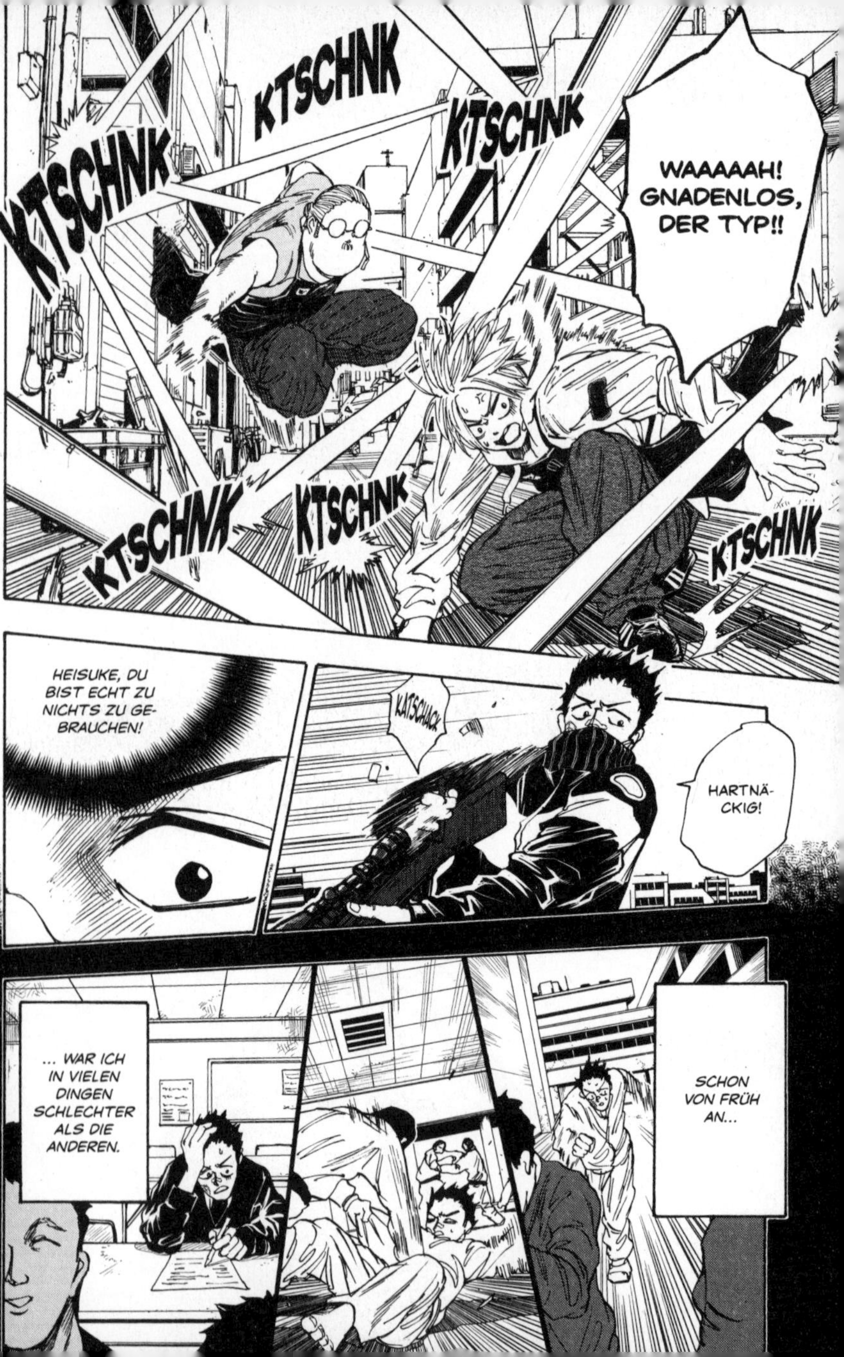
WAAAAAH! GNADENLOS, DER TYP!!
KTSCHNK
KTSCHNK
KTSCHNK
KTSCHNK
KTSCHNK
KTSCHNK
KTSCHNK
HARTNÄ-CKIG!
KATSCHACK
HEISUKE, DU BIST ECHT ZU NICHTS ZU GE-BRAUCHEN!
SCHON VON FRÜH AN...
... WAR ICH IN VIELEN DINGEN SCHLECHTER ALS DIE ANDEREN.

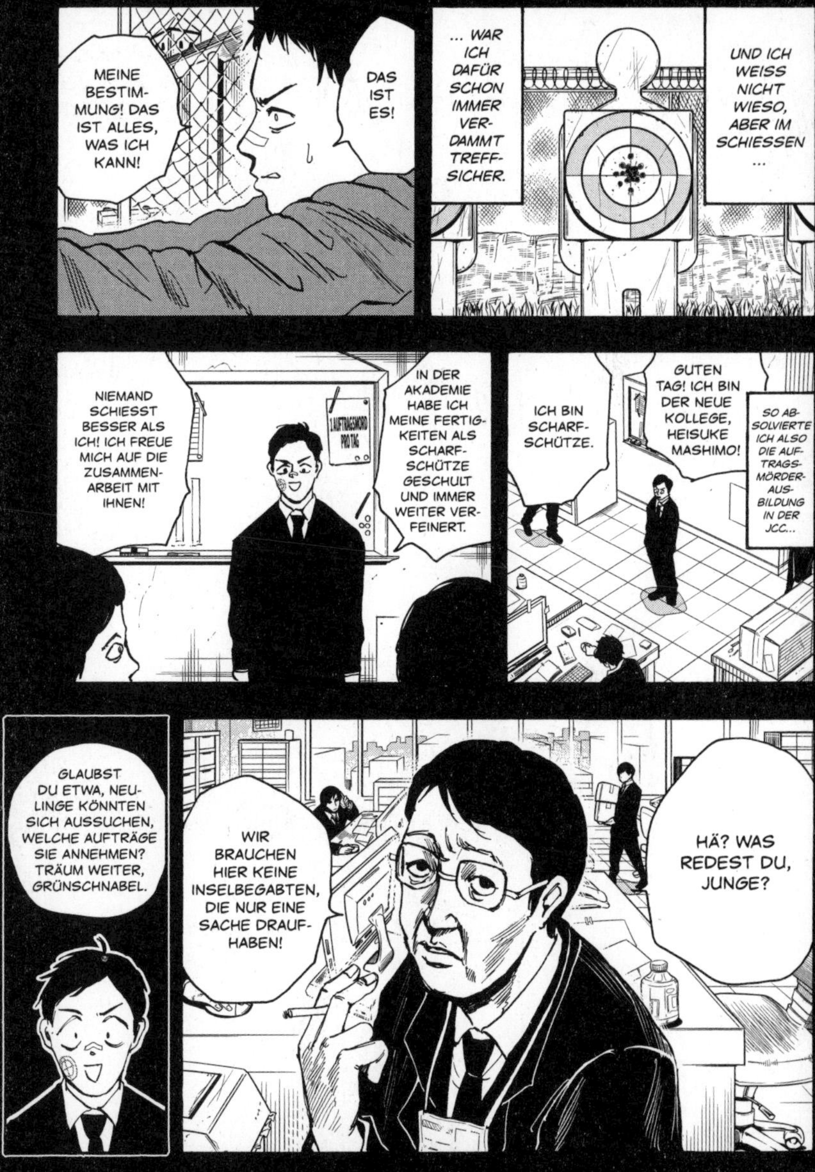
UND ICH WEISS NICHT WIESO, ABER IM SCHIESSEN ...
... WAR ICH DAFÜR SCHON IMMER VERDAMMT TREFFSICHER.
DAS IST ES!
MEINE BESTIMMUNG! DAS IST ALLES, WAS ICH KANN!
SO ABSOLVIERTE ICH ALSO DIE AUFTRAGSMÖRDERAUSBILDUNG IN DER JCC...
GUTEN TAG! ICH BIN DER NEUE KOLLEGE, HEISUKE MASHIMO!
ICH BIN SCHARFSCHÜTZE.
IN DER AKADEMIE HABE ICH MEINE FERTIGKEITEN ALS SCHARFSCHÜTZE GESCHULT UND IMMER WEITER VERFEINERT.
1 AUFTRAGSMORD PRO TAG
NIEMAND SCHIESST BESSER ALS ICH! ICH FREUE MICH AUF DIE ZUSAMMENARBEIT MIT IHNEN!
HÄ? WAS REDEST DU, JUNGE?
WIR BRAUCHEN HIER KEINE INSELBEGABTEN, DIE NUR EINE SACHE DRAUFHABEN!
GLAUBST DU ETWA, NEULINGE KÖNNTEN SICH AUSSUCHEN, WELCHE AUFTRÄGE SIE ANNEHMEN? TRÄUM WEITER, GRÜNSCHNABEL.

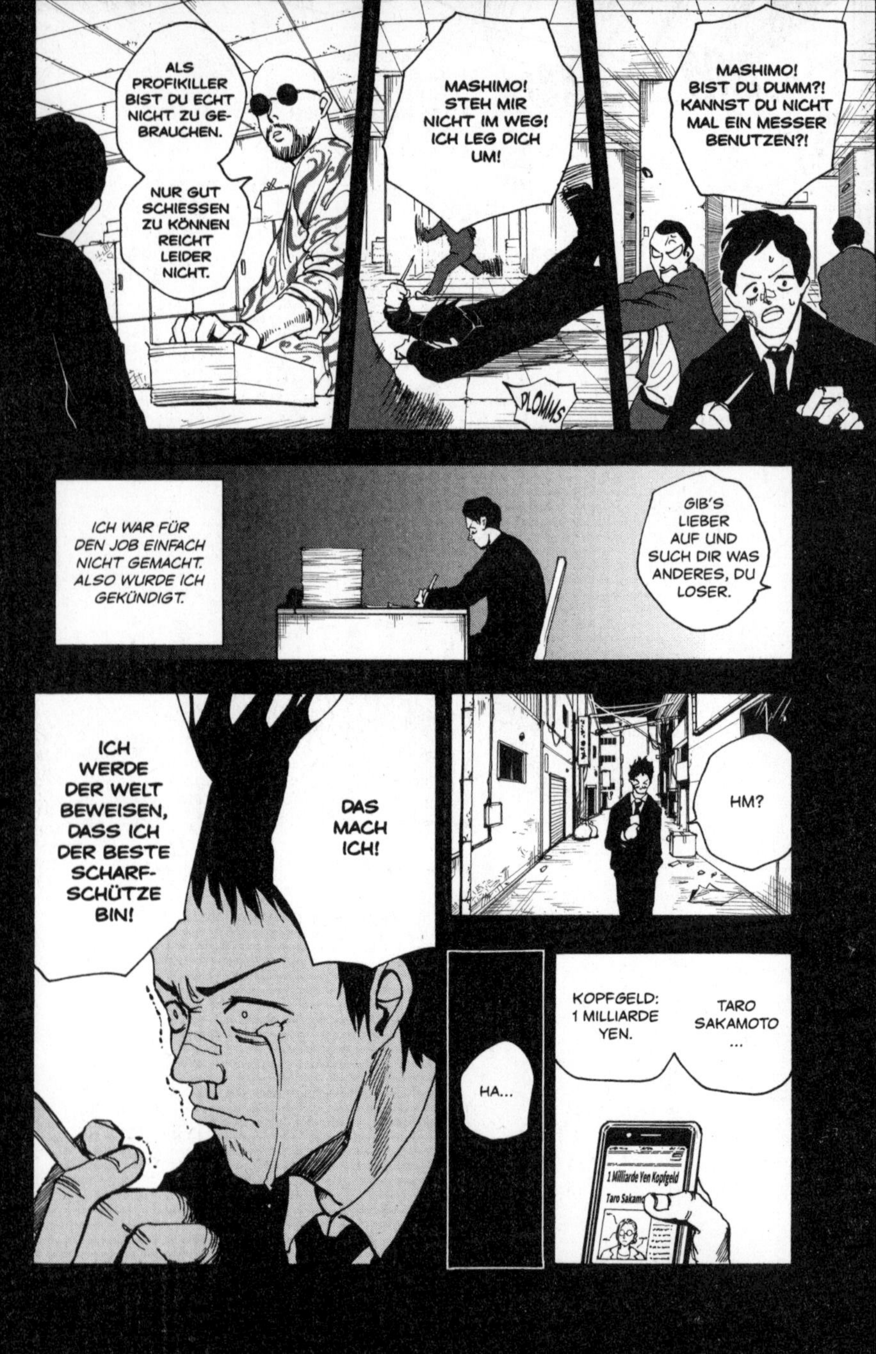
MASHIMO! BIST DU DUMM?! KANNST DU NICHT MAL EIN MESSER BENUTZEN?!
MASHIMO! STEH MIR NICHT IM WEG! ICH LEG DICH UM!
PLOMMS
ALS PROFIKILLER BIST DU ECHT NICHT ZU GEBRAUCHEN.
NUR GUT SCHIESSEN ZU KÖNNEN REICHT LEIDER NICHT.
GIB'S LIEBER AUF UND SUCH DIR WAS ANDERES, DU LOSER.
ICH WAR FÜR DEN JOB EINFACH NICHT GEMACHT. ALSO WURDE ICH GEKÜNDIGT.
HM?
DAS MACH ICH!
ICH WERDE DER WELT BEWEISEN, DASS ICH DER BESTE SCHARFSCHÜTZE BIN!
TARO SAKAMOTO ...
KOPFGELD: 1 MILLIARDE YEN.
1 Milliarde Yen Kopfgeld
HA...

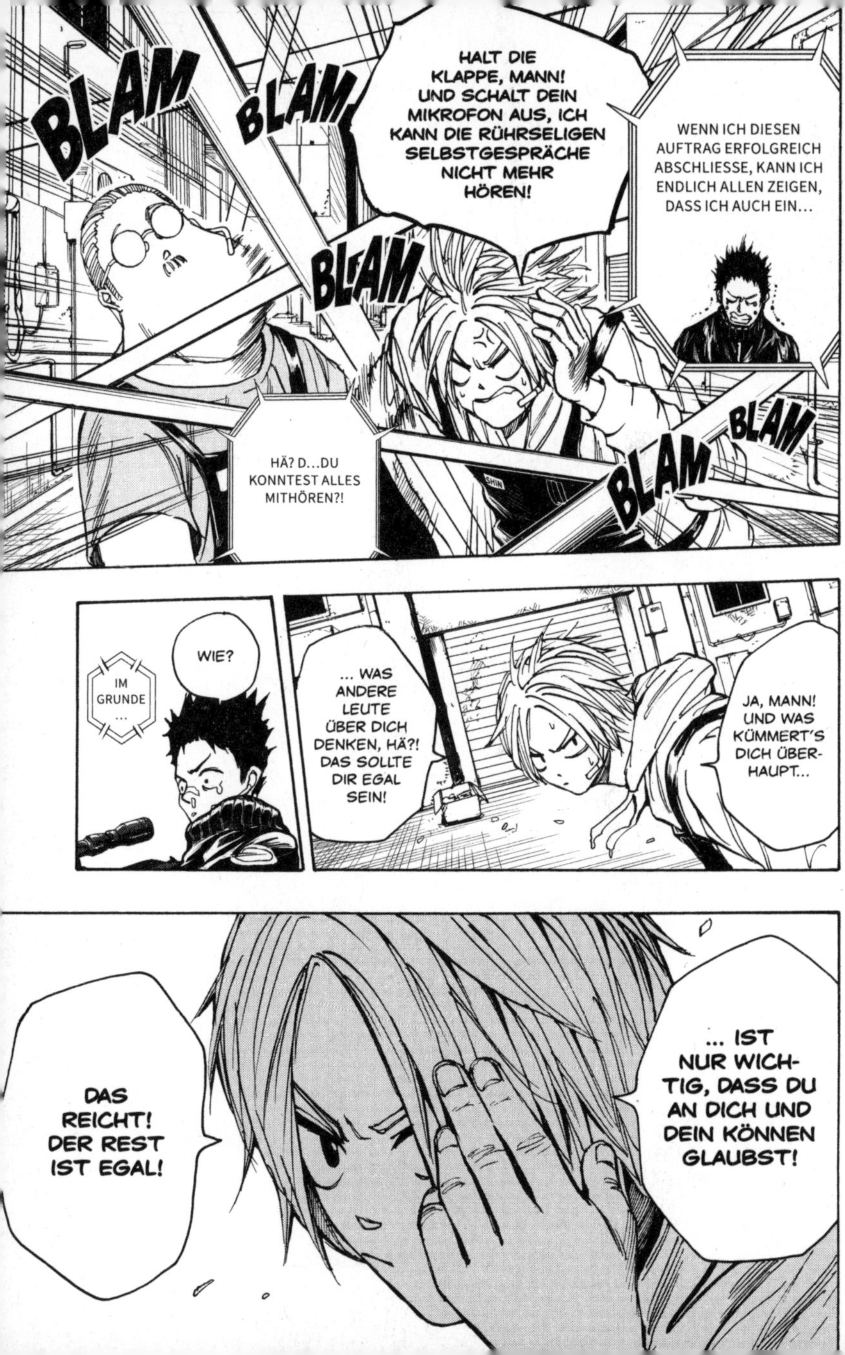
WENN ICH DIESEN AUFTRAG ERFOLGREICH ABSCHLIESSE, KANN ICH ENDLICH ALLEN ZEIGEN, DASS ICH AUCH EIN…
HALT DIE KLAPPE, MANN! UND SCHALT DEIN MIKROFON AUS, ICH KANN DIE RÜHRSELIGEN SELBSTGESPRÄCHE NICHT MEHR HÖREN!
BLAM
BLAM
BLAM
BLAM
BLAM
HÄ? D…DU KONNTEST ALLES MITHÖREN?!
JA, MANN! UND WAS KÜMMERT'S DICH ÜBERHAUPT…
… WAS ANDERE LEUTE ÜBER DICH DENKEN, HÄ?! DAS SOLLTE DIR EGAL SEIN!
WIE?
IM GRUNDE …
… IST NUR WICHTIG, DASS DU AN DICH UND DEIN KÖNNEN GLAUBST!
DAS REICHT! DER REST IST EGAL!

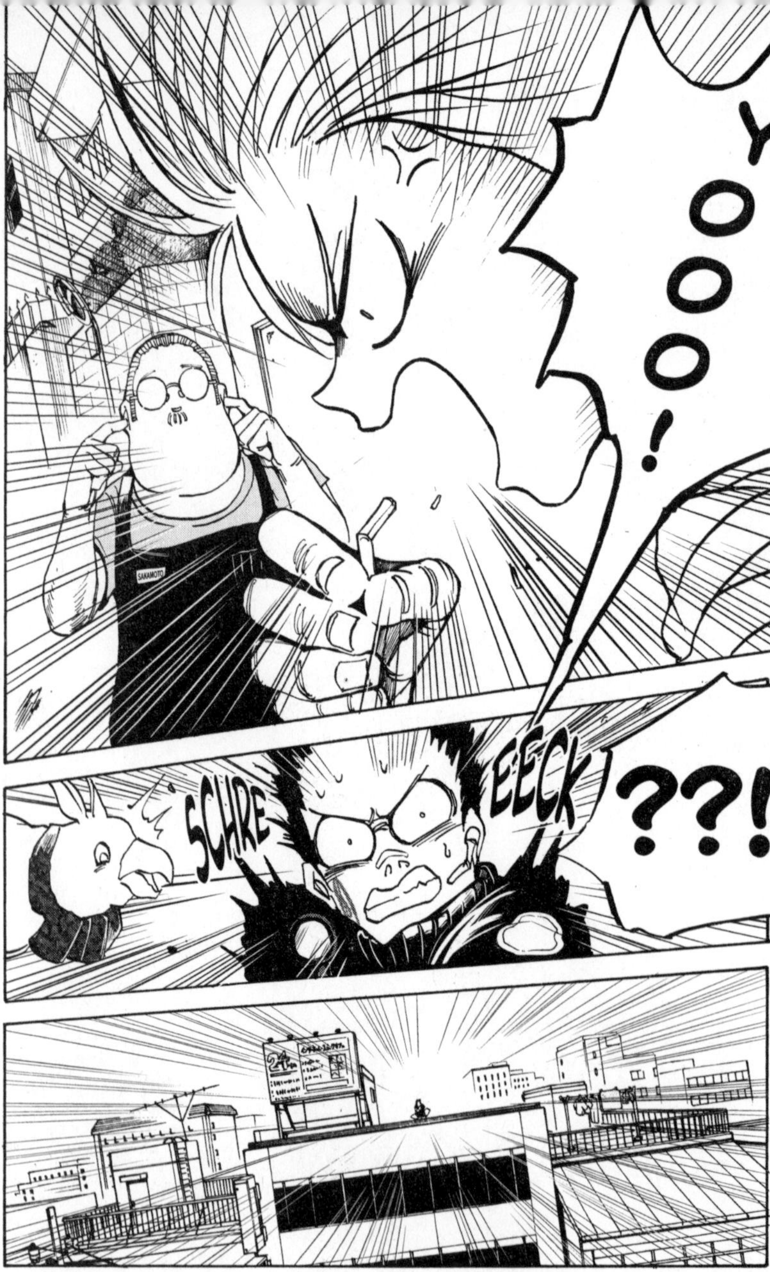
YOOOO!
SAKAMOTO
SCHRE
EECK
??!!

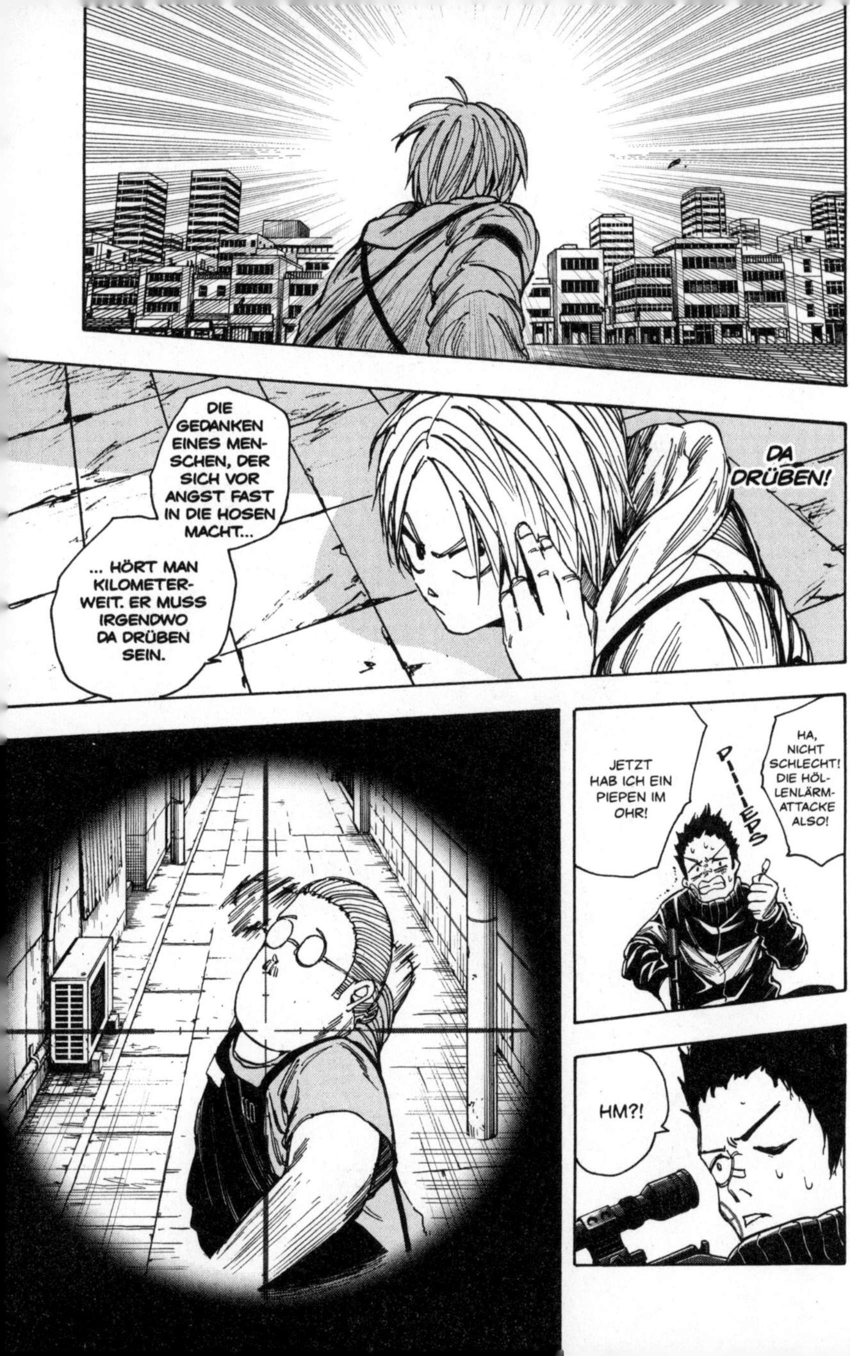
DA DRÜBEN!
DIE GEDANKEN EINES MENSCHEN, DER SICH VOR ANGST FAST IN DIE HOSEN MACHT...
... HÖRT MAN KILOMETERWEIT. ER MUSS IRGENDWO DA DRÜBEN SEIN.
HA, NICHT SCHLECHT! DIE HÖLLENLÄRM-ATTACKE ALSO!
PIIIEPS
JETZT HAB ICH EIN PIEPEN IM OHR!
HM?!

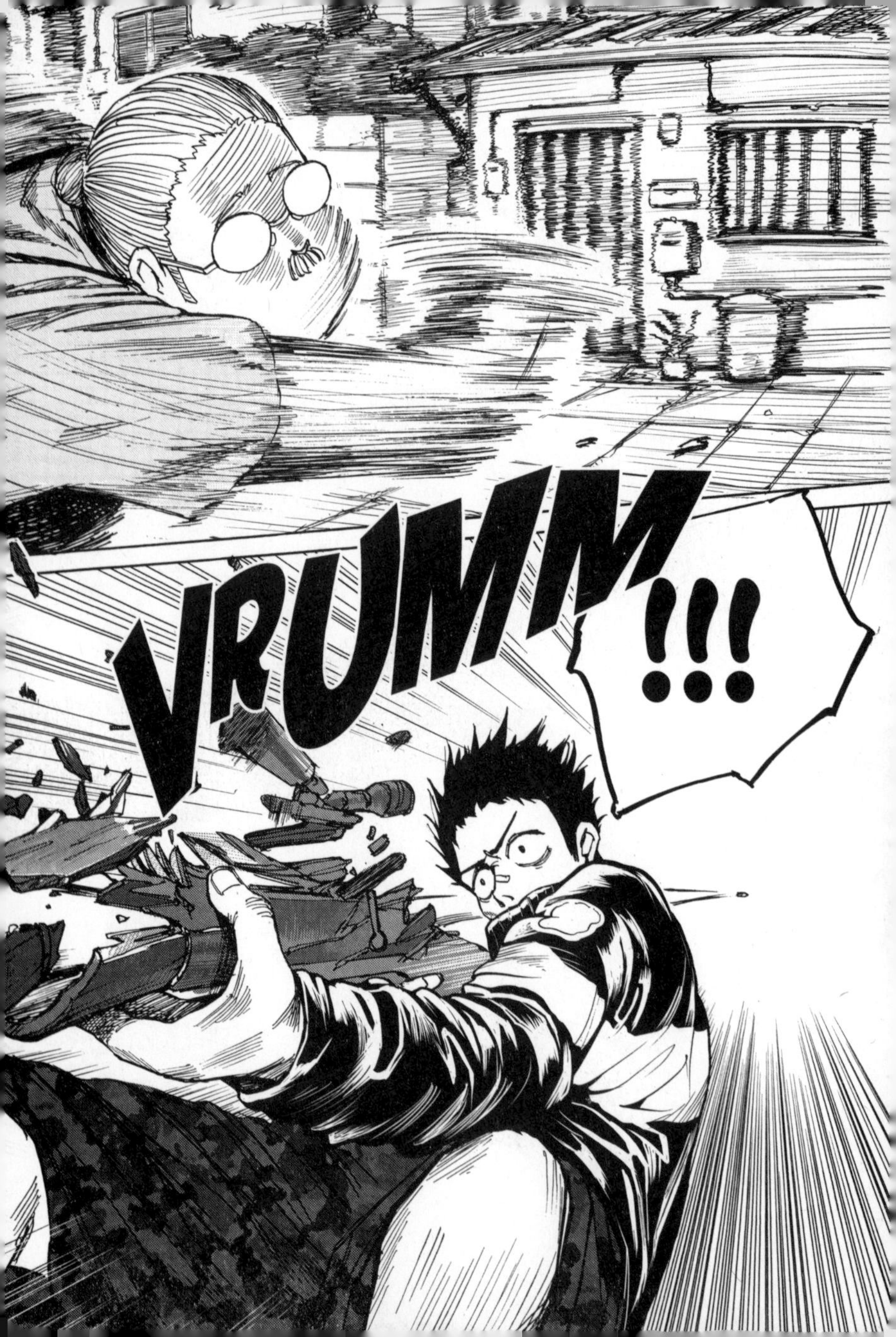
VRUMM
!!!

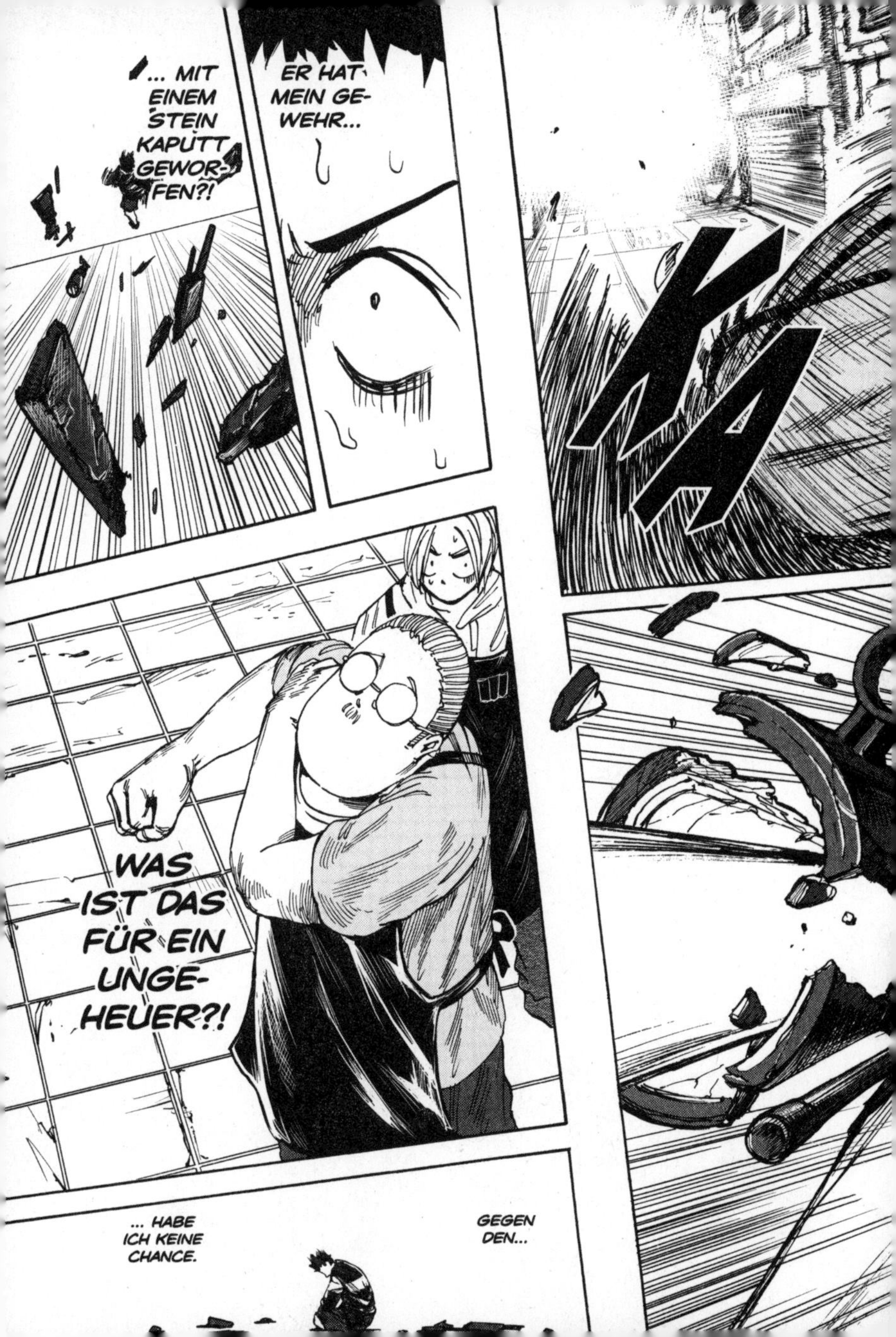
KA
ER HAT MEIN GE-
WEHR...
... MIT
EINEM
STEIN
KAPUTT
GEWOR-
FEN?!
WAS
IST DAS
FÜR EIN
UNGE-
HEUER?!
GEGEN
DEN...
... HABE
ICH KEINE
CHANCE.

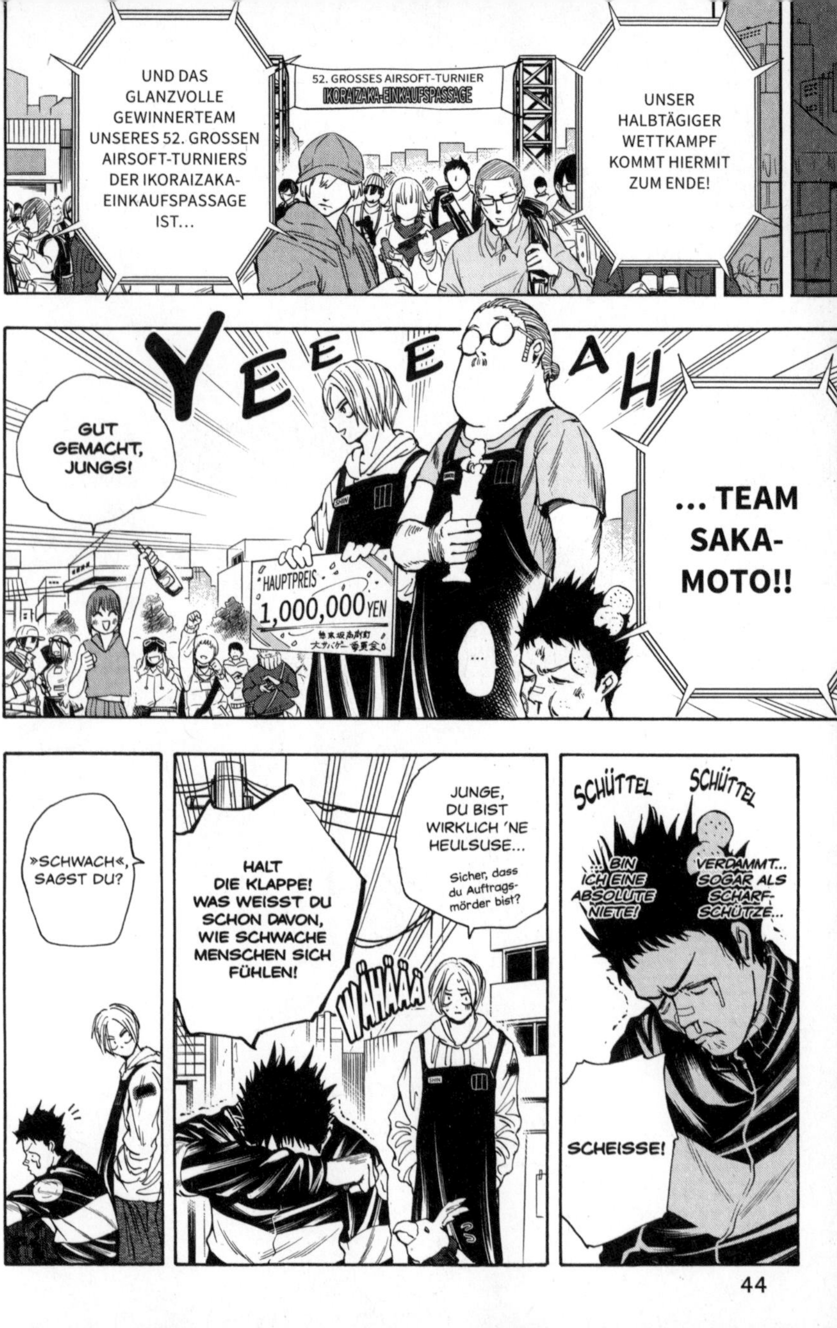
52. GROSSES AIRSOFT-TURNIER
IKORAIZAKA-EINKAUFSPASSAGE
UNSER HALBTÄGIGER WETTKAMPF KOMMT HIERMIT ZUM ENDE!
UND DAS GLANZVOLLE GEWINNERTEAM UNSERES 52. GROSSEN AIRSOFT-TURNIERS DER IKORAIZAKA-EINKAUFSPASSAGE IST…
… TEAM SAKA-MOTO!!
YEEEAH
GUT GEMACHT, JUNGS!
HAUPTPREIS
1,000,000 YEN
…
SCHÜTTEL
SCHÜTTEL
VERDAMMT… SOGAR ALS SCHARF-SCHÜTZE…
… BIN ICH EINE ABSOLUTE NIETE!
SCHEISSE!
JUNGE, DU BIST WIRKLICH 'NE HEULSUSE…
Sicher, dass du Auftrags-mörder bist?
HALT DIE KLAPPE! WAS WEISST DU SCHON DAVON, WIE SCHWACHE MENSCHEN SICH FÜHLEN!
WÄHÄÄÄ
»SCHWACH«, SAGST DU?

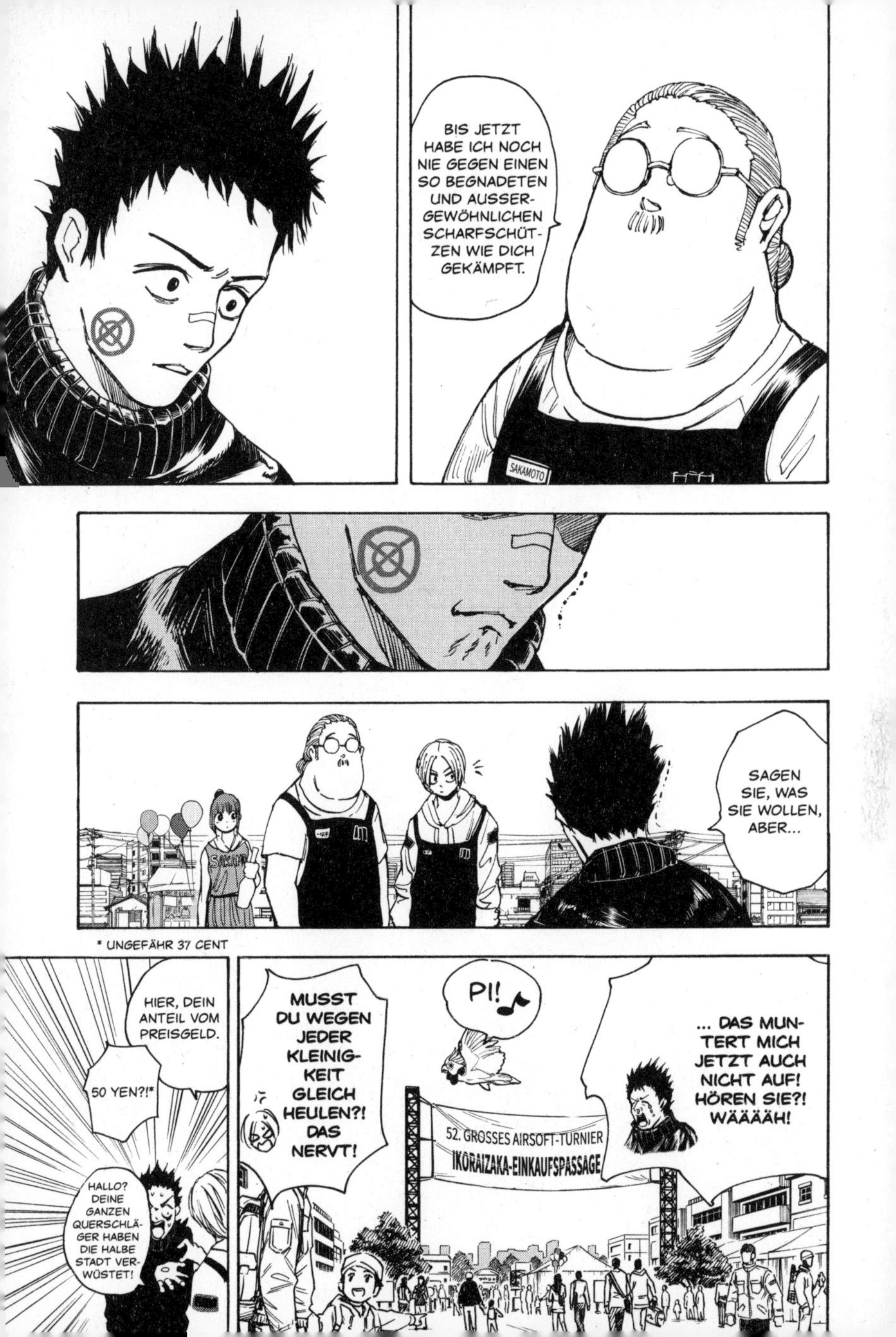

* UNGEFÄHR 37 CENT

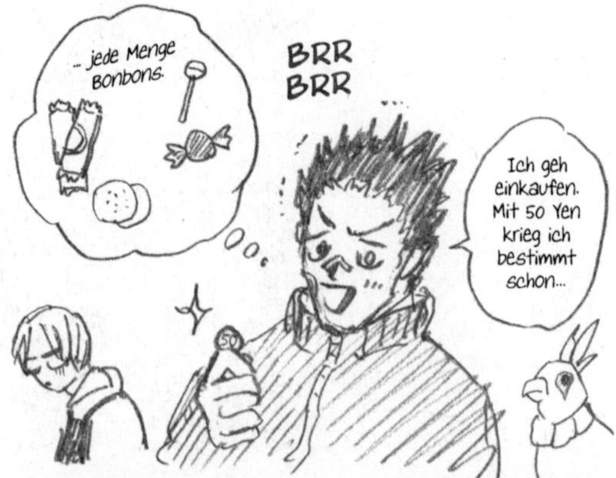
... jede Menge Bonbons.
BRR BRR
Ich geh einkaufen. Mit 50 Yen krieg ich bestimmt schon...

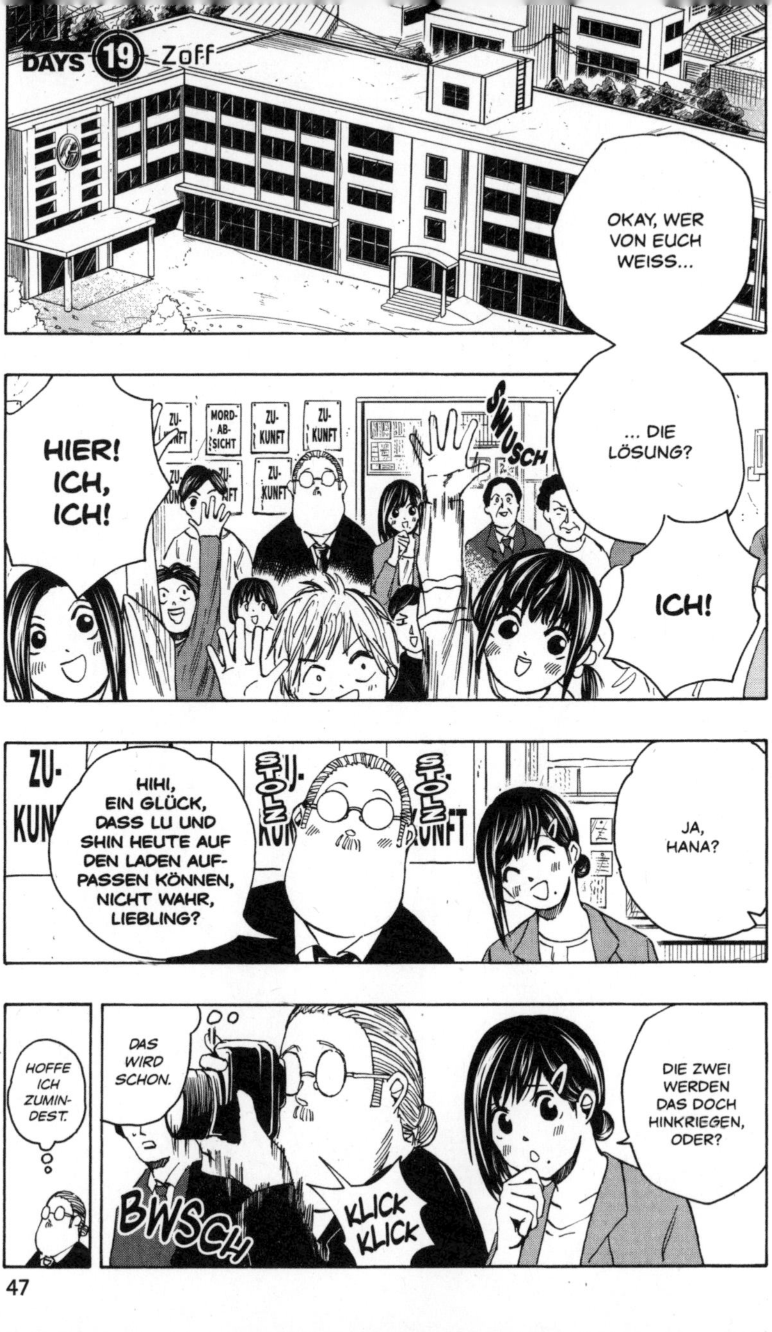
DAYS 19 Zoff
OKAY, WER VON EUCH WEISS...
... DIE LÖSUNG?
SWUSCH
ICH!
HIER! ICH, ICH!
ZU-KUNFT
MORD-ABSICHT
JA, HANA?
STOLZ
HIHI, EIN GLÜCK, DASS LU UND SHIN HEUTE AUF DEN LADEN AUFPASSEN KÖNNEN, NICHT WAHR, LIEBLING?
DIE ZWEI WERDEN DAS DOCH HINKRIEGEN, ODER?
KLICK KLICK
BWSCH
DAS WIRD SCHON.
HOFFE ICH ZUMINDEST.

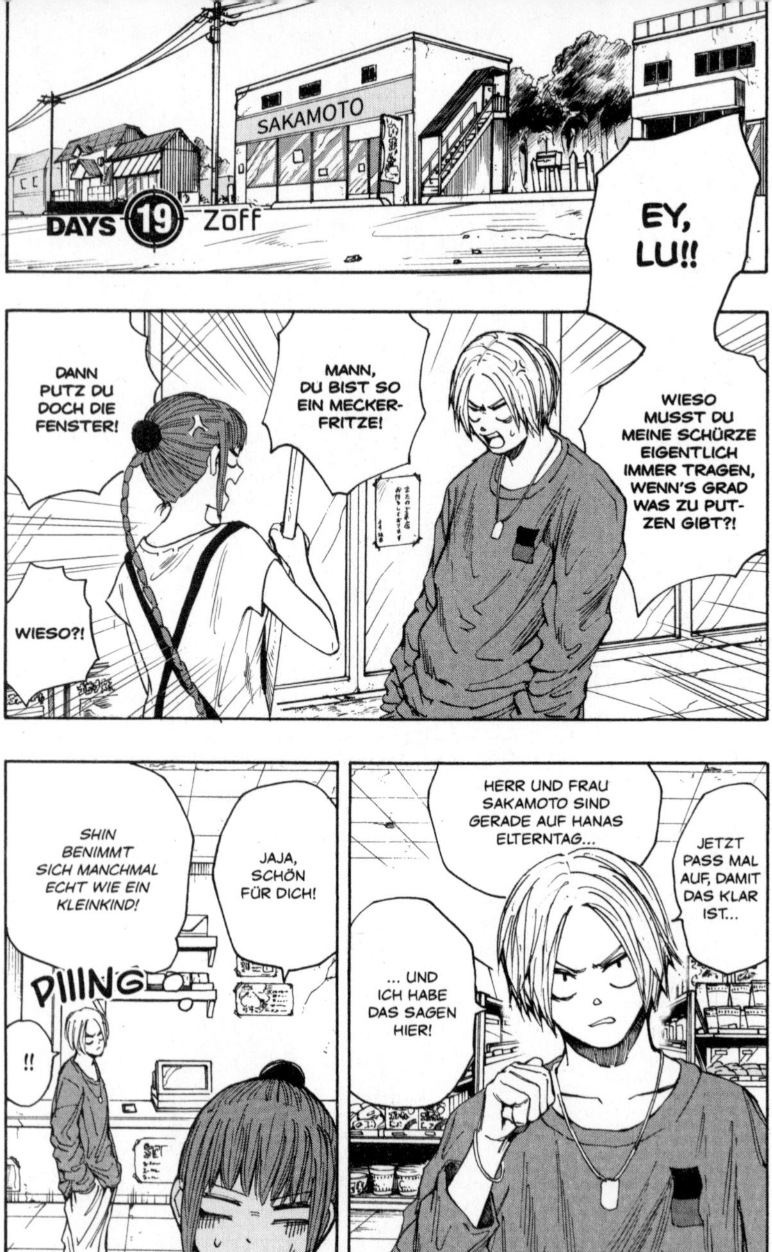
SAKAMOTO
DAYS 19 Zoff
EY, LU!!
WIESO MUSST DU MEINE SCHÜRZE EIGENTLICH IMMER TRAGEN, WENN'S GRAD WAS ZU PUTZEN GIBT?!
MANN, DU BIST SO EIN MECKERFRITZE!
DANN PUTZ DU DOCH DIE FENSTER!
WIESO?!
HERR UND FRAU SAKAMOTO SIND GERADE AUF HANAS ELTERNTAG...
JETZT PASS MAL AUF, DAMIT DAS KLAR IST...
... UND ICH HABE DAS SAGEN HIER!
JAJA, SCHÖN FÜR DICH!
SHIN BENIMMT SICH MANCHMAL ECHT WIE EIN KLEINKIND!
DIIING
!!

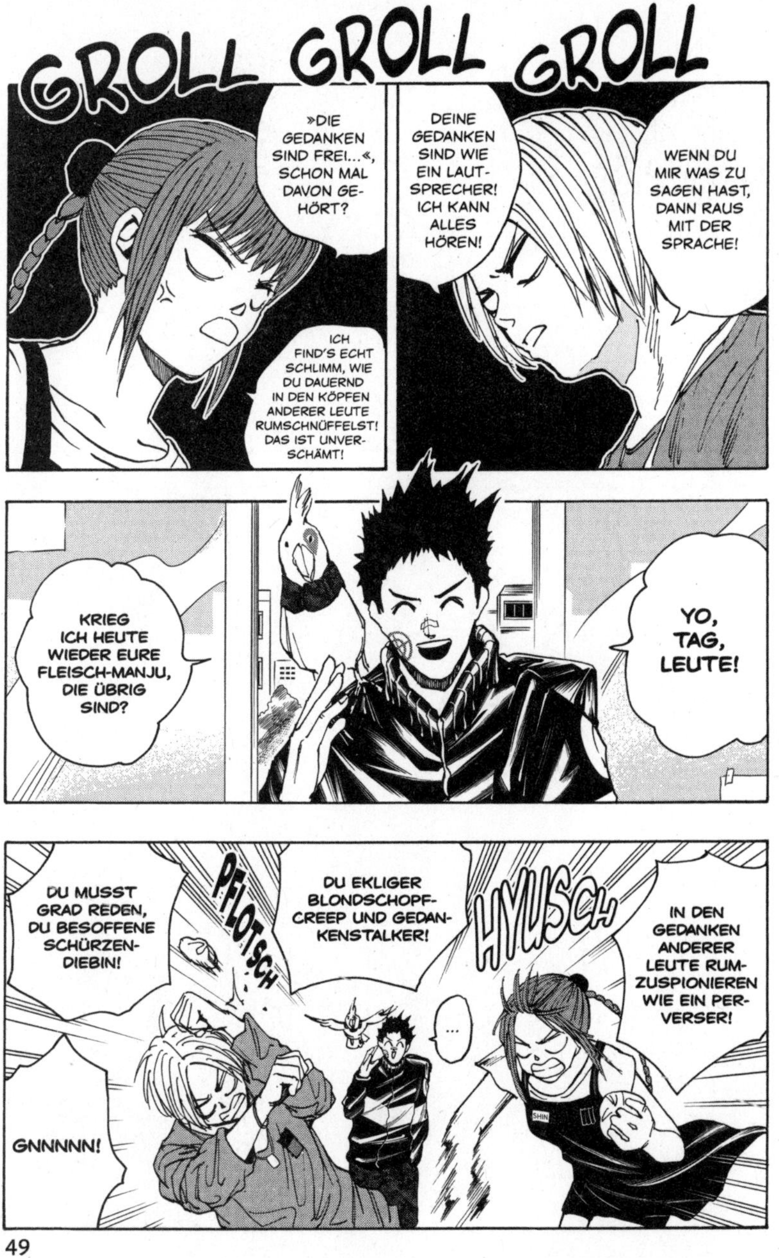
GROLL GROLL GROLL
WENN DU MIR WAS ZU SAGEN HAST, DANN RAUS MIT DER SPRACHE!
DEINE GEDANKEN SIND WIE EIN LAUT-SPRECHER! ICH KANN ALLES HÖREN!
»DIE GEDANKEN SIND FREI...«, SCHON MAL DAVON GE-HÖRT?
ICH FIND'S ECHT SCHLIMM, WIE DU DAUERND IN DEN KÖPFEN ANDERER LEUTE RUMSCHNÜFFELST! DAS IST UNVER-SCHÄMT!
YO, TAG, LEUTE!
KRIEG ICH HEUTE WIEDER EURE FLEISCH-MANJU, DIE ÜBRIG SIND?
IN DEN GEDANKEN ANDERER LEUTE RUM-ZUSPIONIEREN WIE EIN PER-VERSER!
HYUSCH
DU EKLIGER BLONDSCHOPF-CREEP UND GEDAN-KENSTALKER!
PFLOTSCH
DU MUSST GRAD REDEN, DU BESOFFENE SCHÜRZEN-DIEBIN!
...
SHIN
GNNNNN!

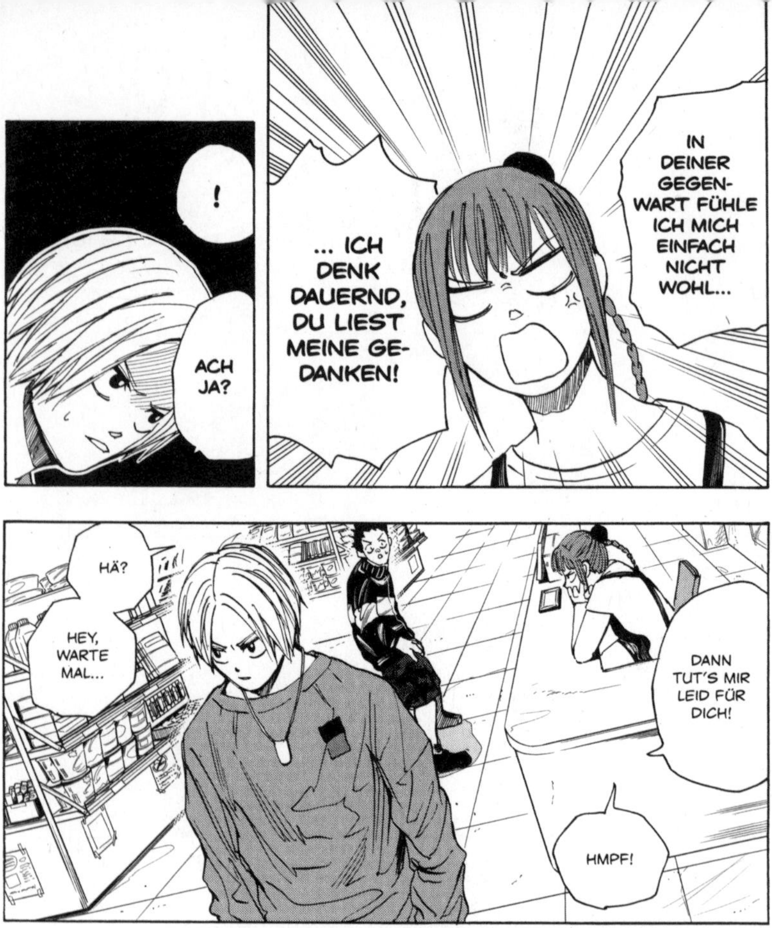
IN DEINER GEGENWART FÜHLE ICH MICH EINFACH NICHT WOHL...
... ICH DENK DAUERND, DU LIEST MEINE GEDANKEN!
!
ACH JA?
DANN TUT'S MIR LEID FÜR DICH!
HMPF!
HÄ?
HEY, WARTE MAL...
WOLLT IHR EUCH NICHT VERTRAGEN?
DER SOLL SICH ZUM TEUFEL SCHEREN!
DARF ICH DAS ESSEN?
UND DU GLEICH MIT!
PI!

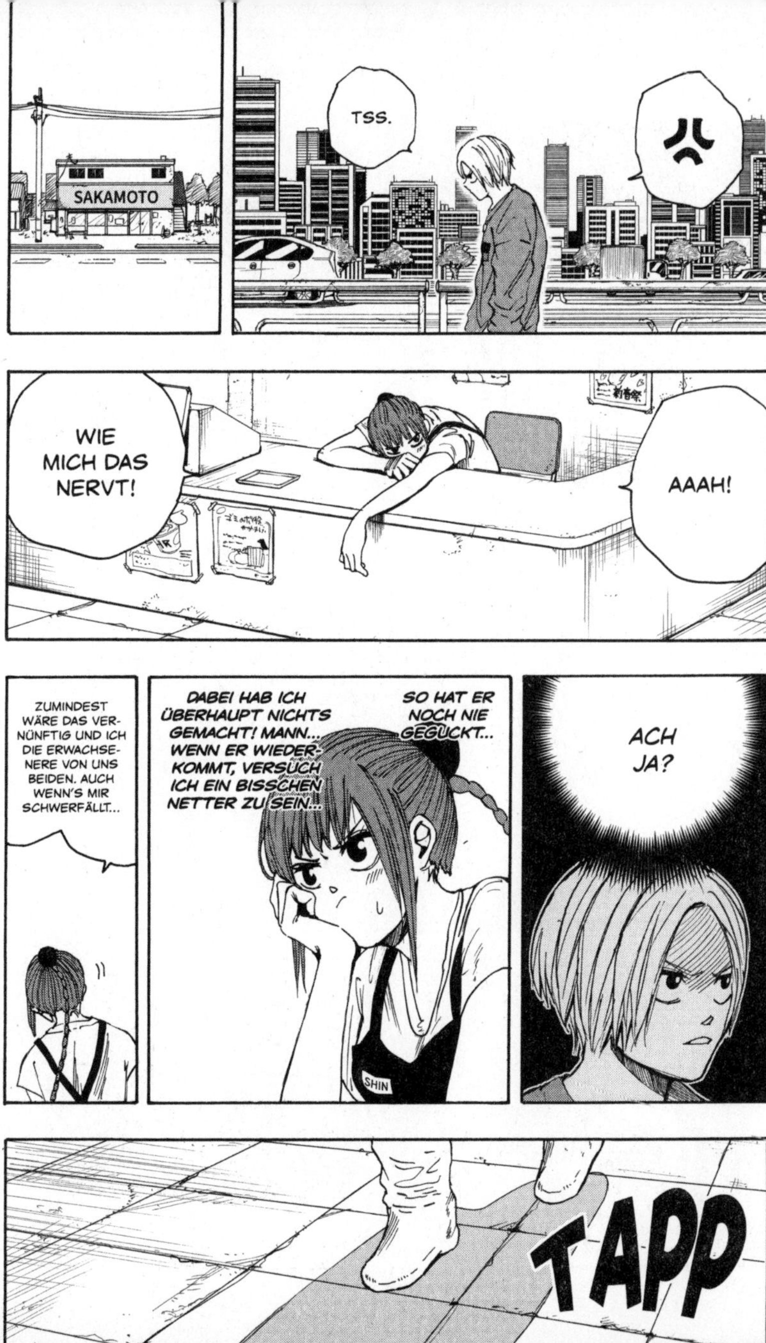
TSS.
SAKAMOTO
AAAH!
WIE MICH DAS NERVT!
ACH JA?
SO HAT ER NOCH NIE GEGUCKT...
DABEI HAB ICH ÜBERHAUPT NICHTS GEMACHT! MANN... WENN ER WIEDERKOMMT, VERSUCH ICH EIN BISSCHEN NETTER ZU SEIN...
ZUMINDEST WÄRE DAS VERNÜNFTIG UND ICH DIE ERWACHSENERE VON UNS BEIDEN. AUCH WENN'S MIR SCHWERFÄLLT...
SHIN
TAPP

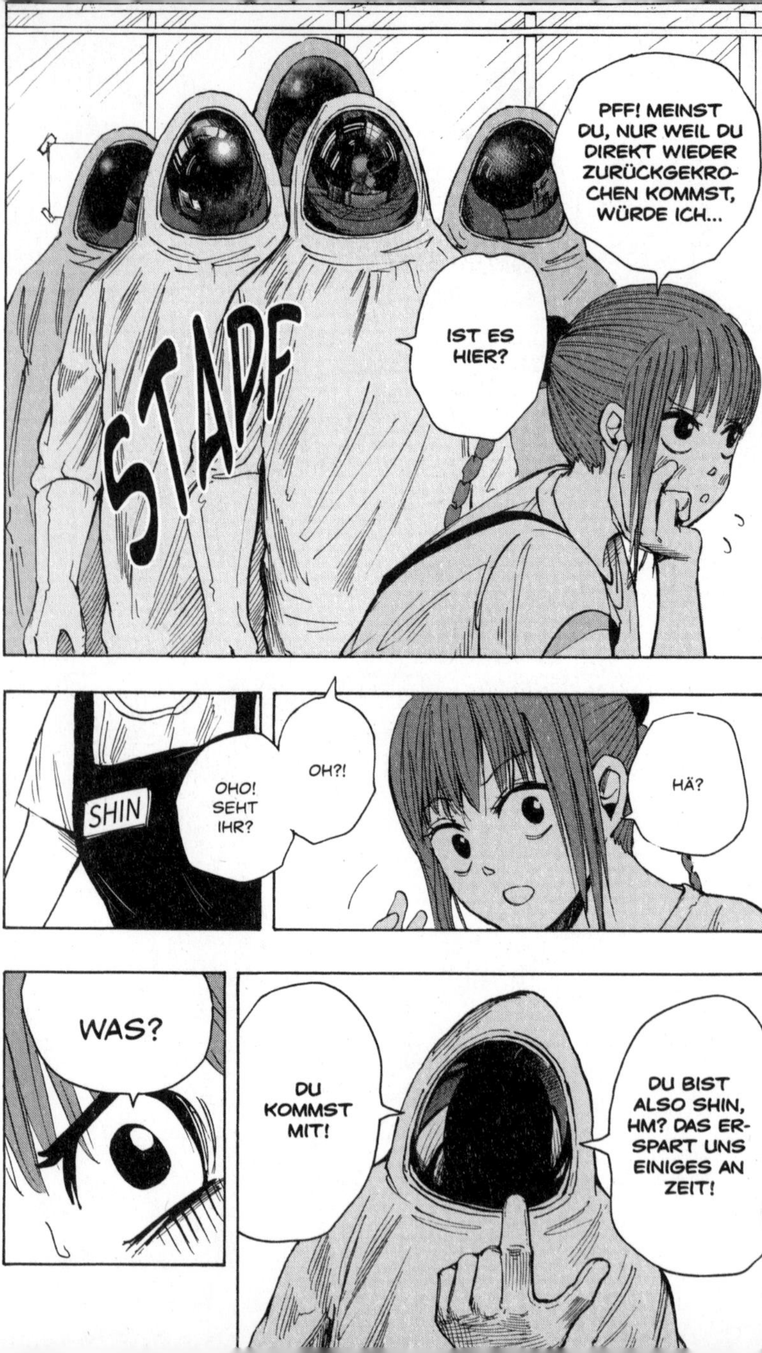
PFF! MEINST DU, NUR WEIL DU DIREKT WIEDER ZURÜCKGEKRO-CHEN KOMMST, WÜRDE ICH...
IST ES HIER?
STAPF
HÄ?
OH?!
OHO! SEHT IHR?
SHIN
DU BIST ALSO SHIN, HM? DAS ER-SPART UNS EINIGES AN ZEIT!
DU KOMMST MIT!
WAS?

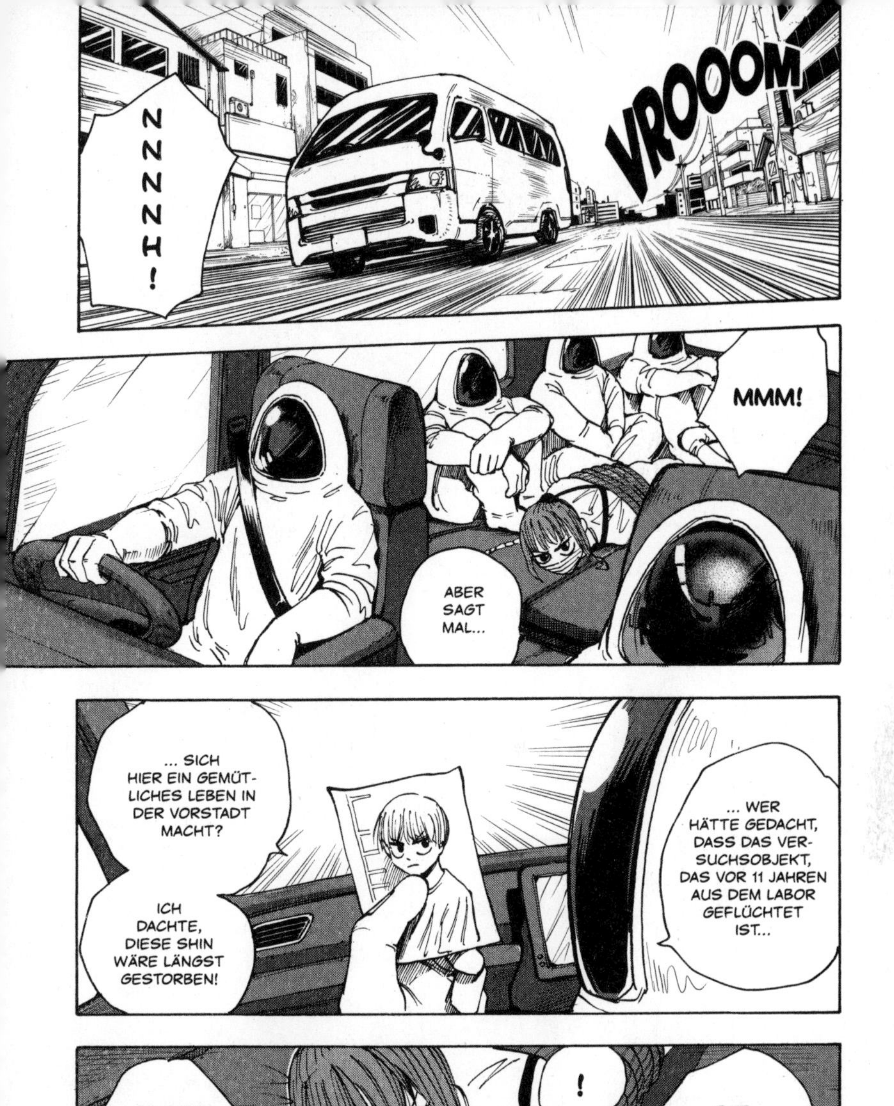
VROOOM
NNNNH!
MMM!
ABER SAGT MAL...
... WER HÄTTE GEDACHT, DASS DAS VERSUCHSOBJEKT, DAS VOR 11 JAHREN AUS DEM LABOR GEFLÜCHTET IST...
... SICH HIER EIN GEMÜTLICHES LEBEN IN DER VORSTADT MACHT?
ICH DACHTE, DIESE SHIN WÄRE LÄNGST GESTORBEN!
!
EINE ANDERE HAARFARBE TRÄGT SIE JETZT AUCH. HEHEHE!
BEI DEM NAMEN HÄTTE ICH EHER EINEN JUNGEN ERWARTET, ABER NA JA...

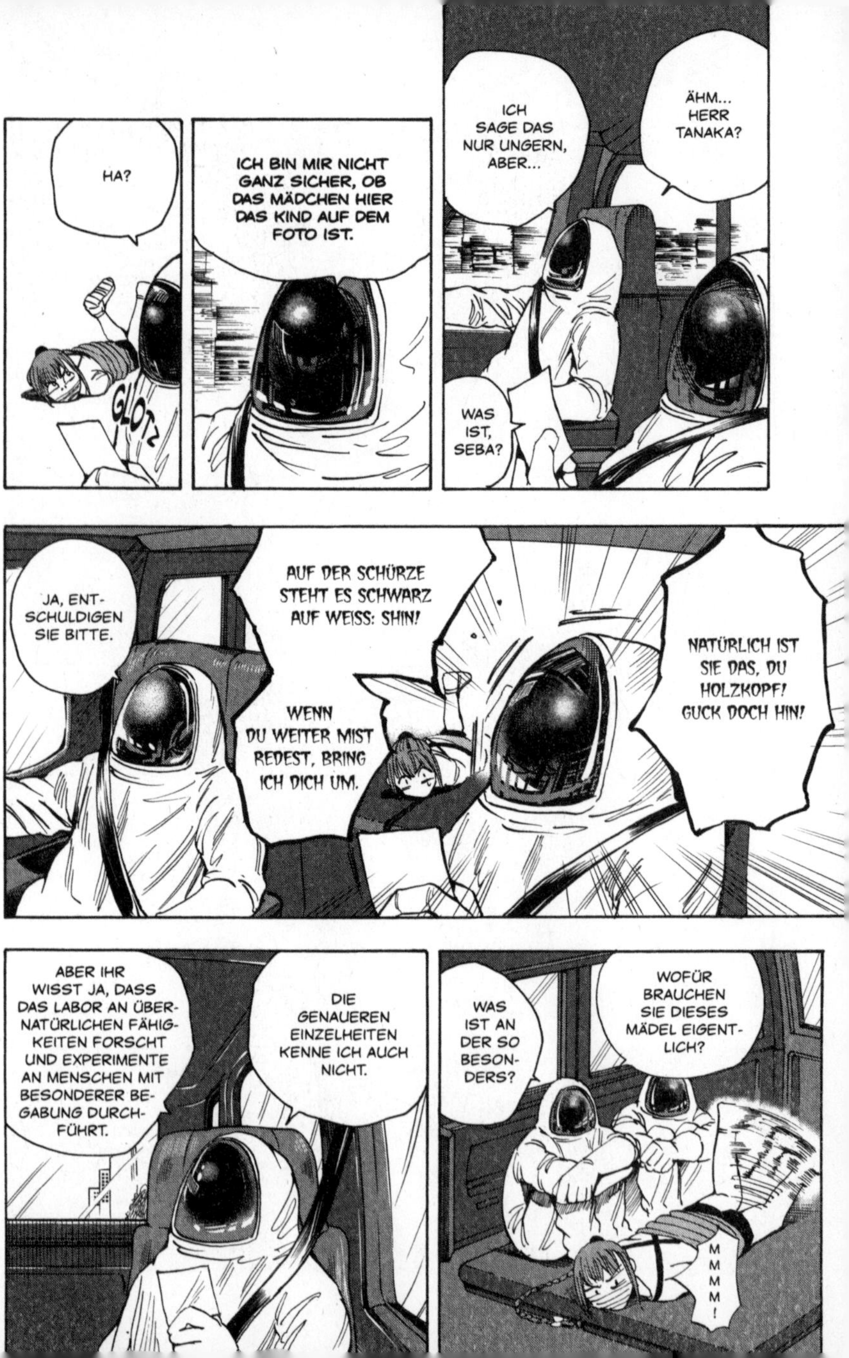

ÄHM... HERR TANAKA?
ICH SAGE DAS NUR UNGERN, ABER...
WAS IST, SEBA?
ICH BIN MIR NICHT GANZ SICHER, OB DAS MÄDCHEN HIER DAS KIND AUF DEM FOTO IST.
HA?
GLOTZ
NATÜRLICH IST SIE DAS, DU HOLZKOPF! GUCK DOCH HIN!
AUF DER SCHÜRZE STEHT ES SCHWARZ AUF WEISS: SHIN!
WENN DU WEITER MIST REDEST, BRING ICH DICH UM.
JA, ENTSCHULDIGEN SIE BITTE.
WOFÜR BRAUCHEN SIE DIESES MÄDEL EIGENTLICH?
WAS IST AN DER SO BESONDERS?
MMMMM!
DIE GENAUEREN EINZELHEITEN KENNE ICH AUCH NICHT.
ABER IHR WISST JA, DASS DAS LABOR AN ÜBERNATÜRLICHEN FÄHIGKEITEN FORSCHT UND EXPERIMENTE AN MENSCHEN MIT BESONDERER BEGABUNG DURCHFÜHRT.

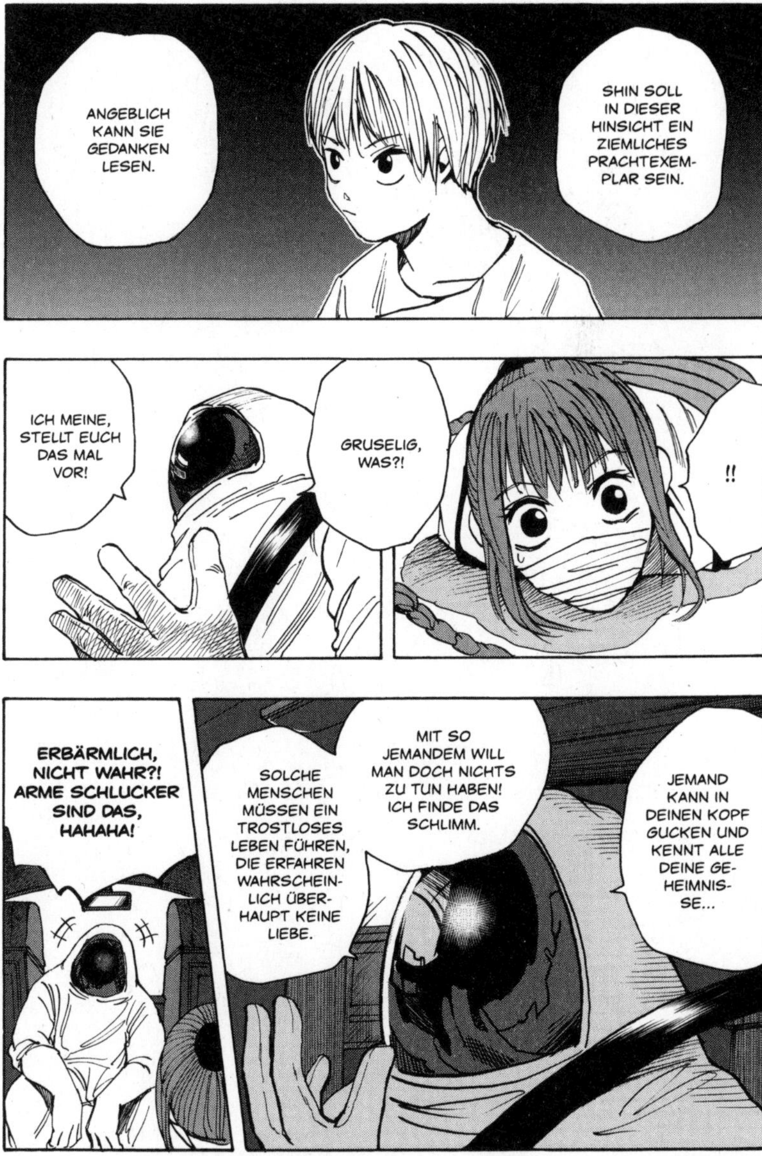
SHIN SOLL IN DIESER HINSICHT EIN ZIEMLICHES PRACHTEXEMPLAR SEIN.
ANGEBLICH KANN SIE GEDANKEN LESEN.
ICH MEINE, STELLT EUCH DAS MAL VOR!
GRUSELIG, WAS?!
!!
JEMAND KANN IN DEINEN KOPF GUCKEN UND KENNT ALLE DEINE GEHEIMNISSE...
MIT SO JEMANDEM WILL MAN DOCH NICHTS ZU TUN HABEN! ICH FINDE DAS SCHLIMM.
SOLCHE MENSCHEN MÜSSEN EIN TROSTLOSES LEBEN FÜHREN, DIE ERFAHREN WAHRSCHEINLICH ÜBERHAUPT KEINE LIEBE.
ERBÄRMLICH, NICHT WAHR?! ARME SCHLUCKER SIND DAS, HAHAHA!

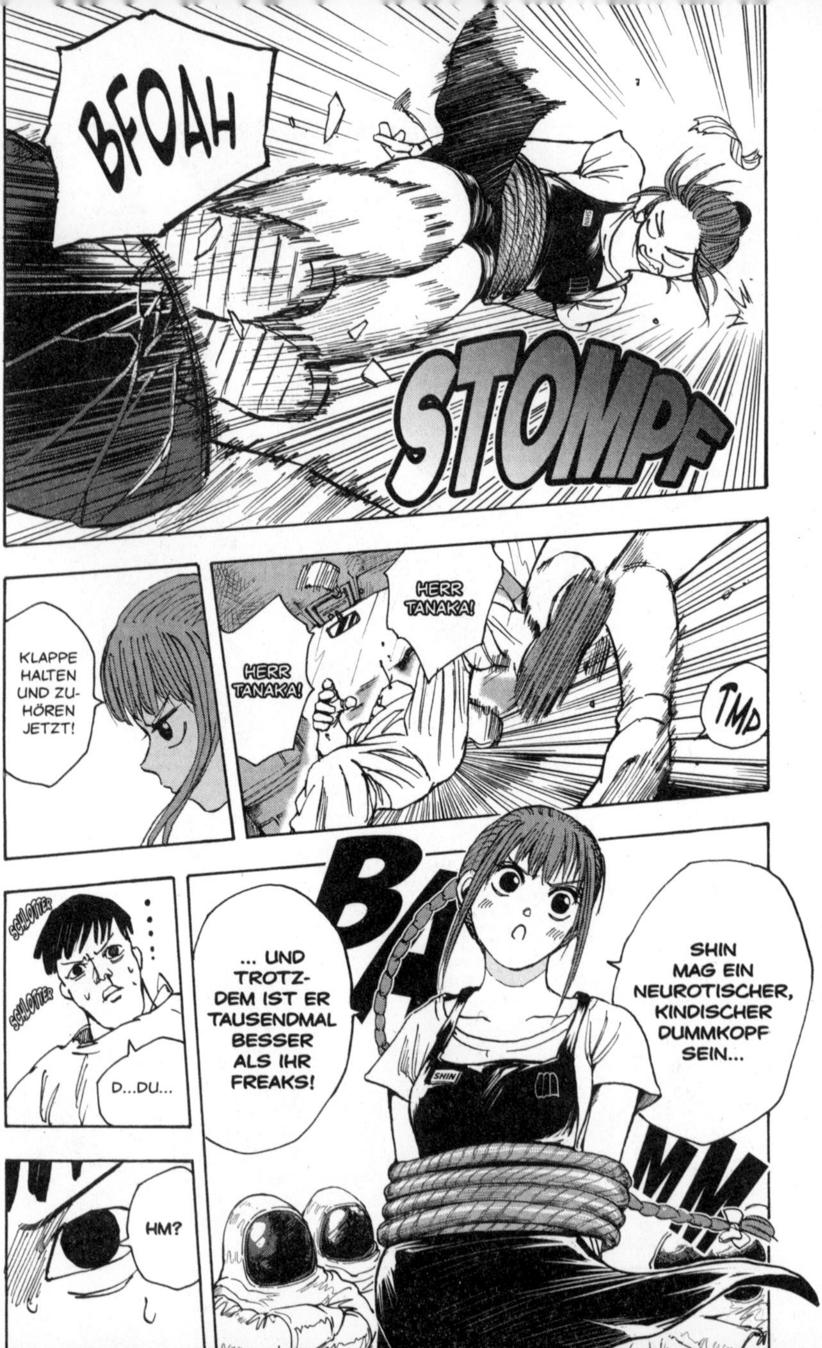
BFOAH
STOMPF
TMP
HERR TANAKA!
HERR TANAKA!
KLAPPE HALTEN UND ZU-HÖREN JETZT!
SHIN MAG EIN NEUROTISCHER, KINDISCHER DUMMKOPF SEIN...
BAMM
... UND TROTZ-DEM IST ER TAUSENDMAL BESSER ALS IHR FREAKS!
SCHLOTTER
SCHLOTTER
D...DU...
HM?

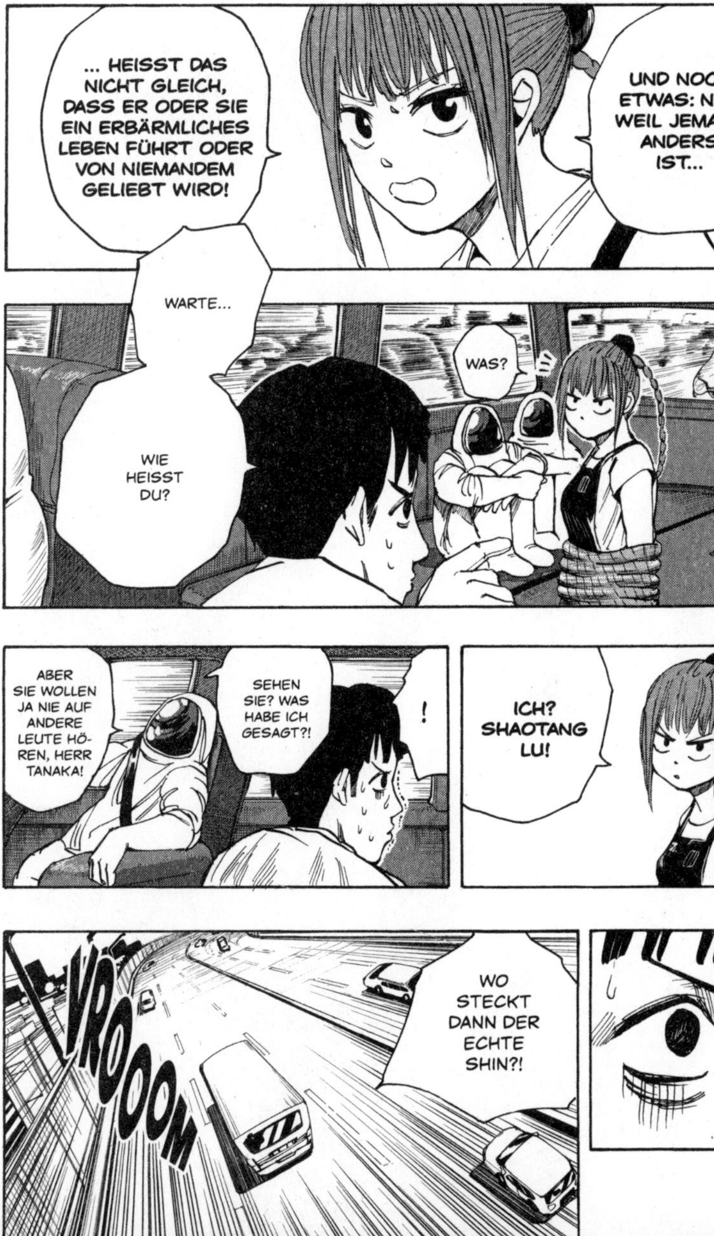
UND NOCH ETWAS: NUR WEIL JEMAND ANDERS IST...
... HEISST DAS NICHT GLEICH, DASS ER ODER SIE EIN ERBÄRMLICHES LEBEN FÜHRT ODER VON NIEMANDEM GELIEBT WIRD!
WARTE...
WIE HEISST DU?
WAS?
ICH? SHAOTANG LU!
!
SEHEN SIE? WAS HABE ICH GESAGT?!
ABER SIE WOLLEN JA NIE AUF ANDERE LEUTE HÖREN, HERR TANAKA!
WO STECKT DANN DER ECHTE SHIN?!
VROOOM

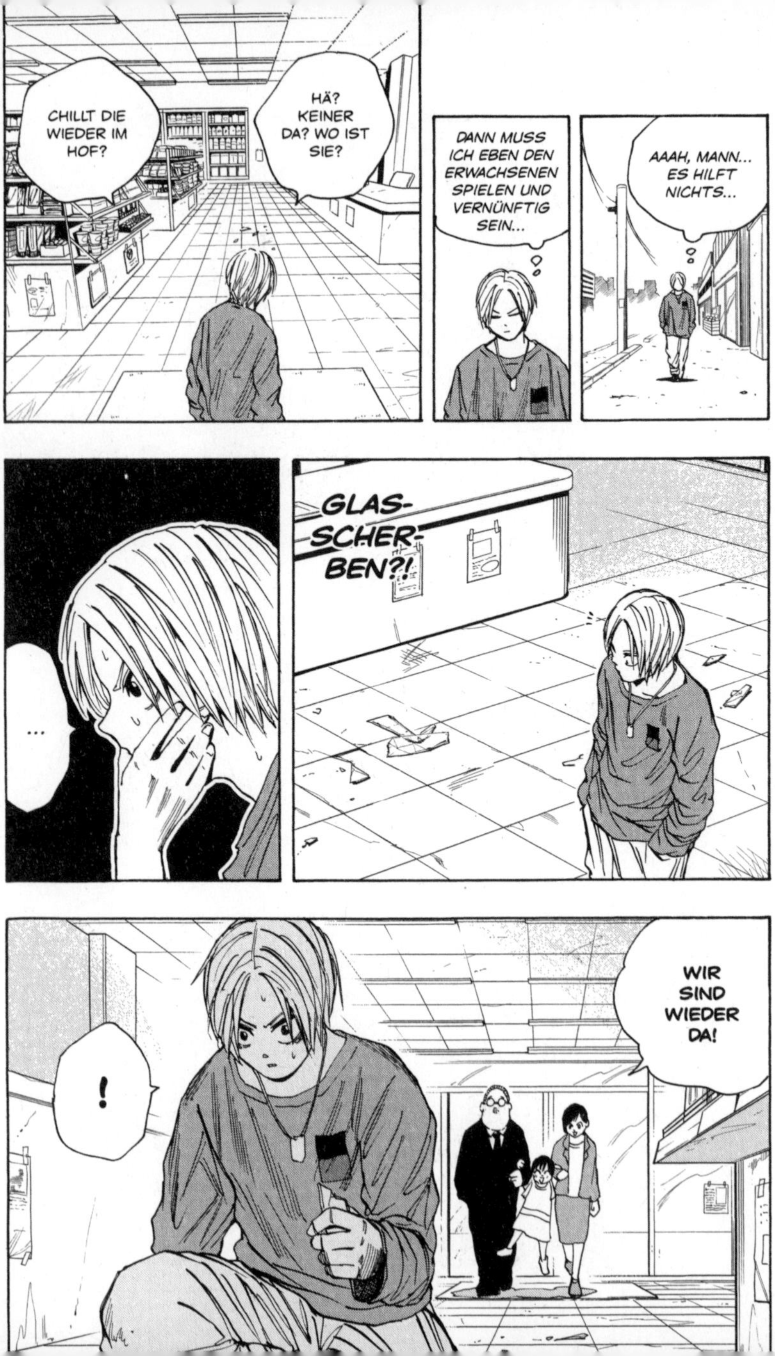
AAAH, MANN... ES HILFT NICHTS...
DANN MUSS ICH EBEN DEN ERWACHSENEN SPIELEN UND VERNÜNFTIG SEIN...
HÄ? KEINER DA? WO IST SIE?
CHILLT DIE WIEDER IM HOF?
GLAS-SCHER-BEN?!
...
WIR SIND WIEDER DA!
!

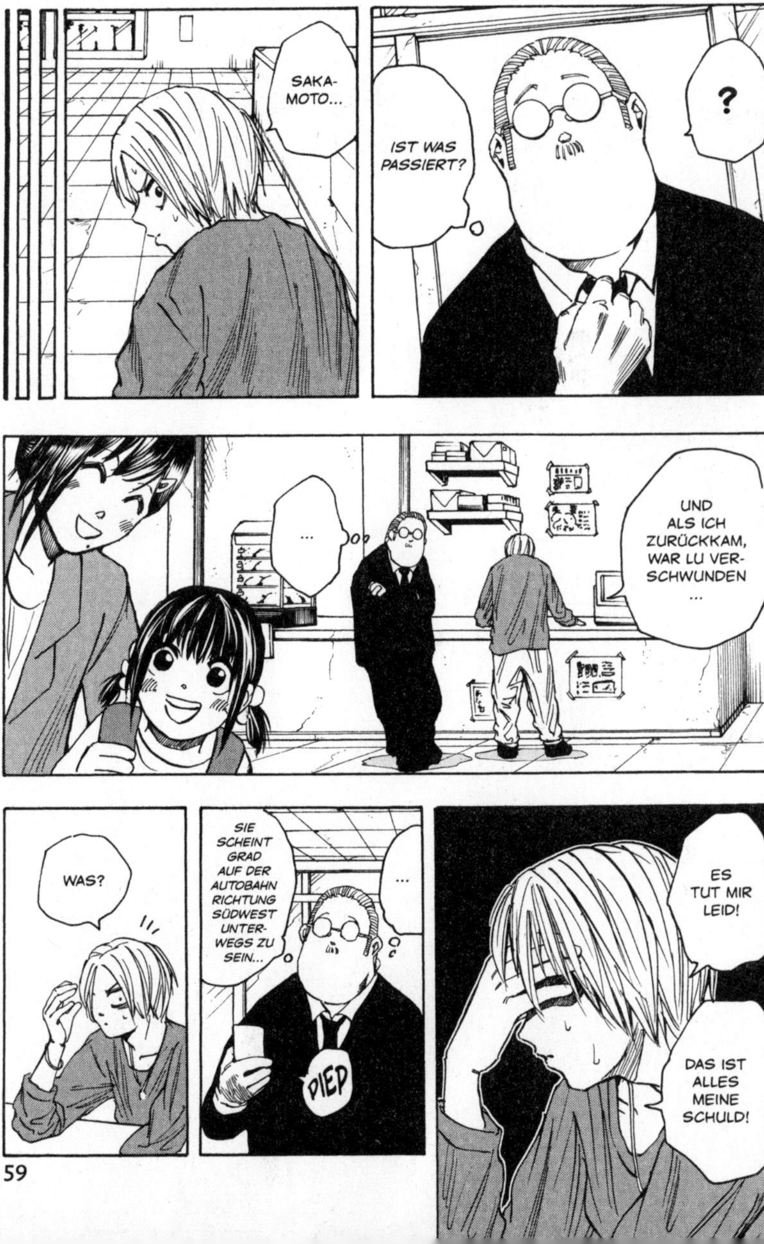
?
IST WAS PASSIERT?
SAKA-MOTO...
UND ALS ICH ZURÜCKKAM, WAR LU VER-SCHWUNDEN ...
...
ES TUT MIR LEID!
DAS IST ALLES MEINE SCHULD!
...
SIE SCHEINT GRAD AUF DER AUTOBAHN RICHTUNG SÜDWEST UNTER-WEGS ZU SEIN...
DIEP
WAS?

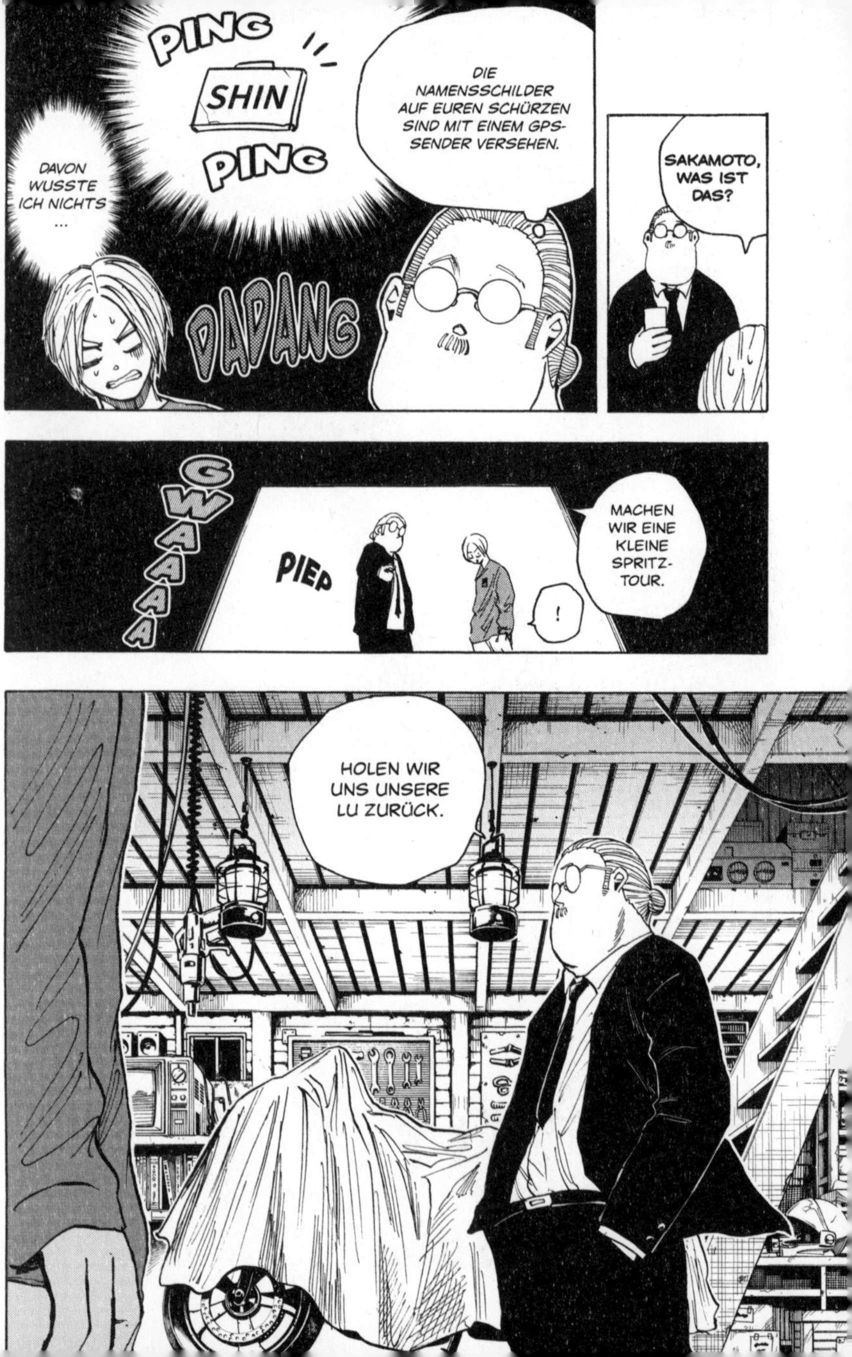
SAKAMOTO, WAS IST DAS?
DIE NAMENSSCHILDER AUF EUREN SCHÜRZEN SIND MIT EINEM GPS-SENDER VERSEHEN.
PING
SHIN
PING
DAVON WUSSTE ICH NICHTS ...
DADANG
MACHEN WIR EINE KLEINE SPRITZTOUR.
!
PIEP
GWAAAAA
HOLEN WIR UNS UNSERE LU ZURÜCK.

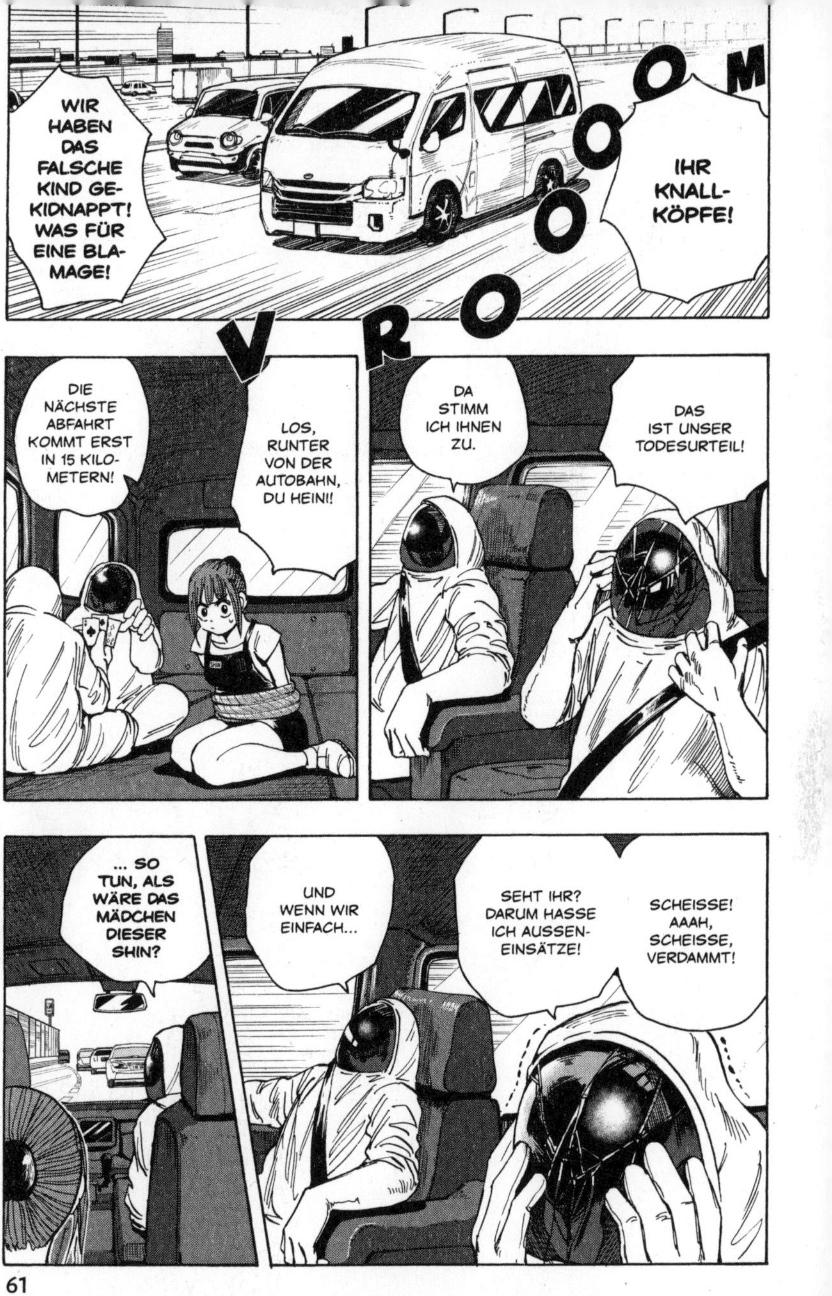
IHR KNALL-KÖPFE!
WIR HABEN DAS FALSCHE KIND GE-KIDNAPPT! WAS FÜR EINE BLA-MAGE!
VROOOOOOM
DAS IST UNSER TODESURTEIL!
DA STIMM ICH IHNEN ZU.
LOS, RUNTER VON DER AUTOBAHN, DU HEINI!
DIE NÄCHSTE ABFAHRT KOMMT ERST IN 15 KILO-METERN!
SCHEISSE! AAAH, SCHEISSE, VERDAMMT!
SEHT IHR? DARUM HASSE ICH AUSSEN-EINSÄTZE!
UND WENN WIR EINFACH...
... SO TUN, ALS WÄRE DAS MÄDCHEN DIESER SHIN?

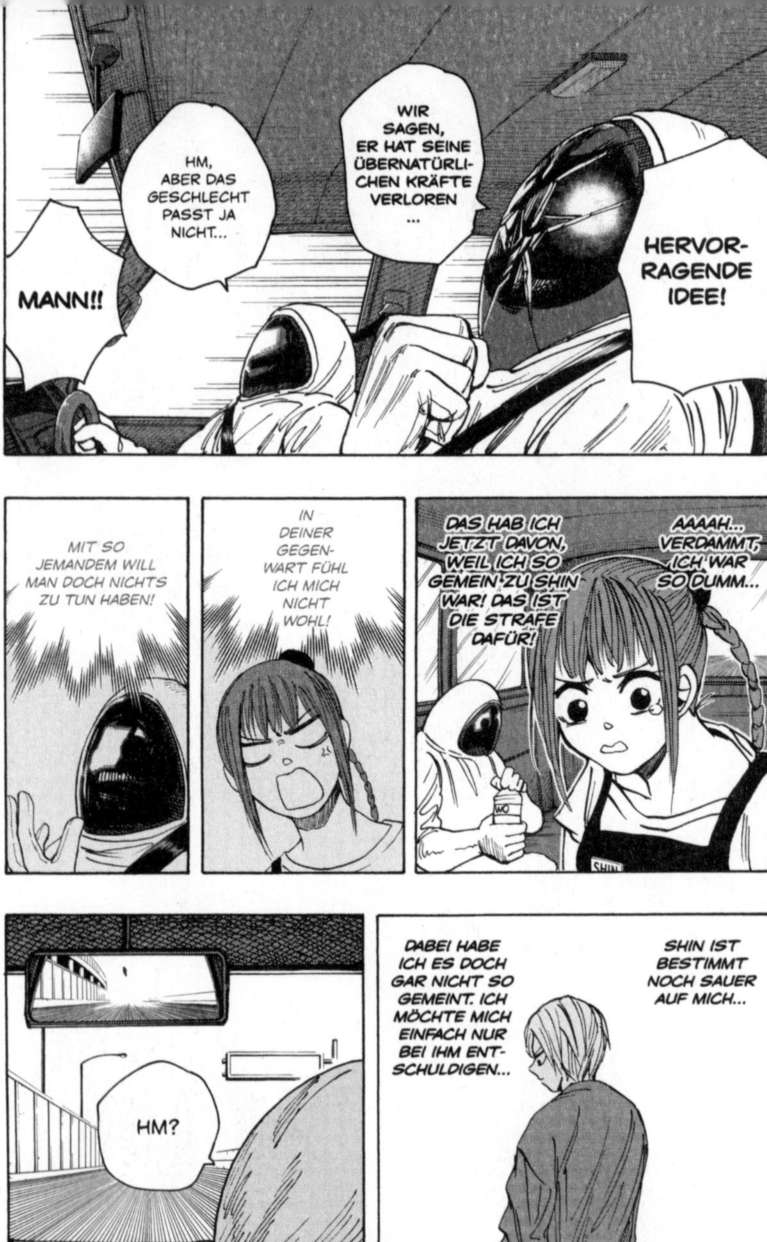
HERVORRAGENDE IDEE!
WIR SAGEN, ER HAT SEINE ÜBERNATÜRLICHEN KRÄFTE VERLOREN ...
HM, ABER DAS GESCHLECHT PASST JA NICHT...
MANN!!
AAAAH... VERDAMMT, ICH WAR SO DUMM...
DAS HAB ICH JETZT DAVON, WEIL ICH SO GEMEIN ZU SHIN WAR! DAS IST DIE STRAFE DAFÜR!
IN DEINER GEGENWART FÜHL ICH MICH NICHT WOHL!
MIT SO JEMANDEM WILL MAN DOCH NICHTS ZU TUN HABEN!
SHIN IST BESTIMMT NOCH SAUER AUF MICH...
DABEI HABE ICH ES DOCH GAR NICHT SO GEMEINT. ICH MÖCHTE MICH EINFACH NUR BEI IHM ENTSCHULDIGEN...
HM?

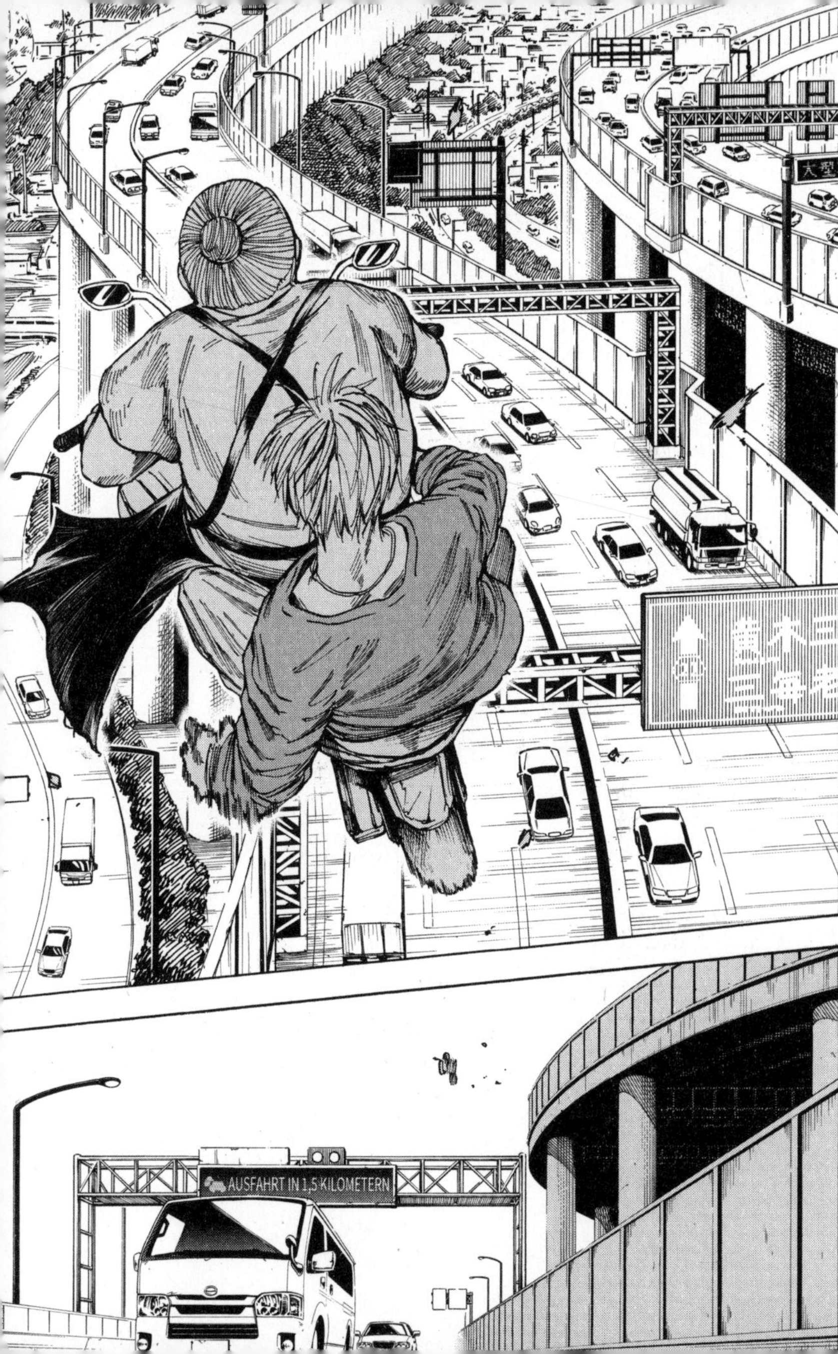
AUSFAHRT IN 1,5 KILOMETERN

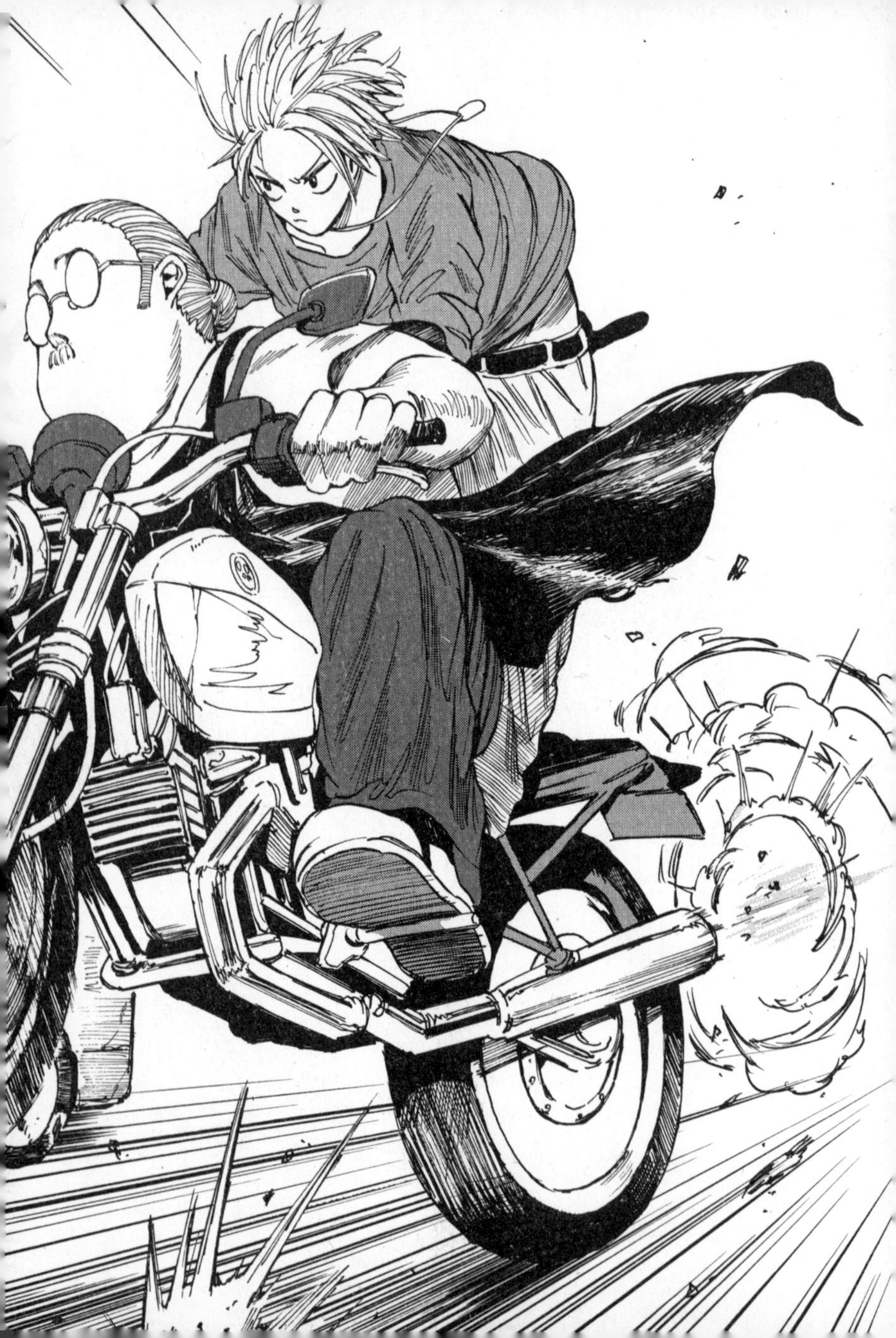

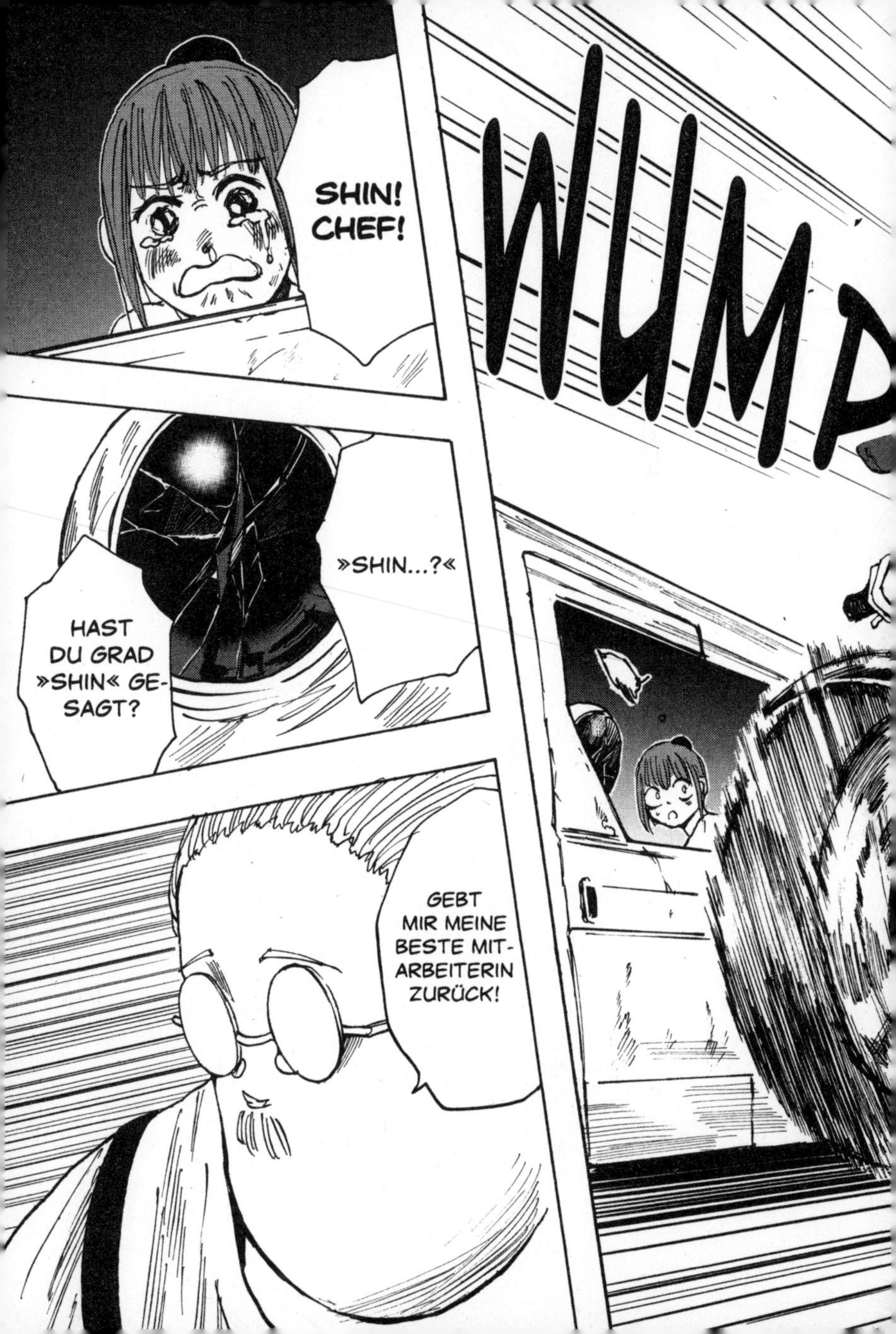
WUMP
SHIN!
CHEF!
»SHIN...?«
HAST
DU GRAD
»SHIN« GE-
SAGT?
GEBT
MIR MEINE
BESTE MIT-
ARBEITERIN
ZURÜCK!

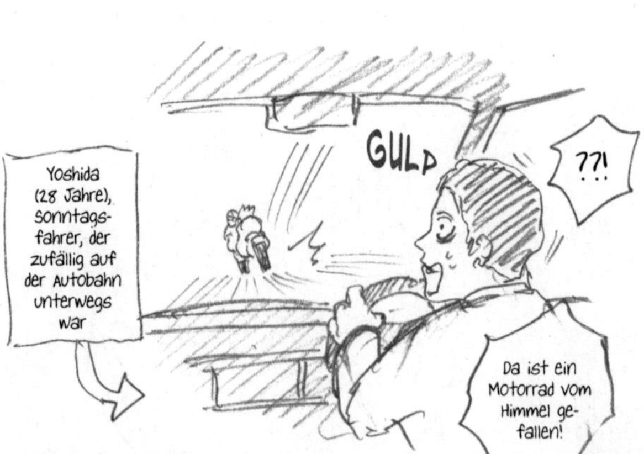
Yoshida (28 Jahre), sonntags-fahrer, der zufällig auf der Autobahn unterwegs war
GULP
??!
Da ist ein Motorrad vom Himmel ge-fallen!

DAYS 20 Unsichtbare Autobahn

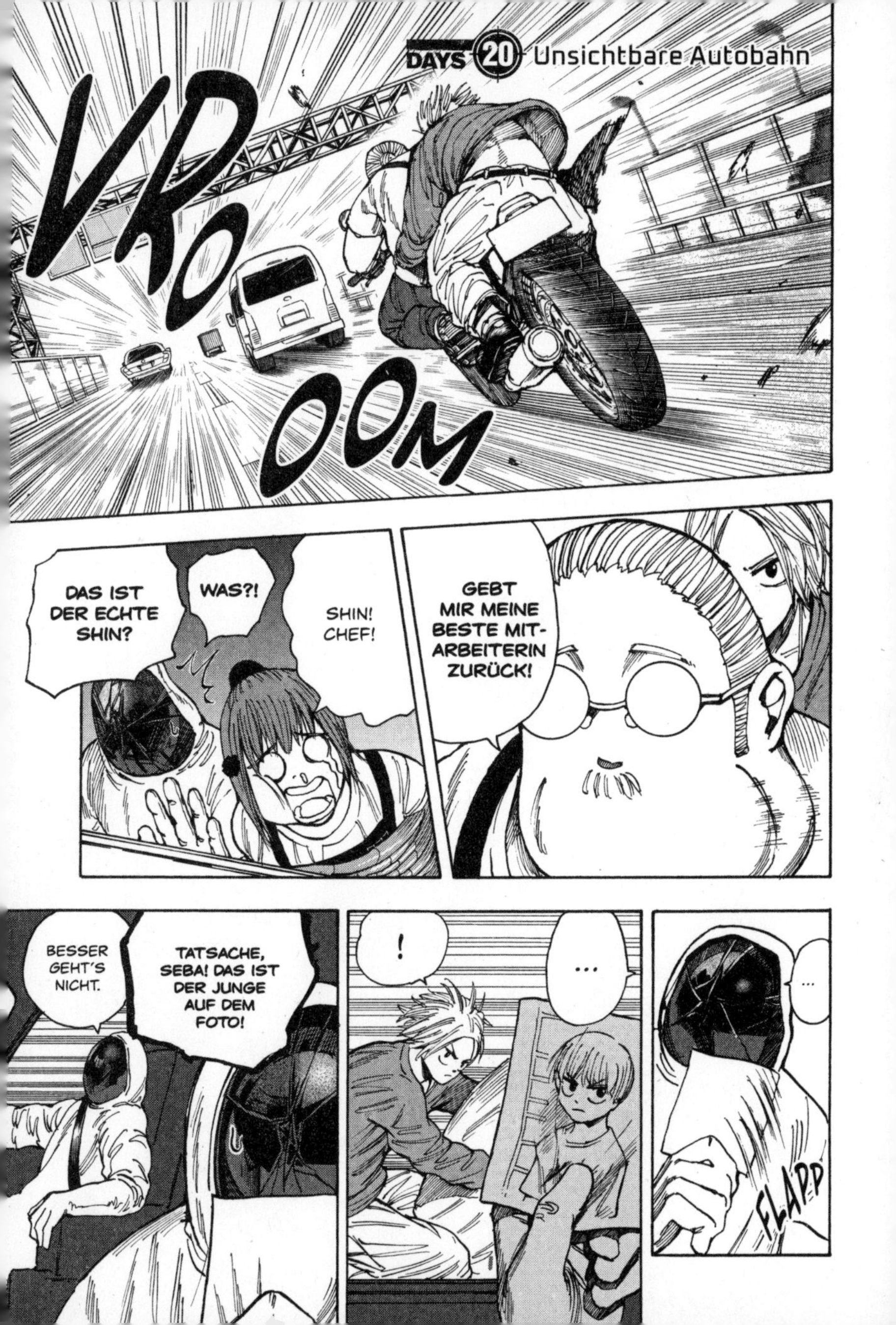

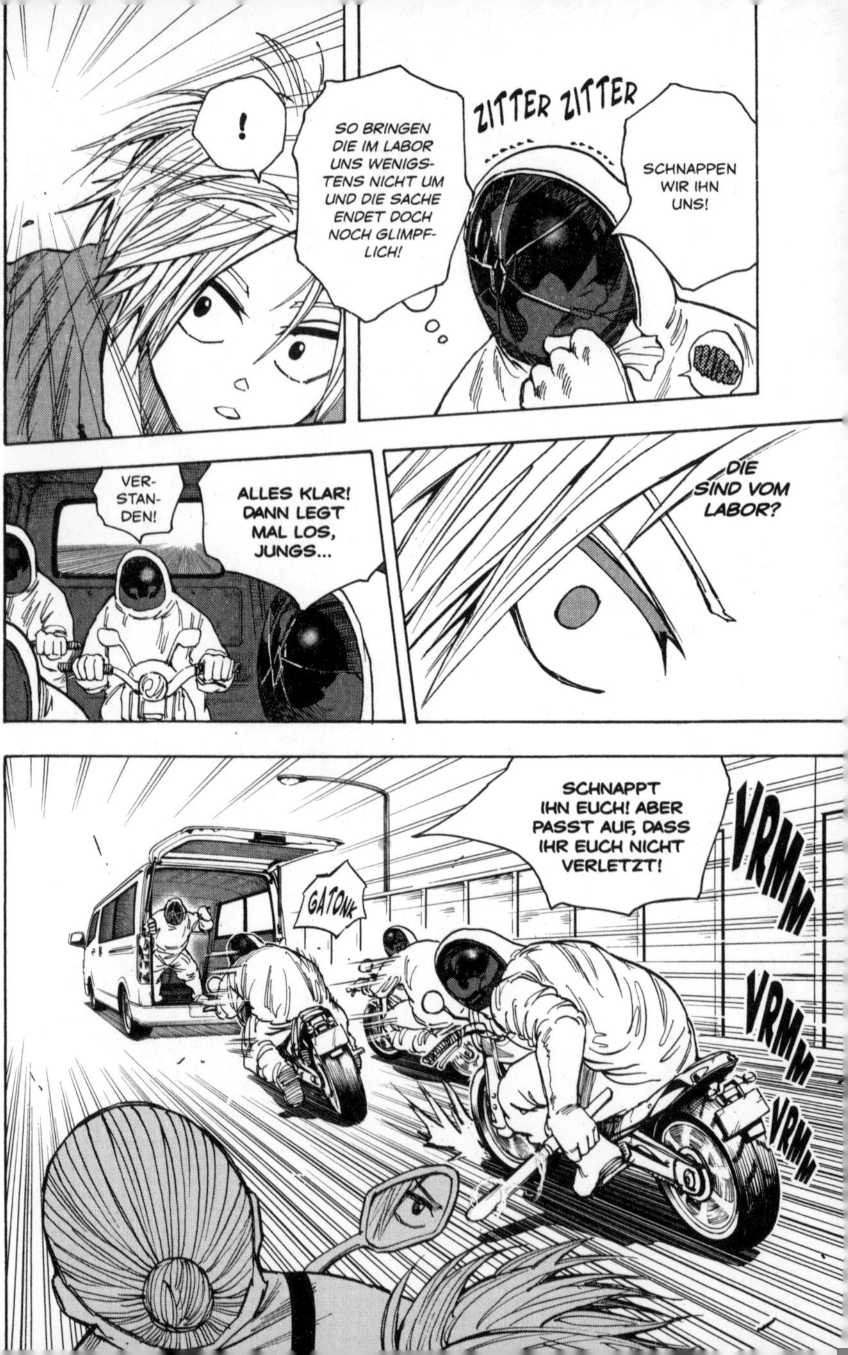
SCHNAPPEN WIR IHN UNS!
ZITTER ZITTER
SO BRINGEN DIE IM LABOR UNS WENIGSTENS NICHT UM UND DIE SACHE ENDET DOCH NOCH GLIMPFLICH!
!
DIE SIND VOM LABOR?
ALLES KLAR! DANN LEGT MAL LOS, JUNGS...
VERSTANDEN!
SCHNAPPT IHN EUCH! ABER PASST AUF, DASS IHR EUCH NICHT VERLETZT!
VRMM
VRMM
VRMM
GATONK

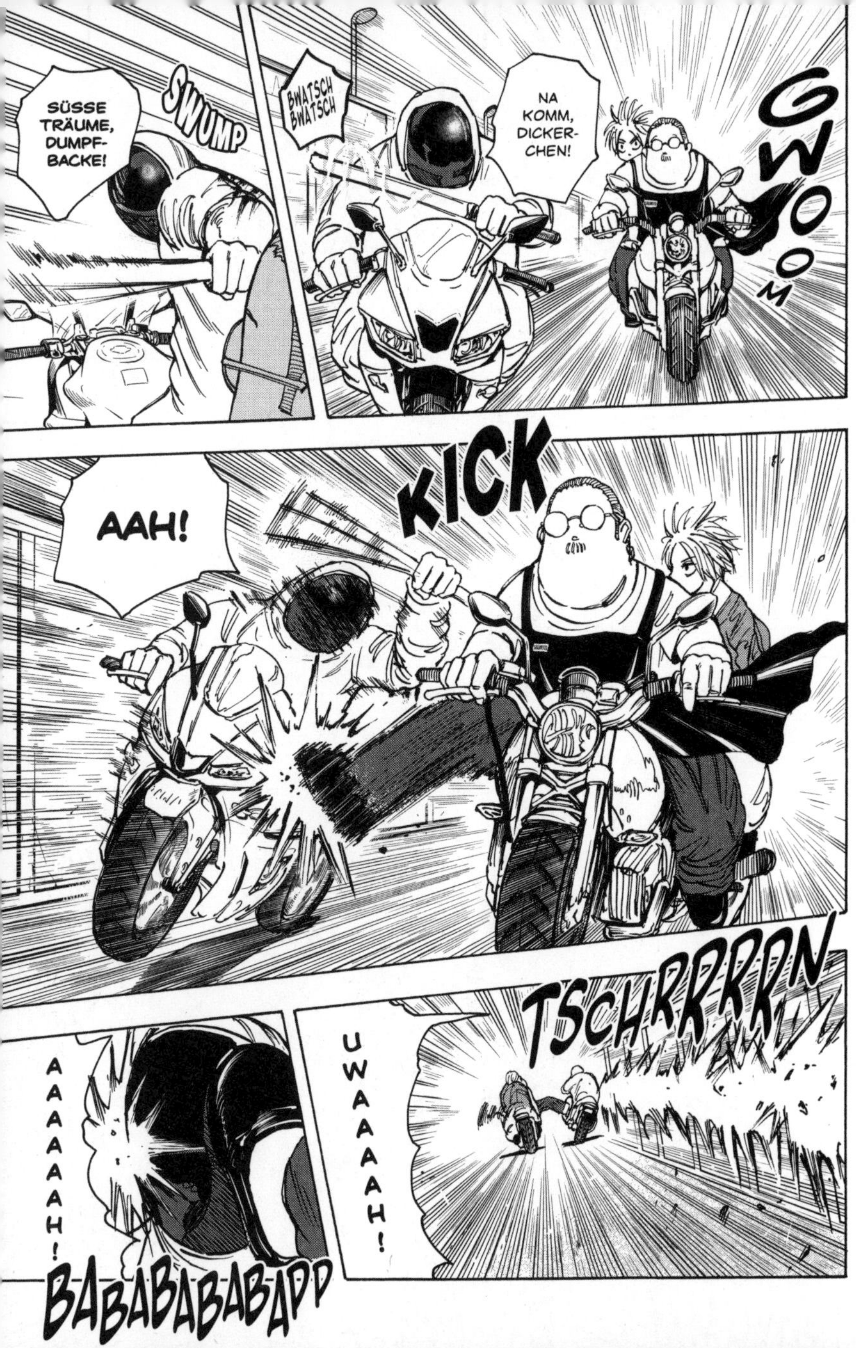
GWOOOM
NA KOMM, DICKERCHEN!
BWATSCH BWATSCH
SWUMP
SÜSSE TRÄUME, DUMPFBACKE!
KICK
AAH!
TSCHRRRRN
UWAAAAAAH!
AAAAAAAAH!
BABABABABAPP

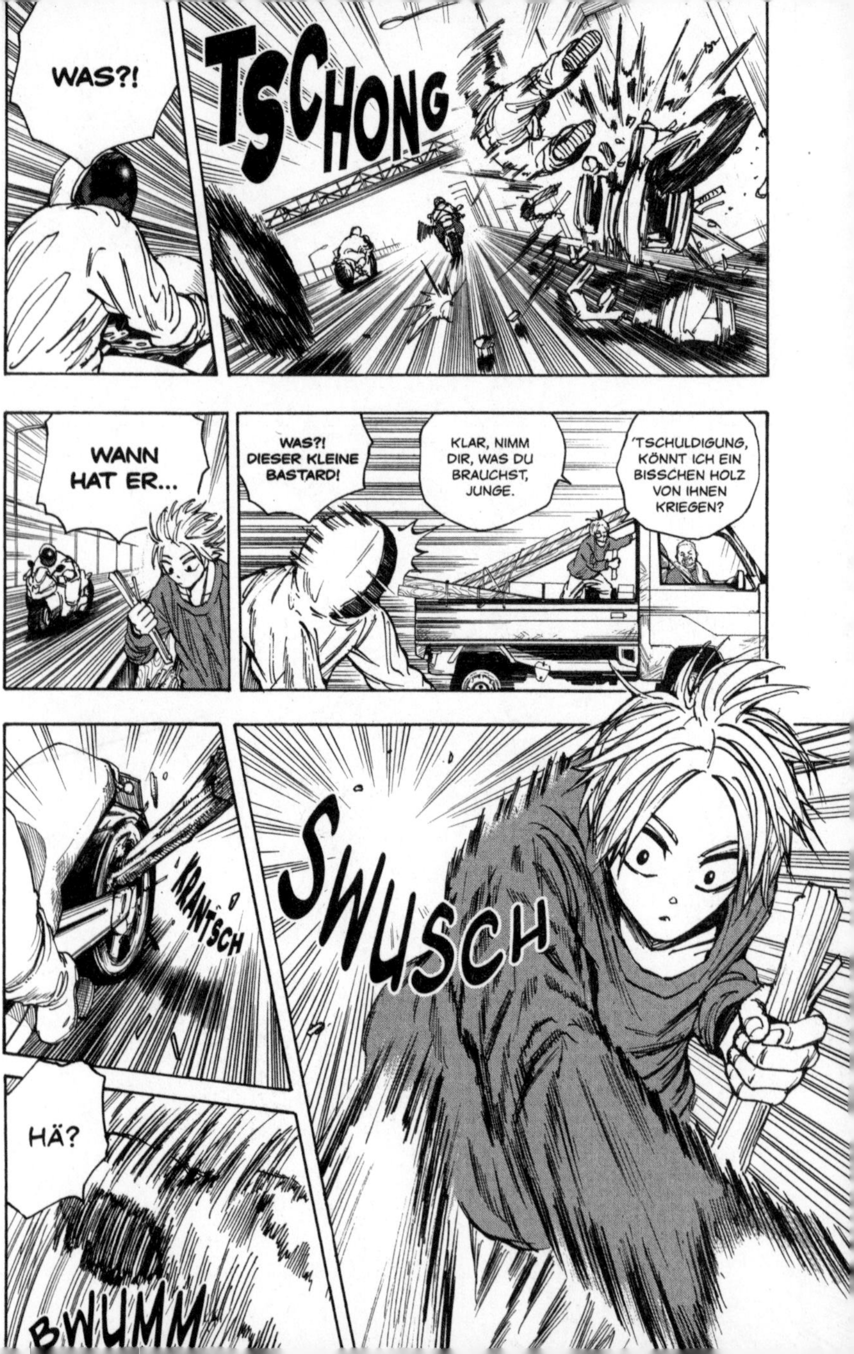
TSCHONG
WAS?!
'TSCHULDIGUNG, KÖNNT ICH EIN BISSCHEN HOLZ VON IHNEN KRIEGEN?
KLAR, NIMM DIR, WAS DU BRAUCHST, JUNGE.
WAS?! DIESER KLEINE BASTARD!
WANN HAT ER...
SWUSCH
KRANTSCH
HÄ?
BWUMM

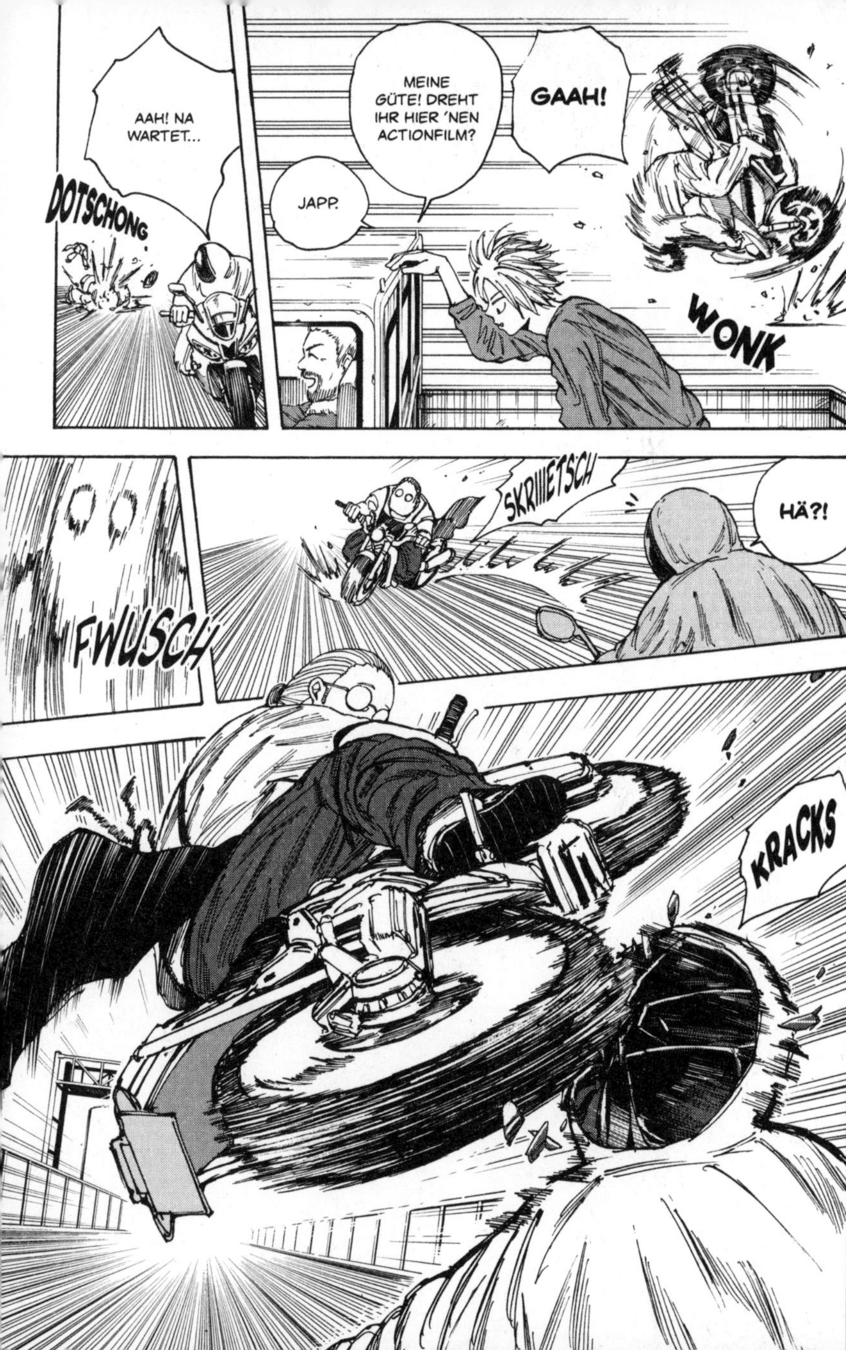
GAAH!
WONK
MEINE GÜTE! DREHT IHR HIER 'NEN ACTIONFILM?
JAPP.
AAH! NA WARTET...
DOTSCHONG
HÄ?!
SKRIIIETSCH
FWUSCH
KRACKS

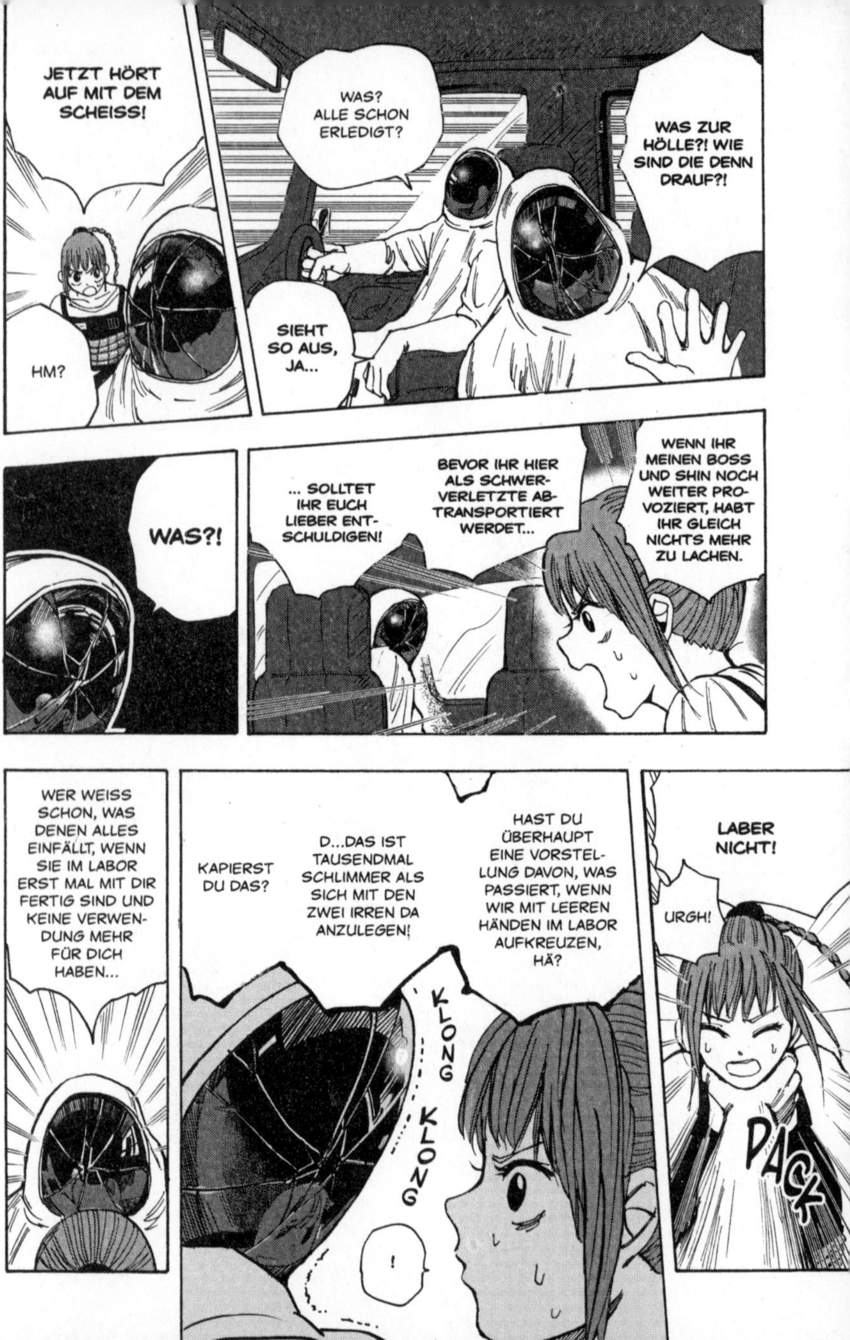
WAS ZUR HÖLLE?! WIE SIND DIE DENN DRAUF?!
WAS? ALLE SCHON ERLEDIGT?
SIEHT SO AUS, JA...
JETZT HÖRT AUF MIT DEM SCHEISS!
HM?
WENN IHR MEINEN BOSS UND SHIN NOCH WEITER PROVOZIERT, HABT IHR GLEICH NICHTS MEHR ZU LACHEN.
BEVOR IHR HIER ALS SCHWERVERLETZTE ABTRANSPORTIERT WERDET...
... SOLLTET IHR EUCH LIEBER ENTSCHULDIGEN!
WAS?!
LABER NICHT!
URGH!
DACK
HAST DU ÜBERHAUPT EINE VORSTELLUNG DAVON, WAS PASSIERT, WENN WIR MIT LEEREN HÄNDEN IM LABOR AUFKREUZEN, HÄ?
D...DAS IST TAUSENDMAL SCHLIMMER ALS SICH MIT DEN ZWEI IRREN DA ANZULEGEN!
KAPIERST DU DAS?
KLONG
KLONG
!
WER WEISS SCHON, WAS DENEN ALLES EINFÄLLT, WENN SIE IM LABOR ERST MAL MIT DIR FERTIG SIND UND KEINE VERWENDUNG MEHR FÜR DICH HABEN...

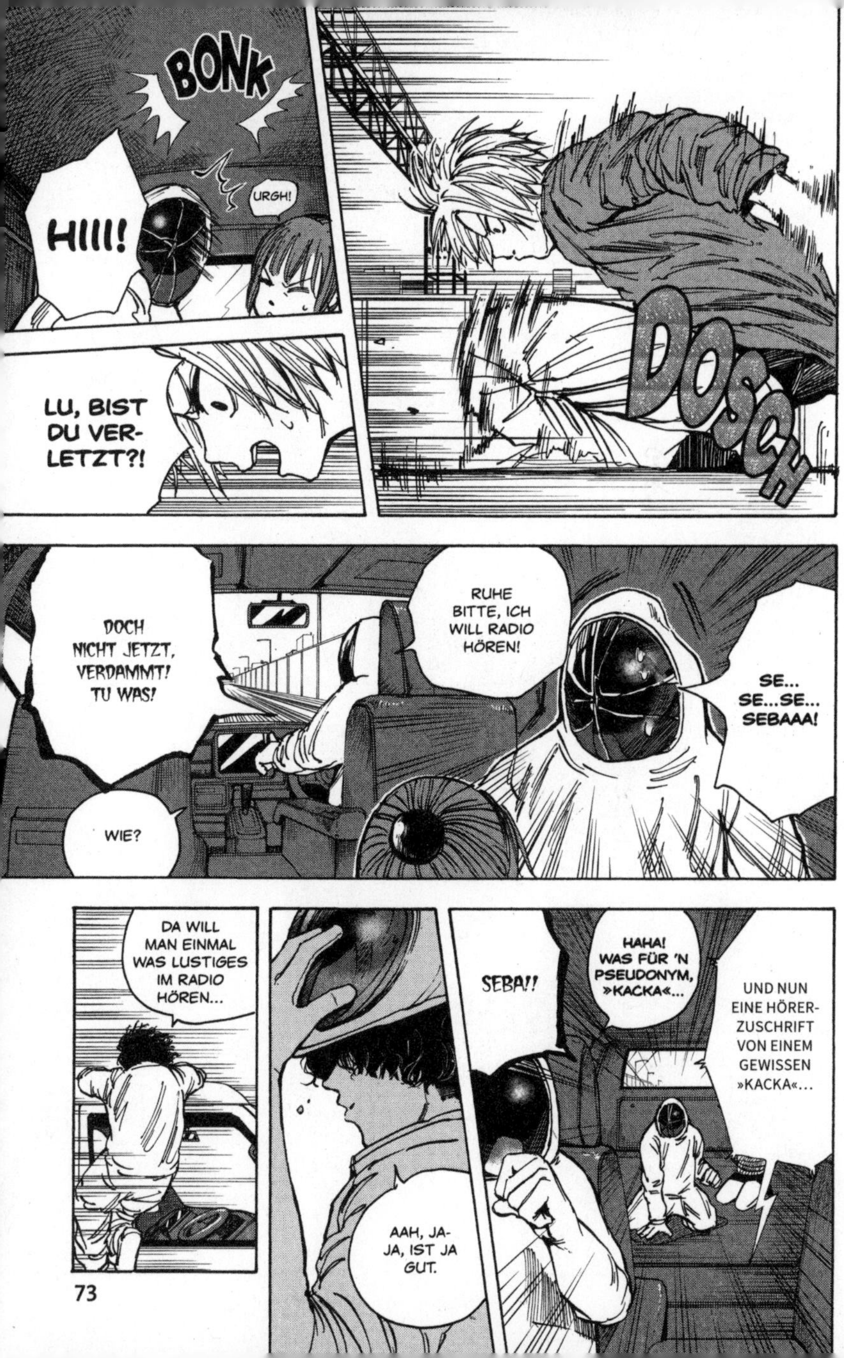
DOSCH
BONK
URGH!
HIII!
LU, BIST DU VER-LETZT?!
SE... SE...SE... SEBAAA!
RUHE BITTE, ICH WILL RADIO HÖREN!
DOCH NICHT JETZT, VERDAMMT! TU WAS!
WIE?
UND NUN EINE HÖRER-ZUSCHRIFT VON EINEM GEWISSEN »KACKA«...
HAHA! WAS FÜR 'N PSEUDONYM, »KACKA«...
SEBA!!
AAH, JA-JA, IST JA GUT.
DA WILL MAN EINMAL WAS LUSTIGES IM RADIO HÖREN...

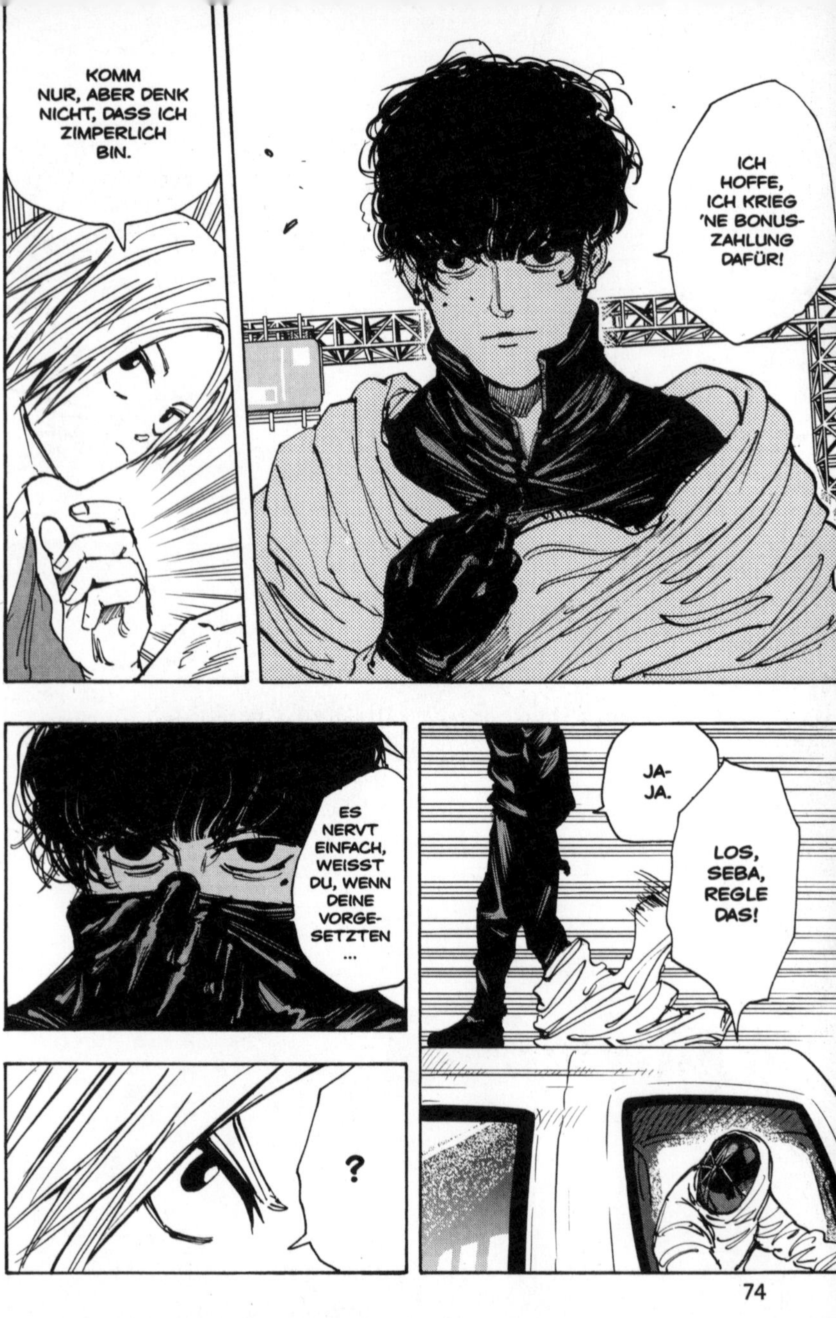
ICH HOFFE, ICH KRIEG 'NE BONUS-ZAHLUNG DAFÜR!
KOMM NUR, ABER DENK NICHT, DASS ICH ZIMPERLICH BIN.
JA-JA.
LOS, SEBA, REGLE DAS!
ES NERVT EINFACH, WEISST DU, WENN DEINE VORGE-SETZTEN ...
?

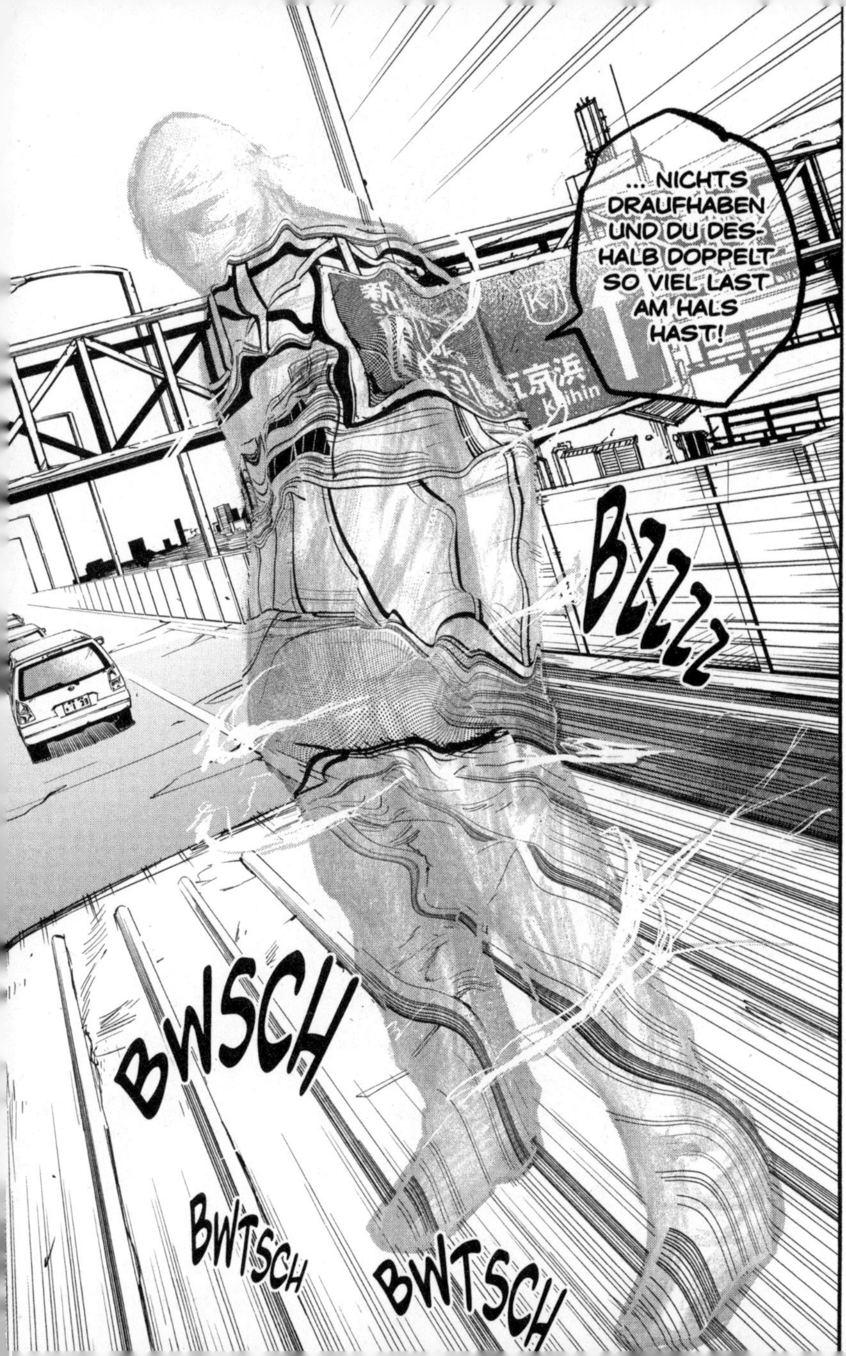
... NICHTS DRAUFHABEN UND DU DES-HALB DOPPELT SO VIEL LAST AM HALS HAST!
BZZZZ
BWSCH
BWTSCH
BWTSCH

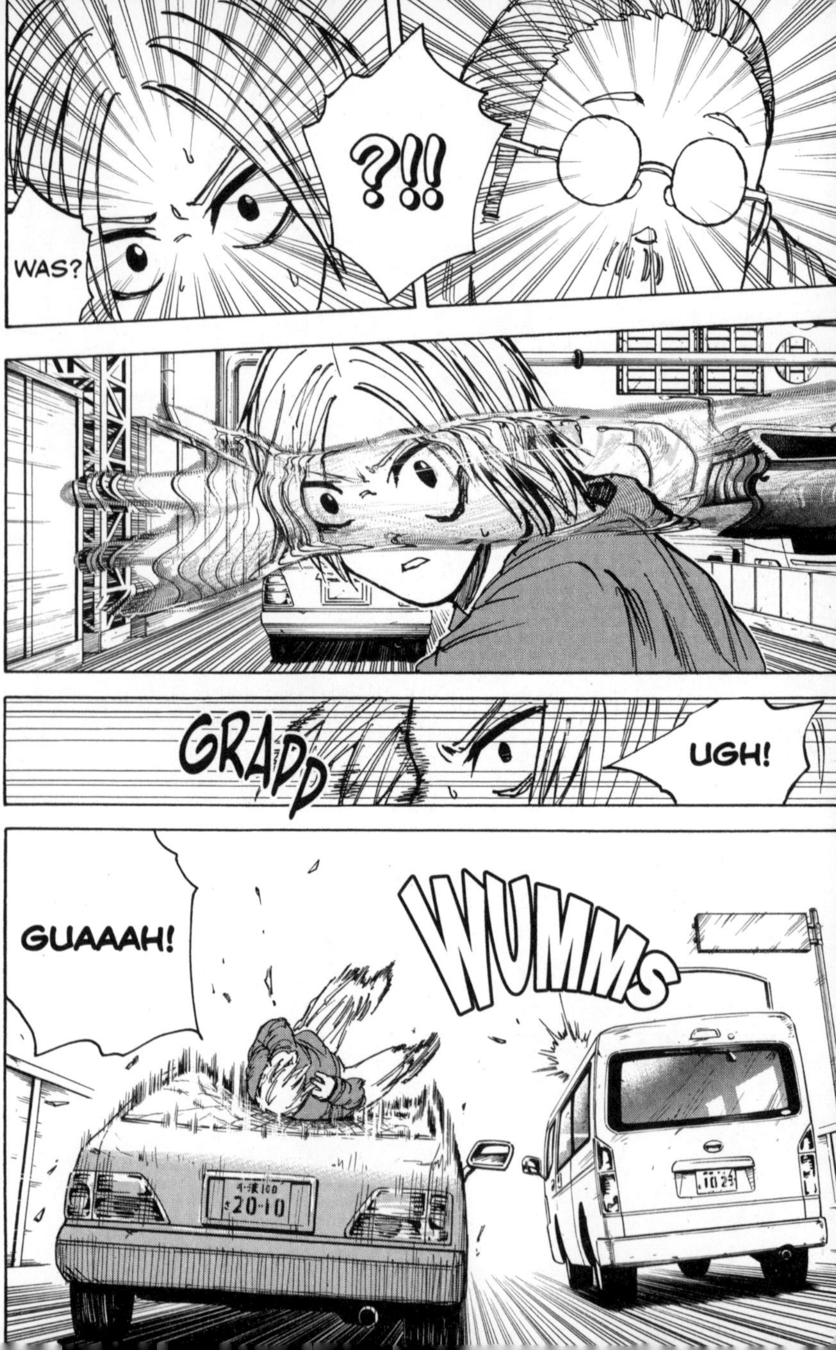
?!!
WAS?
UGH!
GRADD
WUMMS
GUAAAH!

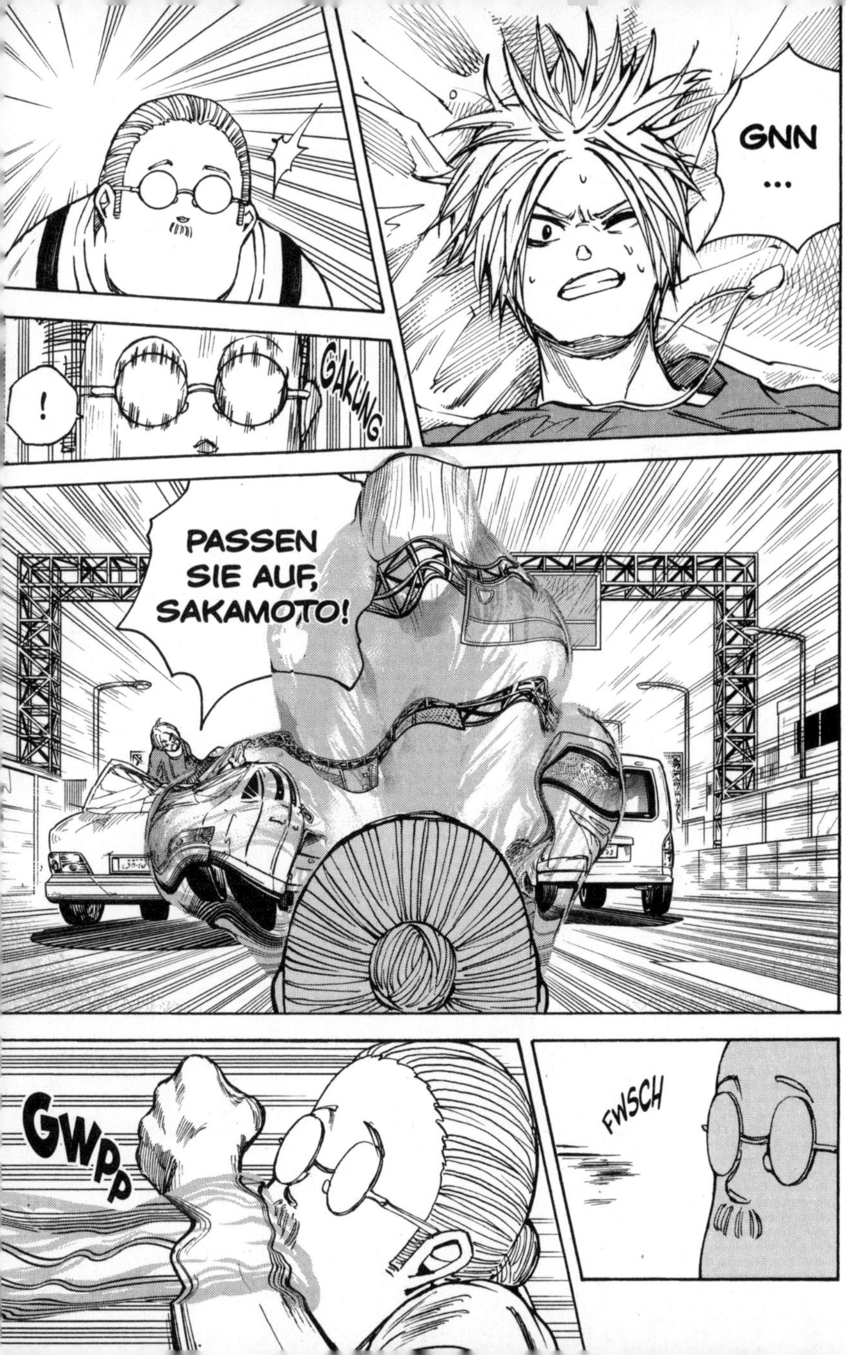
GNN ...
GAKUNG
!
PASSEN SIE AUF, SAKAMOTO!
FWSCH
GWPP

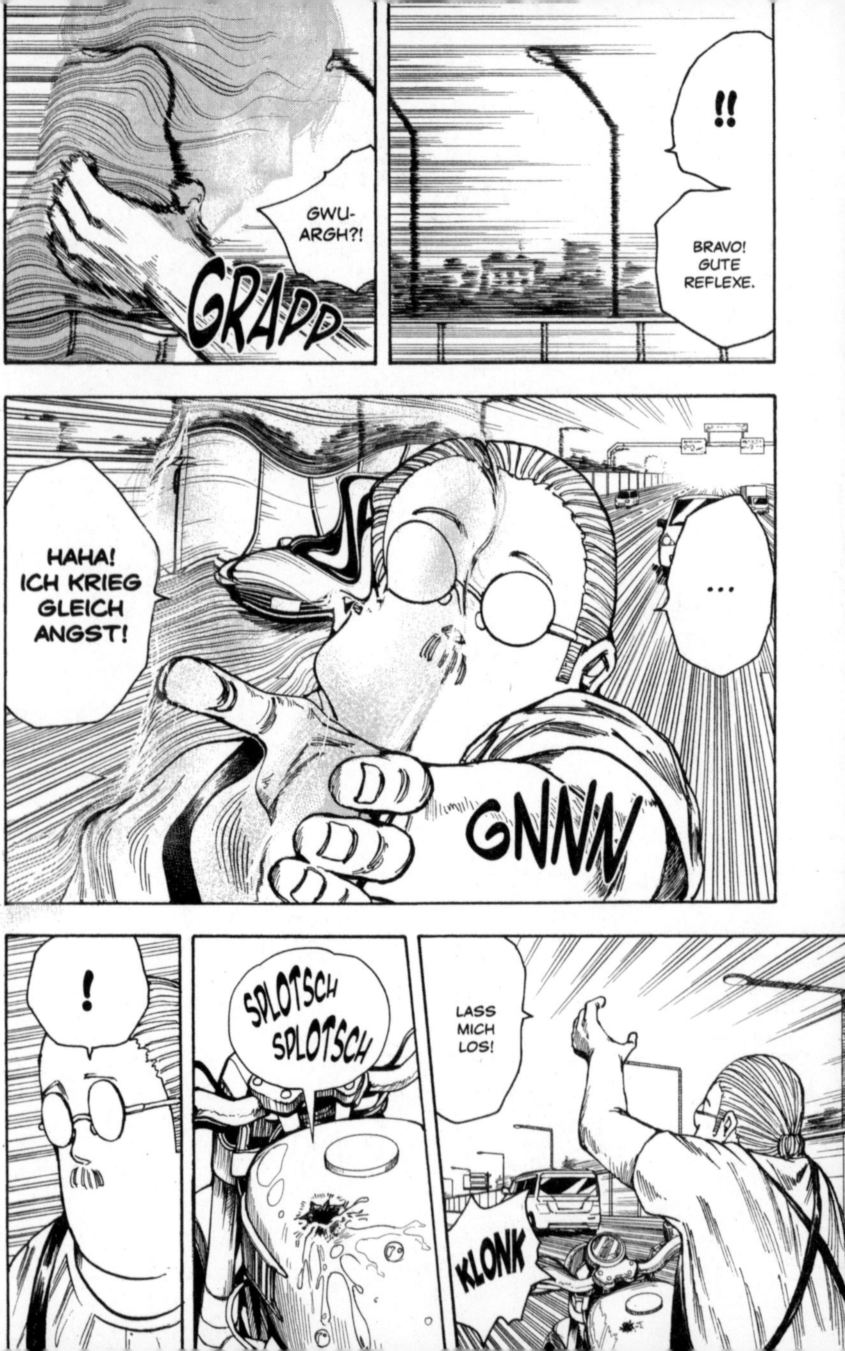
!!
BRAVO! GUTE REFLEXE.
GWU-ARGH?!
GRAPP
...
HAHA! ICH KRIEG GLEICH ANGST!
GNNN
LASS MICH LOS!
KLONK
SPLOTSCH SPLOTSCH
!

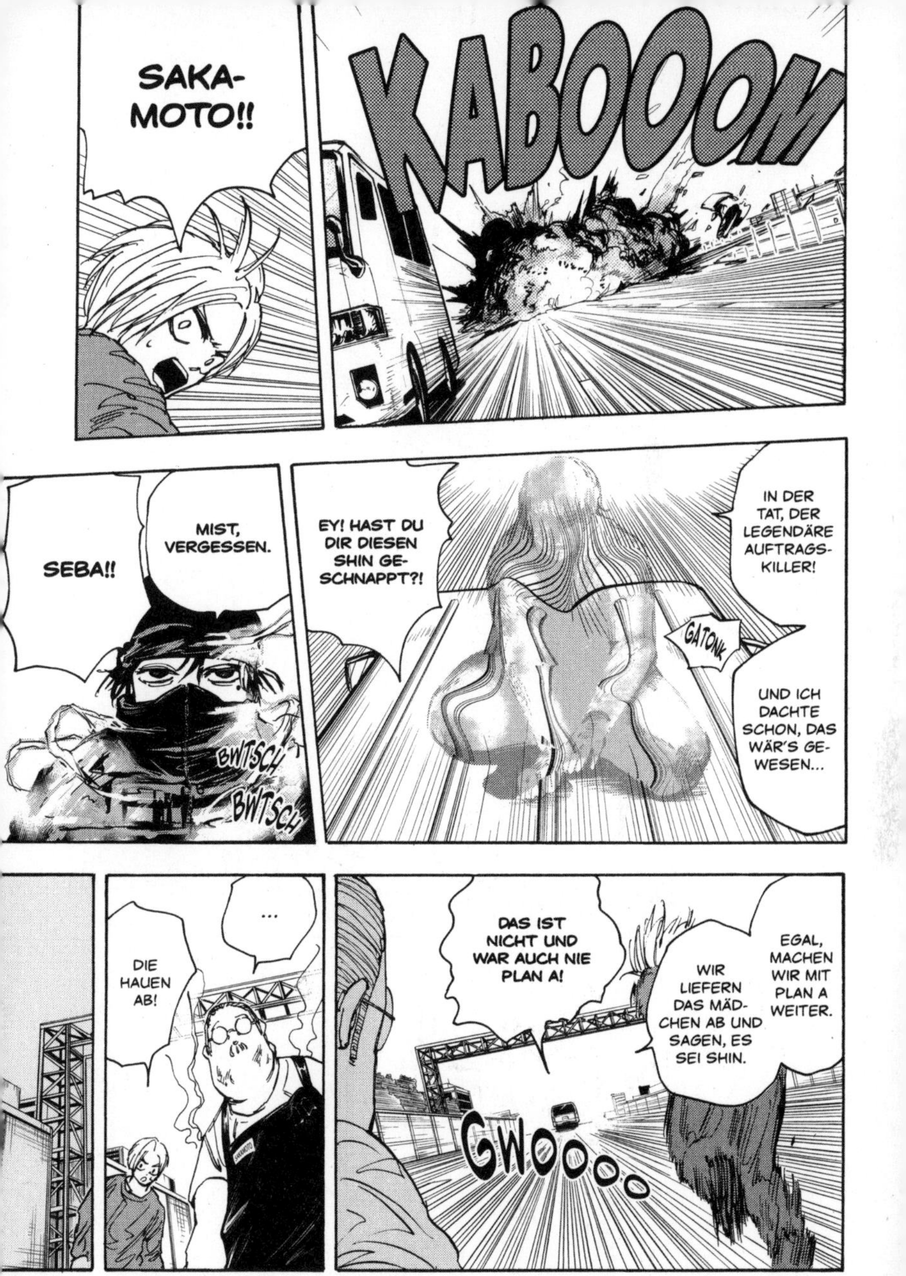
KABOOOM
SAKA-MOTO!!
IN DER TAT, DER LEGENDÄRE AUFTRAGS-KILLER!
GATONK
UND ICH DACHTE SCHON, DAS WÄR'S GE-WESEN...
EY! HAST DU DIR DIESEN SHIN GE-SCHNAPPT?!
MIST, VERGESSEN.
SEBA!!
BWTSCH
BWTSCH
EGAL, MACHEN WIR MIT PLAN A WEITER.
WIR LIEFERN DAS MÄD-CHEN AB UND SAGEN, ES SEI SHIN.
DAS IST NICHT UND WAR AUCH NIE PLAN A!
GWOOOO
...
DIE HAUEN AB!

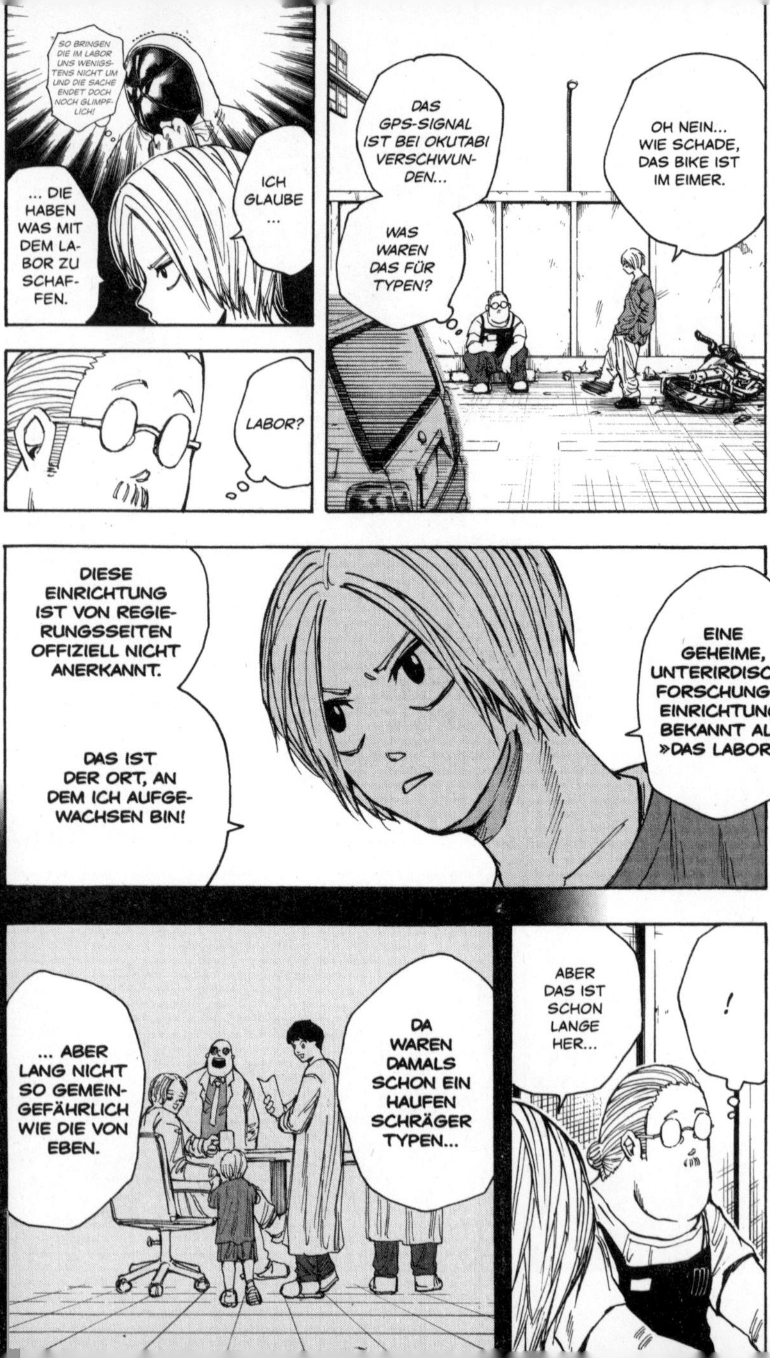
OH NEIN… WIE SCHADE, DAS BIKE IST IM EIMER.
DAS GPS-SIGNAL IST BEI OKUTABI VERSCHWUNDEN…
WAS WAREN DAS FÜR TYPEN?
ICH GLAUBE …
… DIE HABEN WAS MIT DEM LABOR ZU SCHAFFEN.
SO BRINGEN DIE IM LABOR UNS WENIGSTENS NICHT UM UND DIE SACHE ENDET DOCH NOCH GLIMPFLICH!
LABOR?
EINE GEHEIME, UNTERIRDISCHE FORSCHUNGSEINRICHTUNG, BEKANNT ALS »DAS LABOR«.
DIESE EINRICHTUNG IST VON REGIERUNGSSEITEN OFFIZIELL NICHT ANERKANNT.
DAS IST DER ORT, AN DEM ICH AUFGEWACHSEN BIN!
!
ABER DAS IST SCHON LANGE HER…
DA WAREN DAMALS SCHON EIN HAUFEN SCHRÄGER TYPEN…
… ABER LANG NICHT SO GEMEINGEFÄHRLICH WIE DIE VON EBEN.

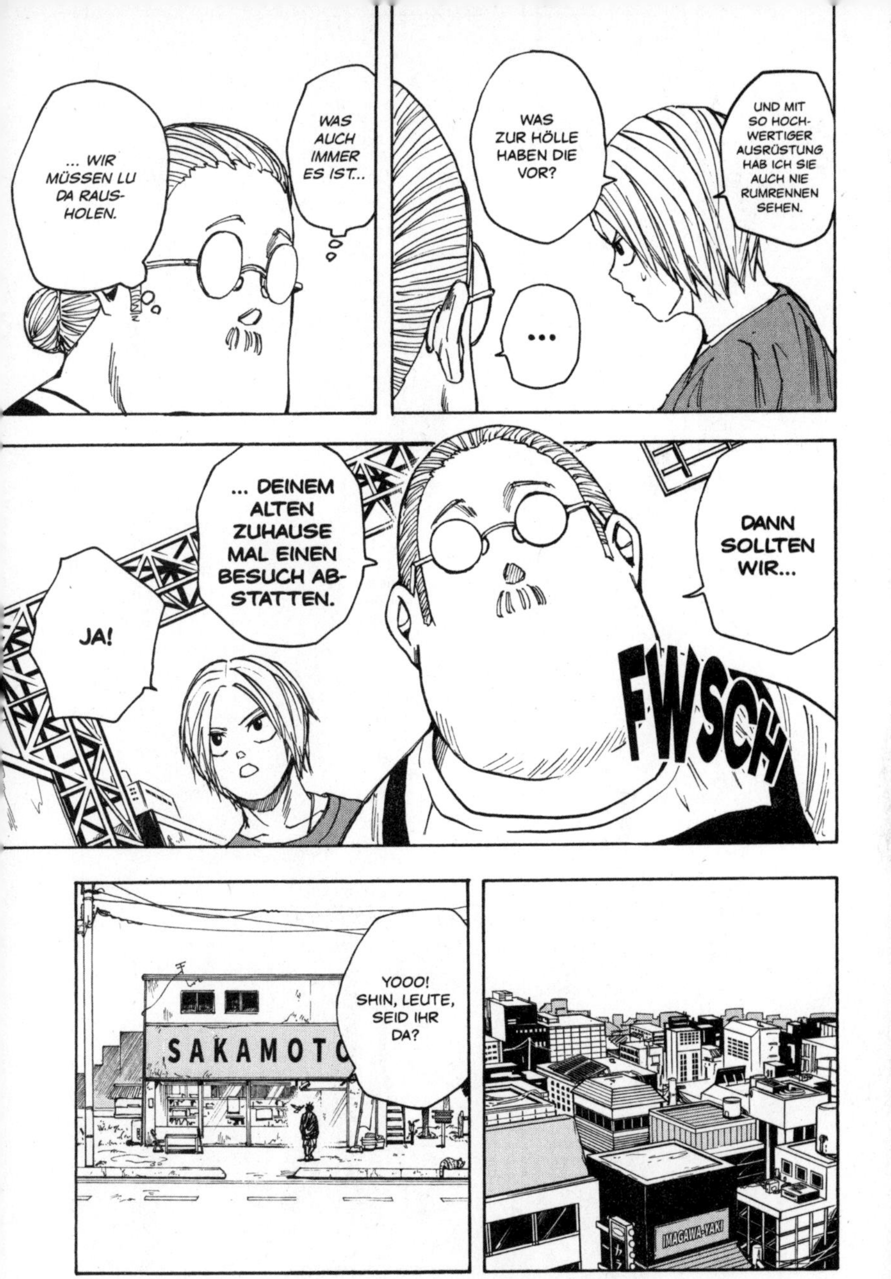
UND MIT SO HOCHWERTIGER AUSRÜSTUNG HAB ICH SIE AUCH NIE RUMRENNEN SEHEN.
WAS ZUR HÖLLE HABEN DIE VOR?
...
WAS AUCH IMMER ES IST...
... WIR MÜSSEN LU DA RAUSHOLEN.
DANN SOLLTEN WIR...
... DEINEM ALTEN ZUHAUSE MAL EINEN BESUCH ABSTATTEN.
JA!
FWSCH
IMAGAWA-YAKI
SAKAMOTO
YOOO! SHIN, LEUTE, SEID IHR DA?

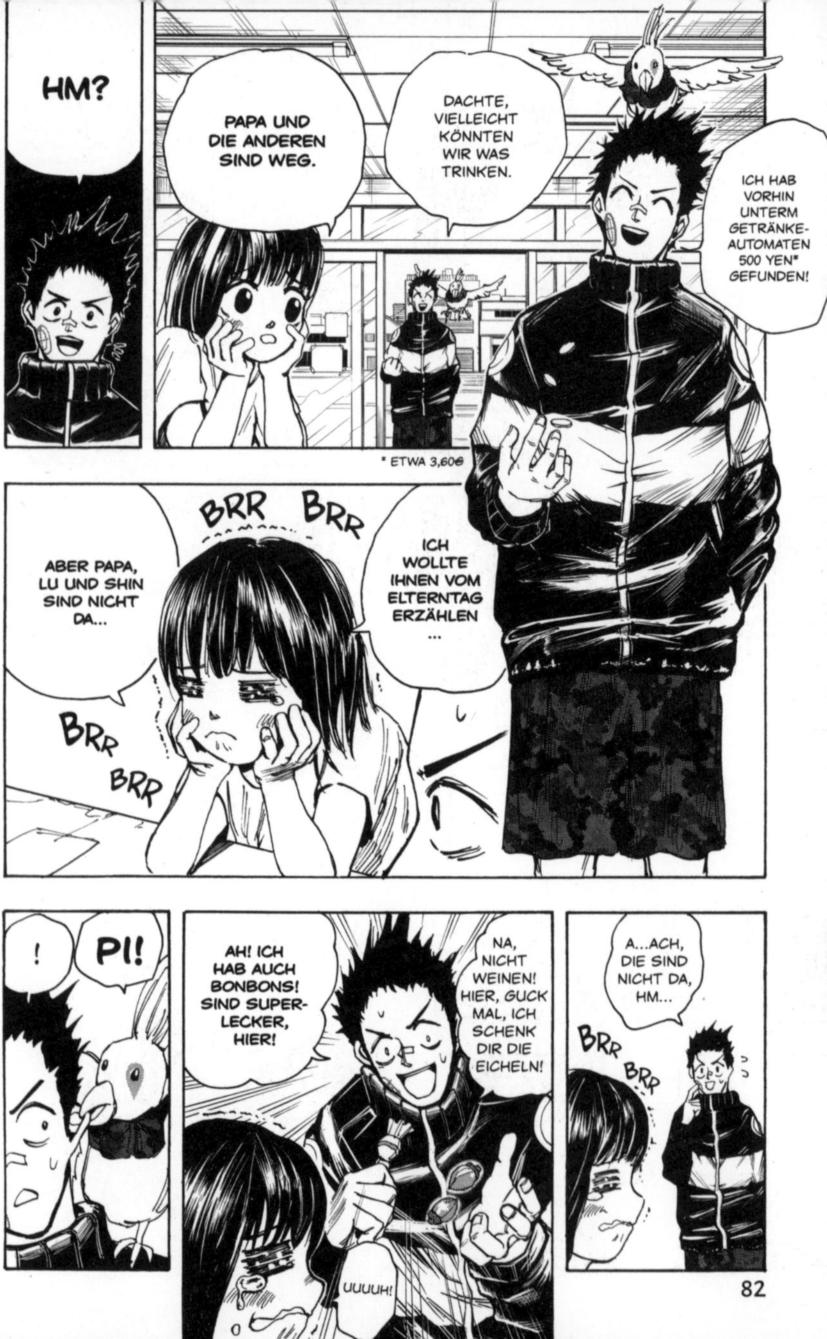
ICH HAB VORHIN UNTERM GETRÄNKE-AUTOMATEN 500 YEN* GEFUNDEN!
DACHTE, VIELLEICHT KÖNNTEN WIR WAS TRINKEN.
PAPA UND DIE ANDEREN SIND WEG.
HM?
BRR BRR
ICH WOLLTE IHNEN VOM ELTERNTAG ERZÄHLEN ...
ABER PAPA, LU UND SHIN SIND NICHT DA...
BRR BRR
A...ACH, DIE SIND NICHT DA, HM...
BRR BRR
NA, NICHT WEINEN! HIER, GUCK MAL, ICH SCHENK DIR DIE EICHELN!
AH! ICH HAB AUCH BONBONS! SIND SUPER-LECKER, HIER!
UUUUH!
PI!
!
* ETWA 3,60€

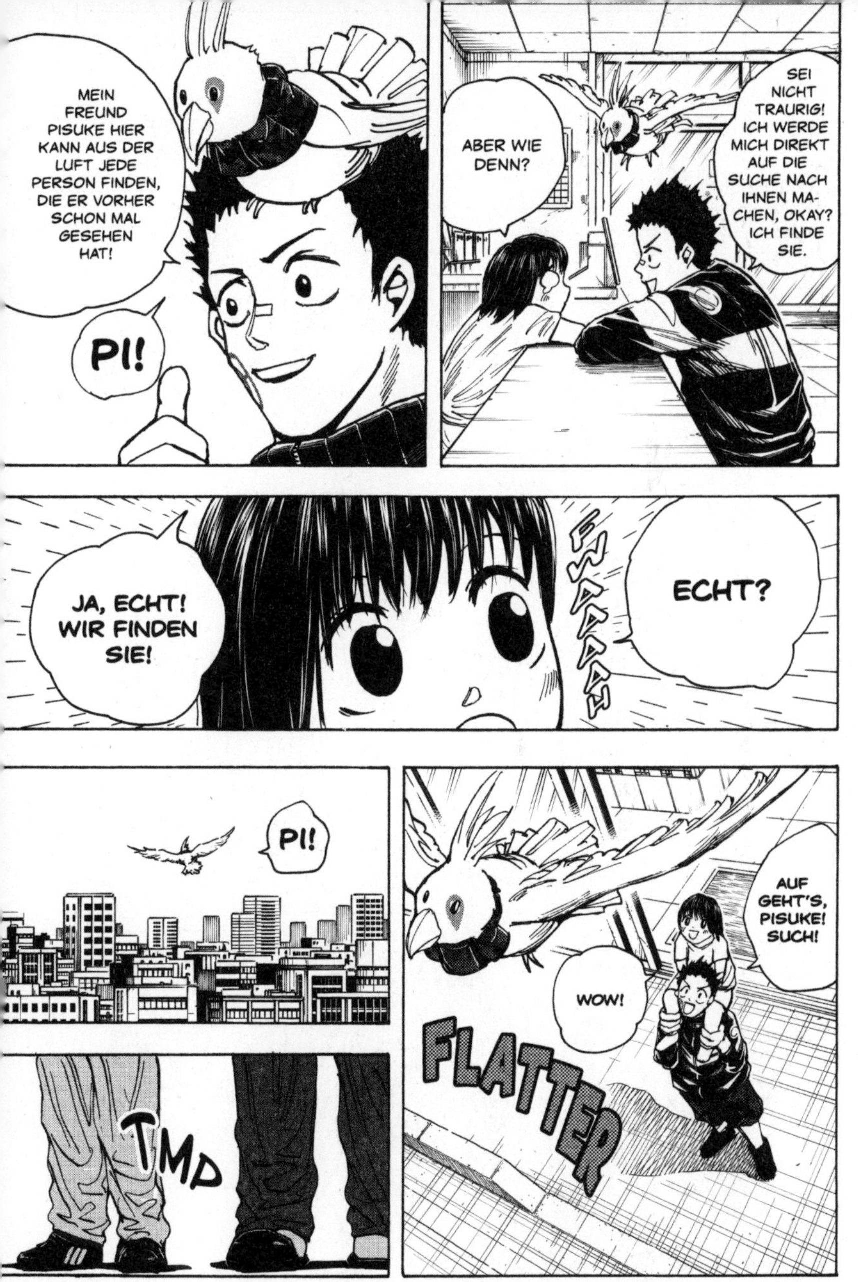
SEI NICHT TRAURIG! ICH WERDE MICH DIREKT AUF DIE SUCHE NACH IHNEN MA-CHEN, OKAY? ICH FINDE SIE.
ABER WIE DENN?
MEIN FREUND PISUKE HIER KANN AUS DER LUFT JEDE PERSON FINDEN, DIE ER VORHER SCHON MAL GESEHEN HAT!
PI!
ECHT?
FWAAAAH
JA, ECHT! WIR FINDEN SIE!
AUF GEHT'S, PISUKE! SUCH!
WOW!
FLATTER
PI!
TMP

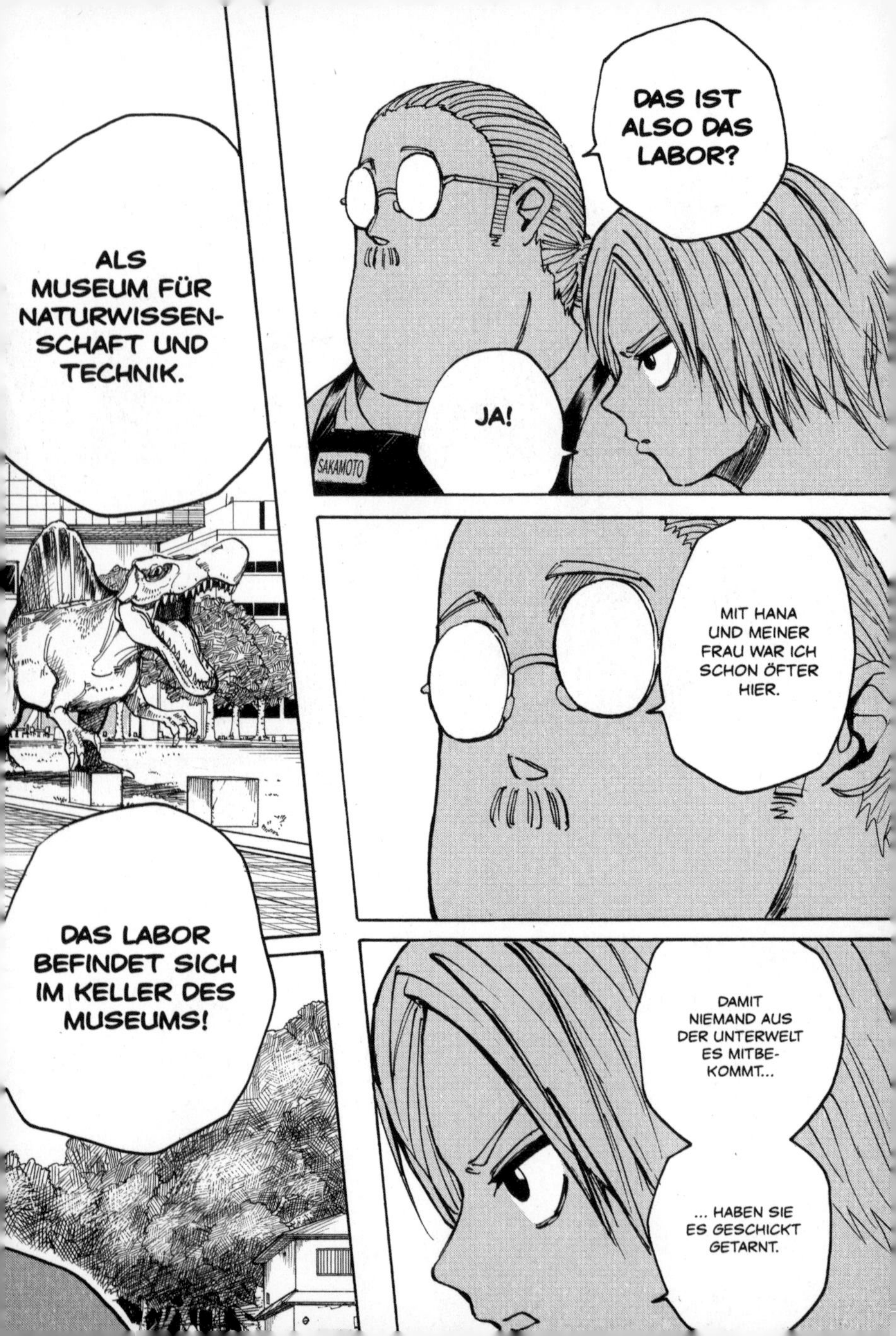
DAS IST ALSO DAS LABOR?
JA!
SAKAMOTO
MIT HANA UND MEINER FRAU WAR ICH SCHON ÖFTER HIER.
DAMIT NIEMAND AUS DER UNTERWELT ES MITBEKOMMT...
... HABEN SIE ES GESCHICKT GETARNT.
ALS MUSEUM FÜR NATURWISSENSCHAFT UND TECHNIK.
DAS LABOR BEFINDET SICH IM KELLER DES MUSEUMS!

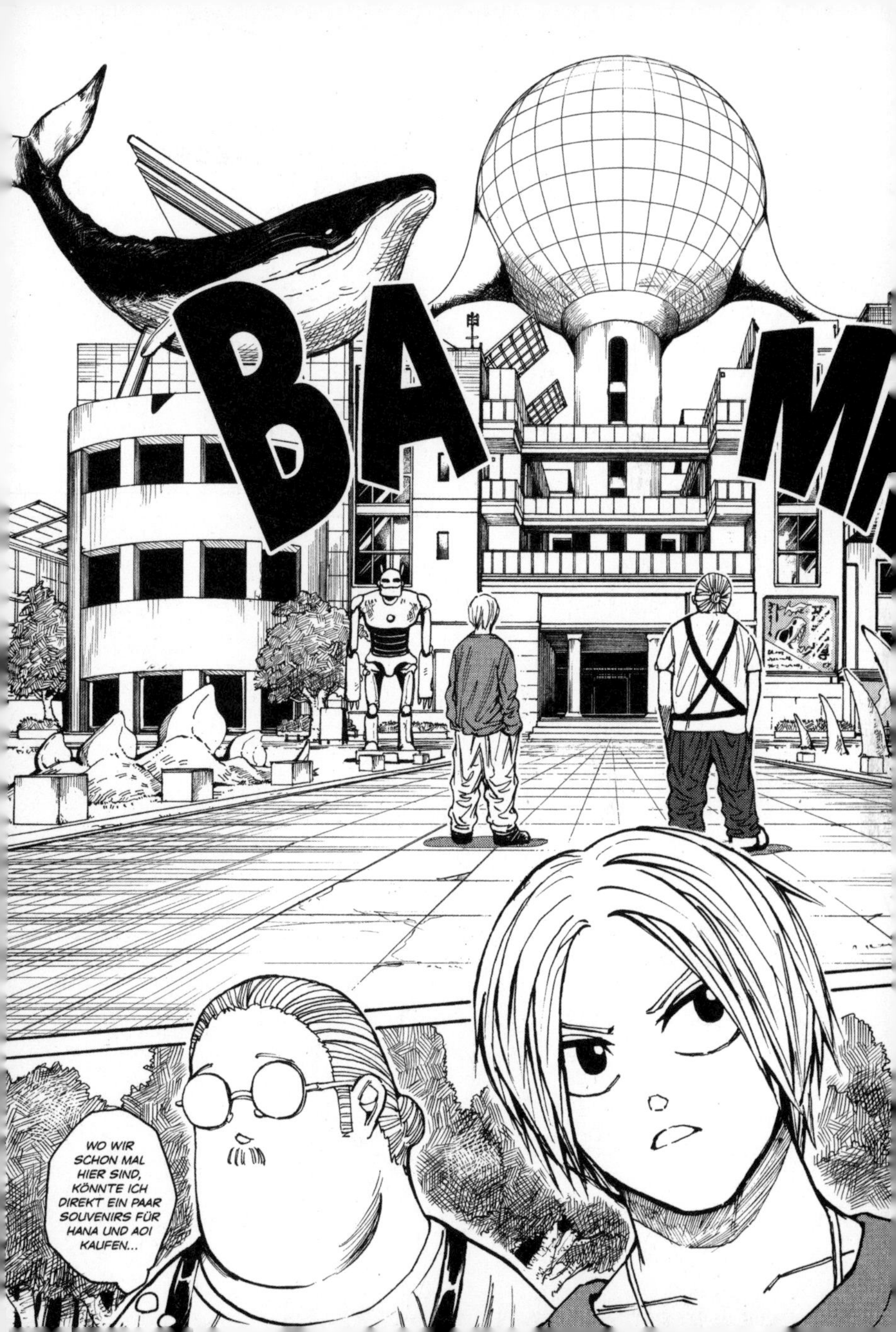
BAM
WO WIR SCHON MAL HIER SIND, KÖNNTE ICH DIREKT EIN PAAR SOUVENIRS FÜR HANA UND AOI KAUFEN...

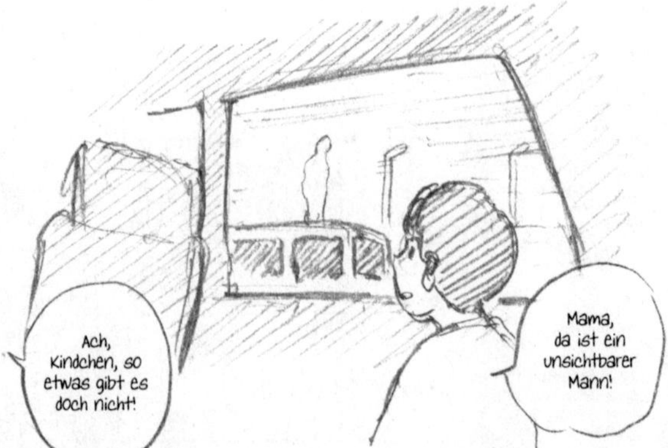
Ach, Kindchen, so etwas gibt es doch nicht!
Mama, da ist ein unsichtbarer Mann!

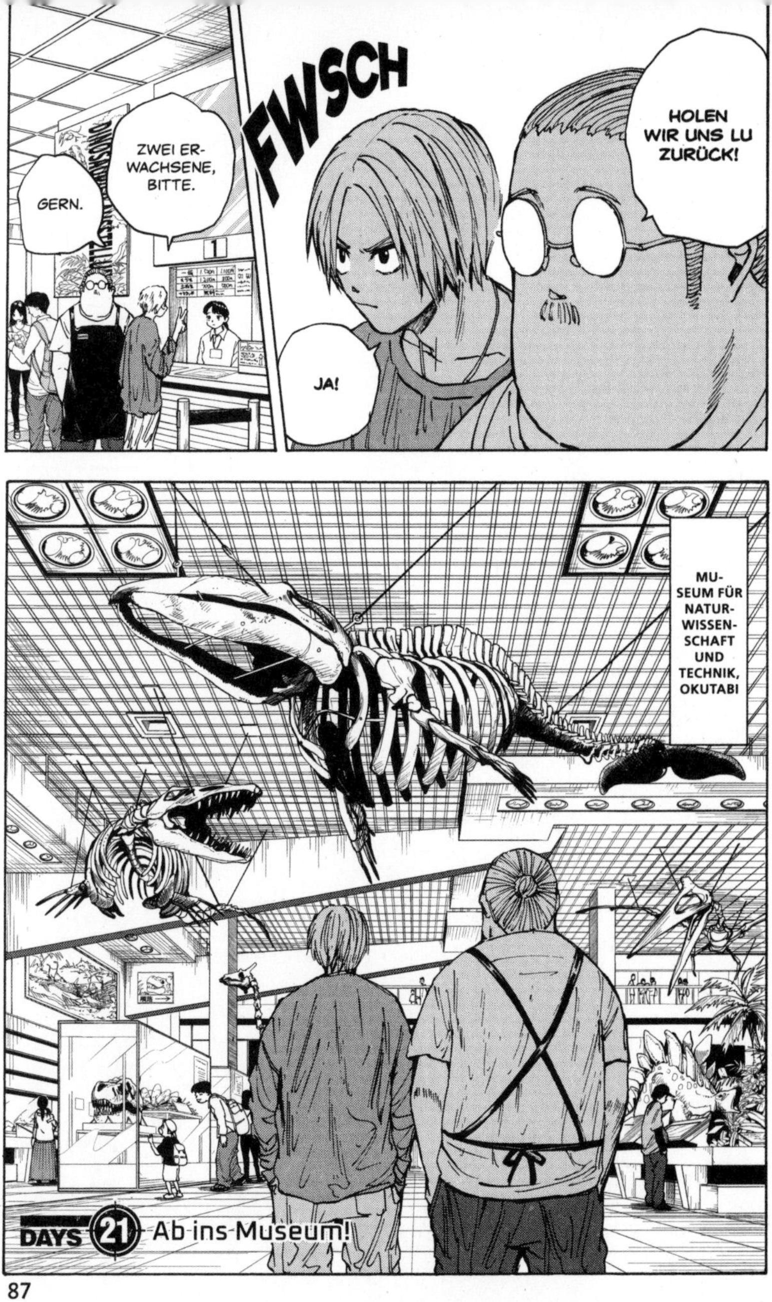
HOLEN WIR UNS LU ZURÜCK!
JA!
FWSCH
ZWEI ER-WACHSENE, BITTE.
GERN.
MU-SEUM FÜR NATUR-WISSEN-SCHAFT UND TECHNIK, OKUTABI
DAYS 21 Ab ins Museum!

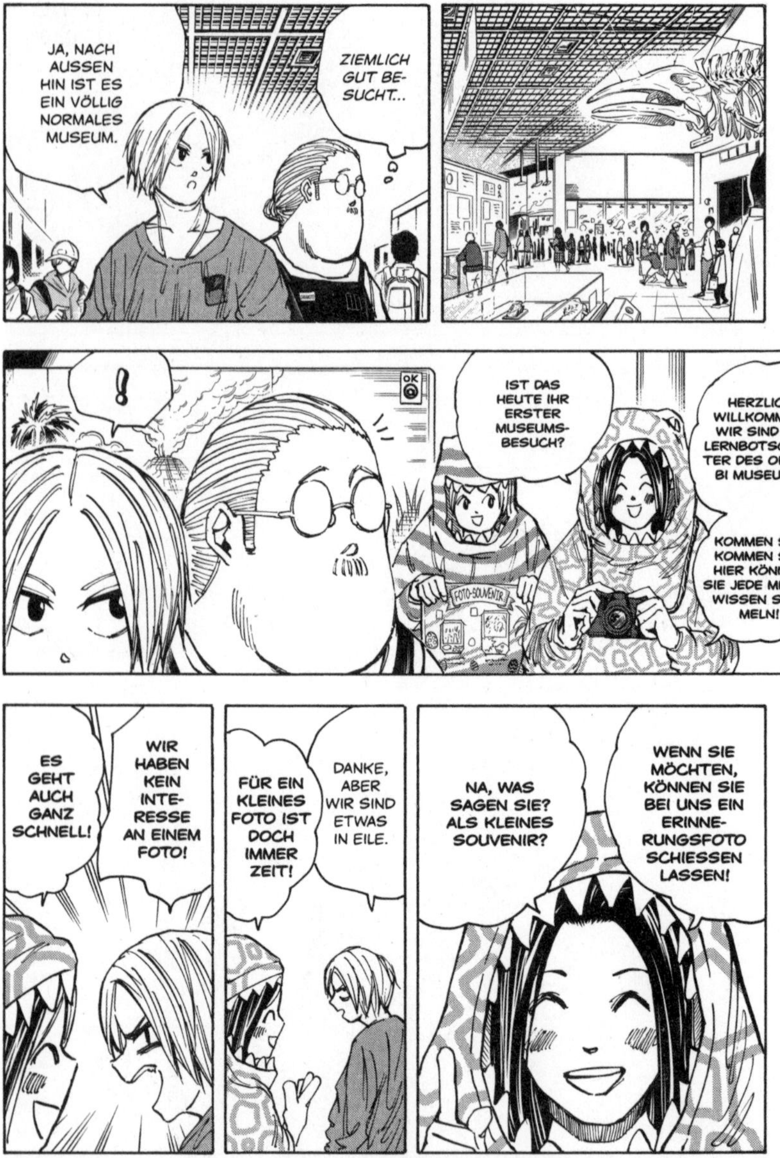
ZIEMLICH GUT BE-SUCHT...
JA, NACH AUSSEN HIN IST ES EIN VÖLLIG NORMALES MUSEUM.
OK
HERZLICH WILLKOMMEN! WIR SIND DIE LERNBOTSCHAF-TER DES OKUTA-BI MUSEUMS!
KOMMEN SIE, KOMMEN SIE, HIER KÖNNEN SIE JEDE MENGE WISSEN SAM-MELN!
IST DAS HEUTE IHR ERSTER MUSEUMS-BESUCH?
FOTO-SOUVENIR
!
WENN SIE MÖCHTEN, KÖNNEN SIE BEI UNS EIN ERINNE-RUNGSFOTO SCHIESSEN LASSEN!
NA, WAS SAGEN SIE? ALS KLEINES SOUVENIR?
DANKE, ABER WIR SIND ETWAS IN EILE.
FÜR EIN KLEINES FOTO IST DOCH IMMER ZEIT!
WIR HABEN KEIN INTE-RESSE AN EINEM FOTO!
ES GEHT AUCH GANZ SCHNELL!

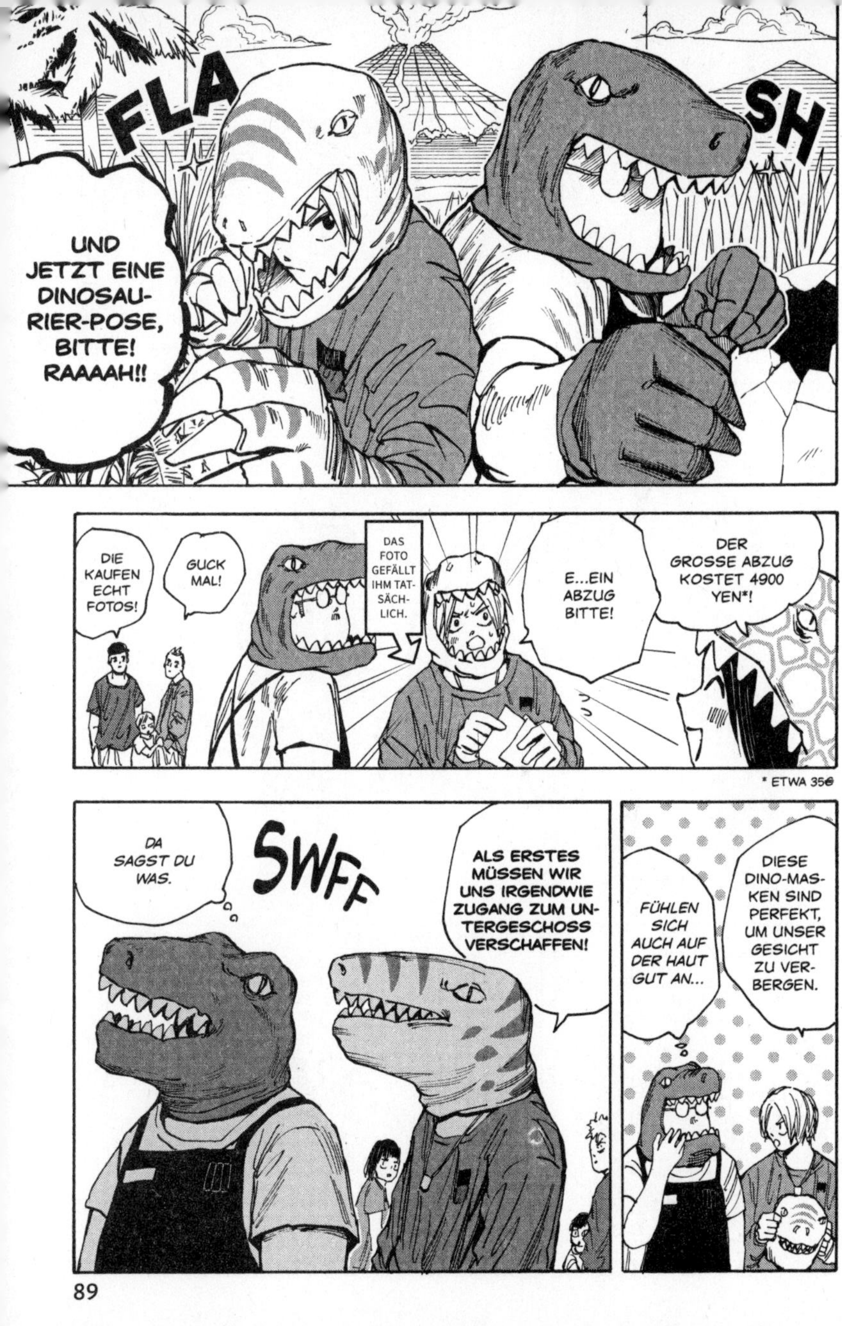
FLA
SH
UND JETZT EINE DINOSAURIER-POSE, BITTE! RAAAAH!!
DER GROSSE ABZUG KOSTET 4900 YEN*!
E...EIN ABZUG BITTE!
DAS FOTO GEFÄLLT IHM TATSÄCHLICH.
GUCK MAL!
DIE KAUFEN ECHT FOTOS!
DIESE DINO-MASKEN SIND PERFEKT, UM UNSER GESICHT ZU VERBERGEN.
FÜHLEN SICH AUCH AUF DER HAUT GUT AN...
ALS ERSTES MÜSSEN WIR UNS IRGENDWIE ZUGANG ZUM UNTERGESCHOSS VERSCHAFFEN!
SWFF
DA SAGST DU WAS.

* ETWA 35€

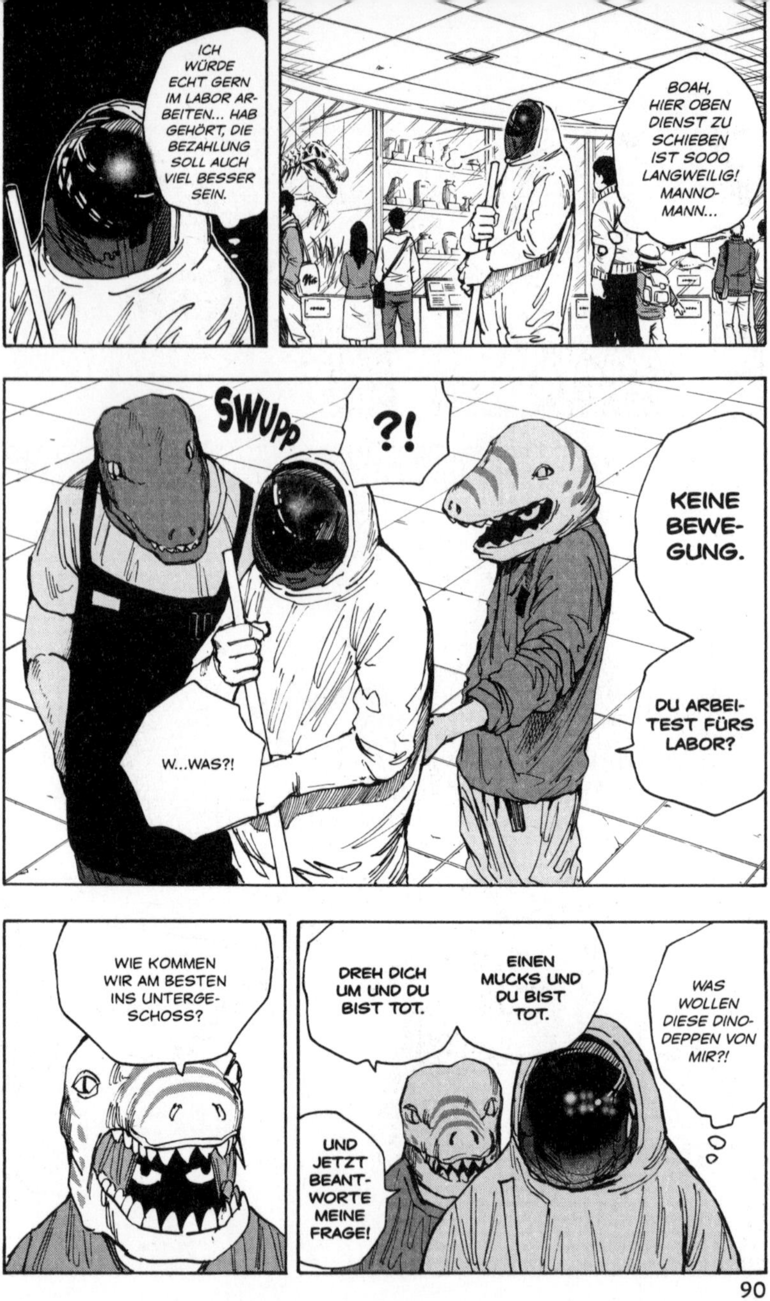
BOAH, HIER OBEN DIENST ZU SCHIEBEN IST SOOO LANGWEILIG! MANNO-MANN...
ICH WÜRDE ECHT GERN IM LABOR AR-BEITEN... HAB GEHÖRT, DIE BEZAHLUNG SOLL AUCH VIEL BESSER SEIN.
SWUPP
KEINE BEWE-GUNG.
?!
DU ARBEI-TEST FÜRS LABOR?
W...WAS?!
WAS WOLLEN DIESE DINO-DEPPEN VON MIR?!
EINEN MUCKS UND DU BIST TOT.
DREH DICH UM UND DU BIST TOT.
UND JETZT BEANT-WORTE MEINE FRAGE!
WIE KOMMEN WIR AM BESTEN INS UNTERGE-SCHOSS?

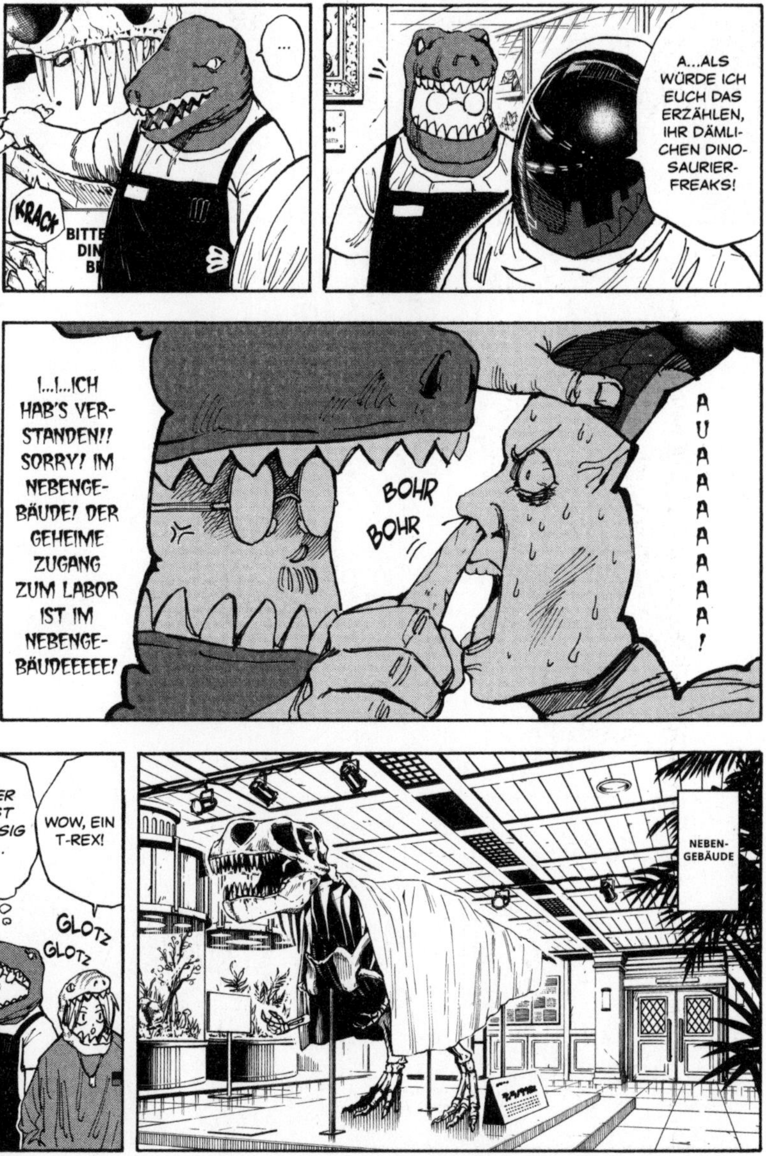
A...ALS WÜRDE ICH EUCH DAS ERZÄHLEN, IHR DÄMLICHEN DINOSAURIER-FREAKS!
...
KRACK
AUAAAAAAAAA!
BOHR BOHR
I...I...ICH HAB'S VERSTANDEN!! SORRY! IM NEBENGEBÄUDE! DER GEHEIME ZUGANG ZUM LABOR IST IM NEBENGEBÄUDEEEEE!
NEBENGEBÄUDE
WOW, EIN T-REX!
DER IST RIESIG ...
GLOTZ GLOTZ

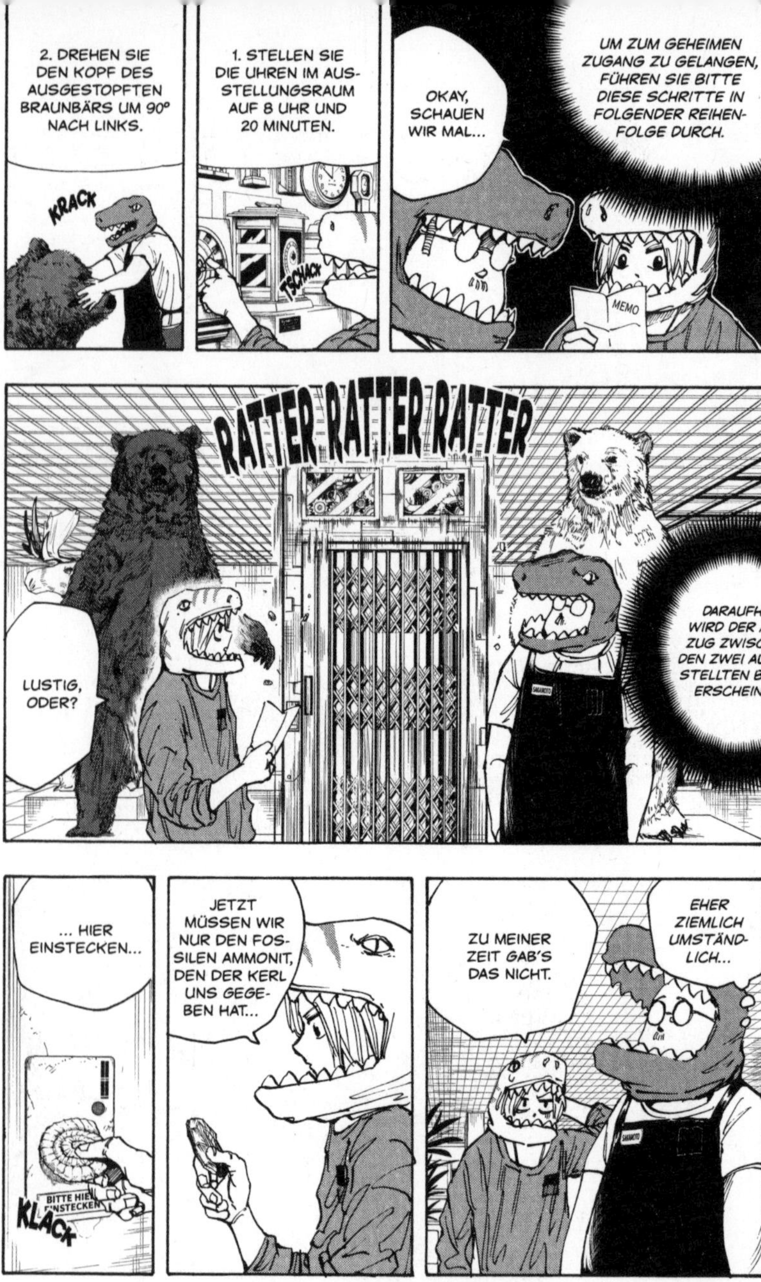
UM ZUM GEHEIMEN ZUGANG ZU GELANGEN, FÜHREN SIE BITTE DIESE SCHRITTE IN FOLGENDER REIHENFOLGE DURCH.
OKAY, SCHAUEN WIR MAL...
1. STELLEN SIE DIE UHREN IM AUSSTELLUNGSRAUM AUF 8 UHR UND 20 MINUTEN.
TSCHACK
2. DREHEN SIE DEN KOPF DES AUSGESTOPFTEN BRAUNBÄRS UM 90° NACH LINKS.
KRACK
RATTER RATTER RATTER
DARAUFHIN WIRD DER AUFZUG ZWISCHEN DEN ZWEI AUSGESTELLTEN BÄREN ERSCHEINEN.
LUSTIG, ODER?
EHER ZIEMLICH UMSTÄNDLICH...
ZU MEINER ZEIT GAB'S DAS NICHT.
JETZT MÜSSEN WIR NUR DEN FOSSILEN AMMONIT, DEN DER KERL UNS GEGEBEN HAT...
... HIER EINSTECKEN...
KLACK

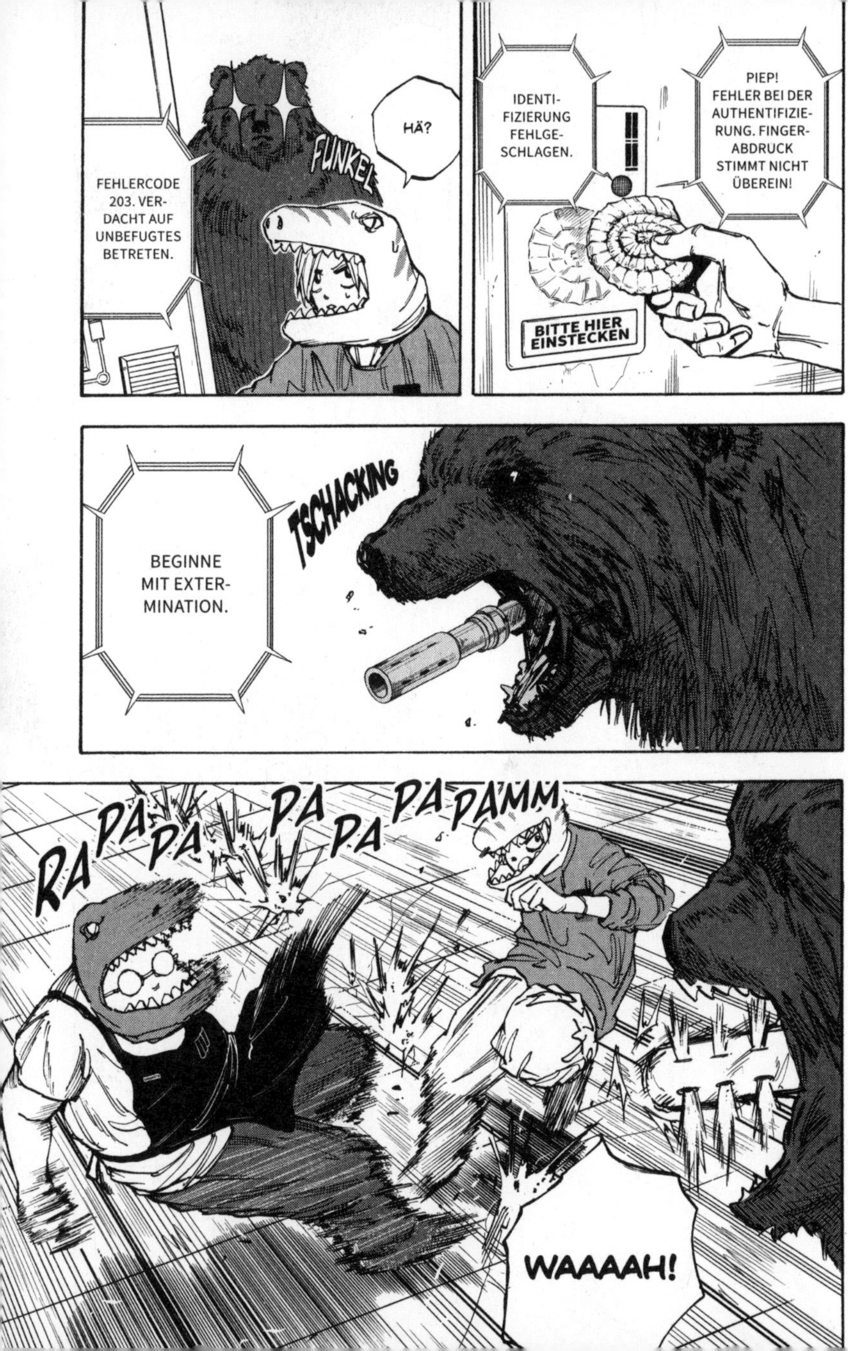
PIEP! FEHLER BEI DER AUTHENTIFIZIERUNG. FINGERABDRUCK STIMMT NICHT ÜBEREIN!
IDENTIFIZIERUNG FEHLGESCHLAGEN.
BITTE HIER EINSTECKEN
FUNKEL
FEHLERCODE 203. VERDACHT AUF UNBEFUGTES BETRETEN.
HÄ?
TSCHACKING
BEGINNE MIT EXTERMINATION.
RA PA PA PA PA PA PAMM
WAAAAH!

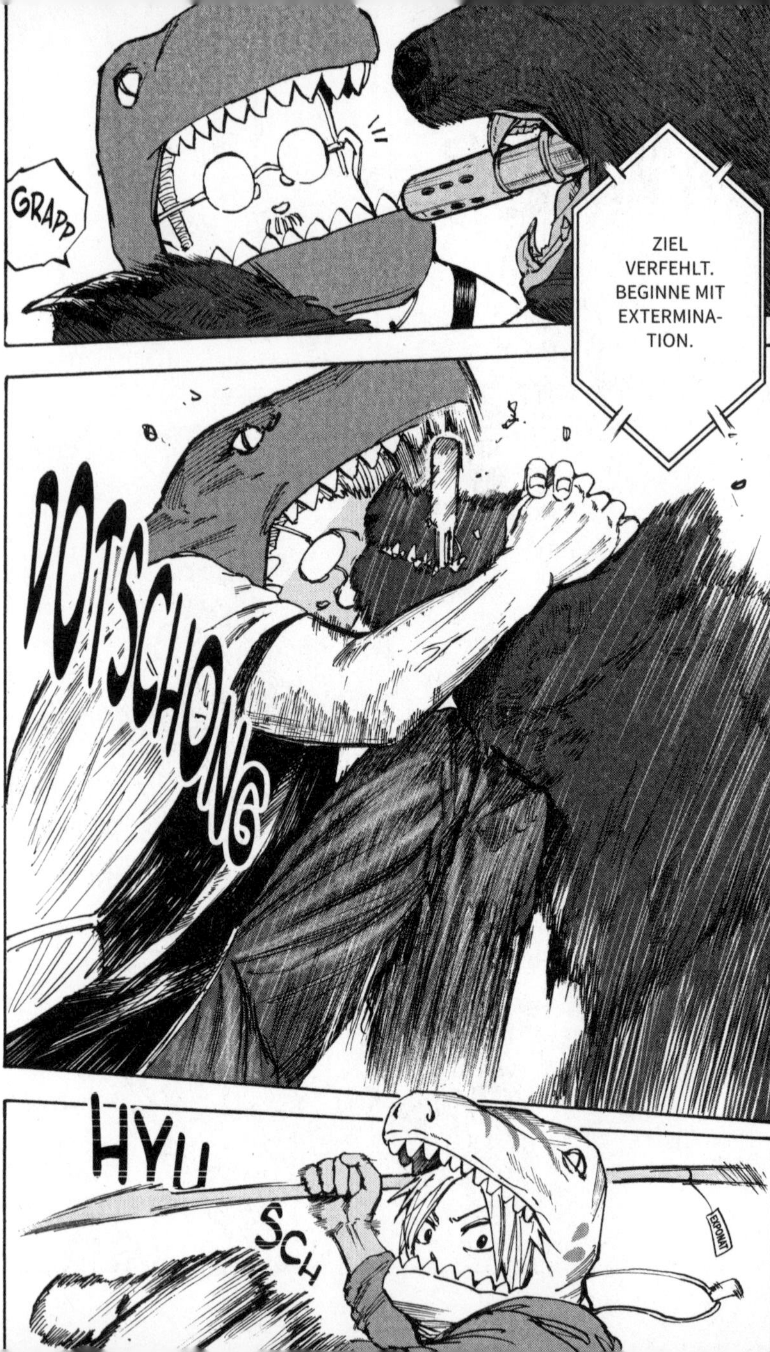
ZIEL VERFEHLT. BEGINNE MIT EXTERMINA-TION.
GRAPP
DOTSCHONG
HYU
SCH
EXPONAT

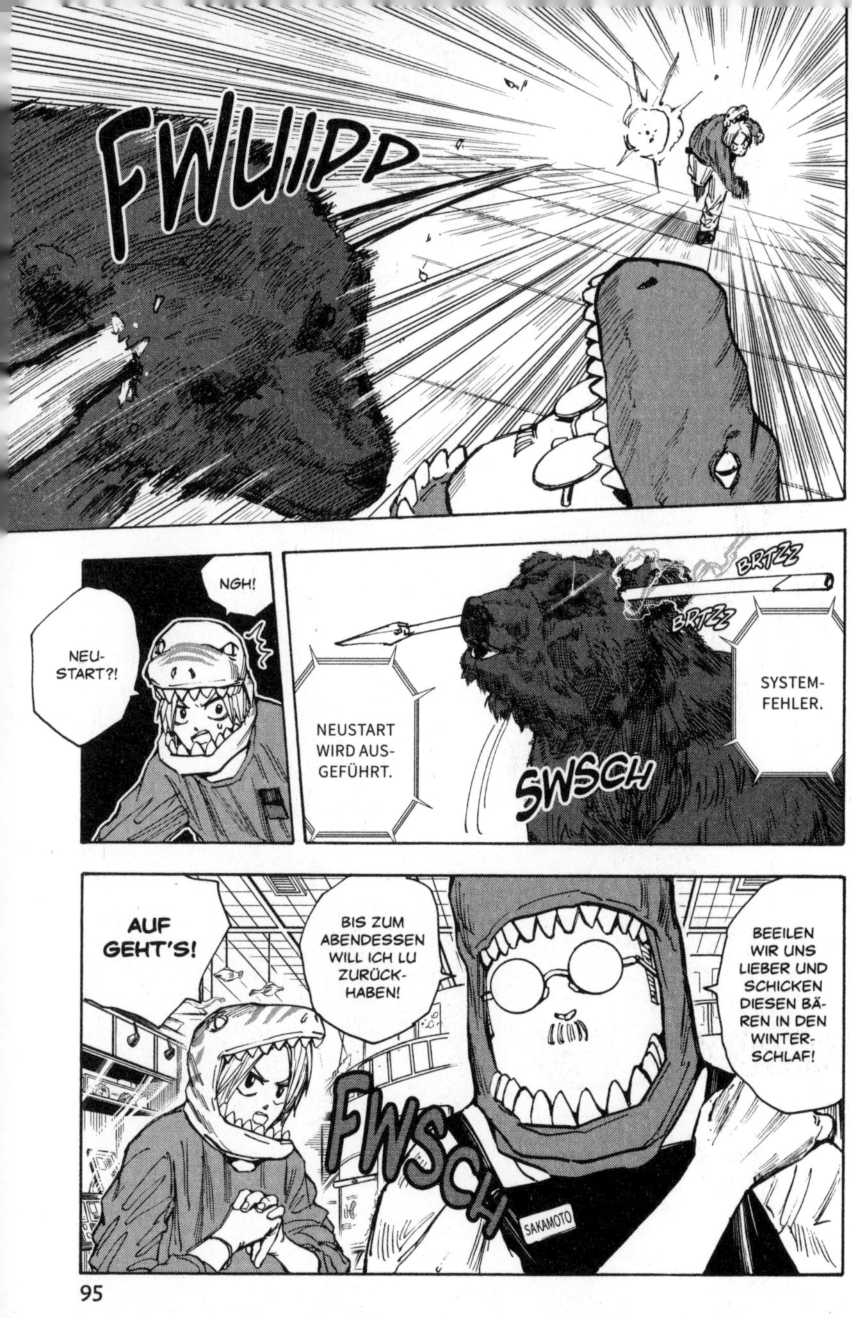
FWUIPP
BRTZZ
BRTZZ
SYSTEM-FEHLER.
NEUSTART WIRD AUS-GEFÜHRT.
SWSCH
NGH!
NEU-START?!
BEEILEN WIR UNS LIEBER UND SCHICKEN DIESEN BÄREN IN DEN WINTER-SCHLAF!
SAKAMOTO
FWSCH
BIS ZUM ABENDESSEN WILL ICH LU ZURÜCK-HABEN!
AUF GEHT'S!

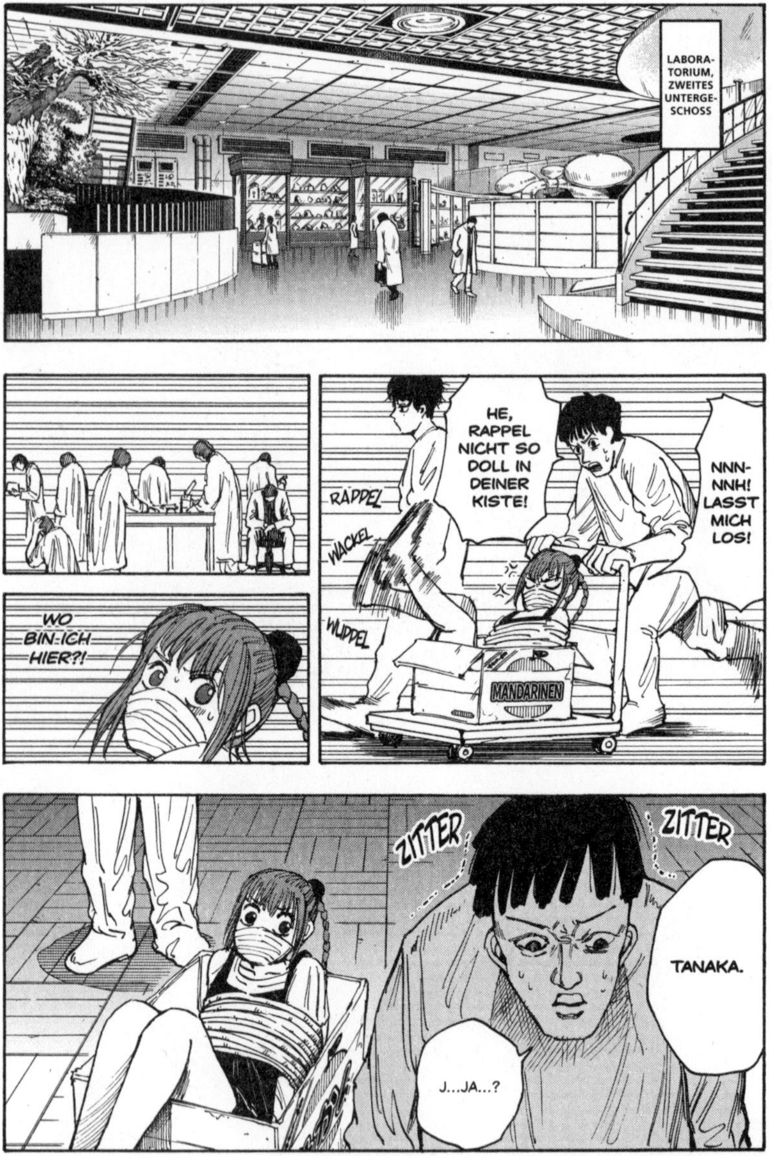
LABORA-TORIUM, ZWEITES UNTERGE-SCHOSS
NNN-NNH! LASST MICH LOS!
HE, RAPPEL NICHT SO DOLL IN DEINER KISTE!
RAPPEL
WACKEL
WUPPEL
MANDARINEN
WO BIN ICH HIER?!
ZITTER
ZITTER
TANAKA.
J...JA...?

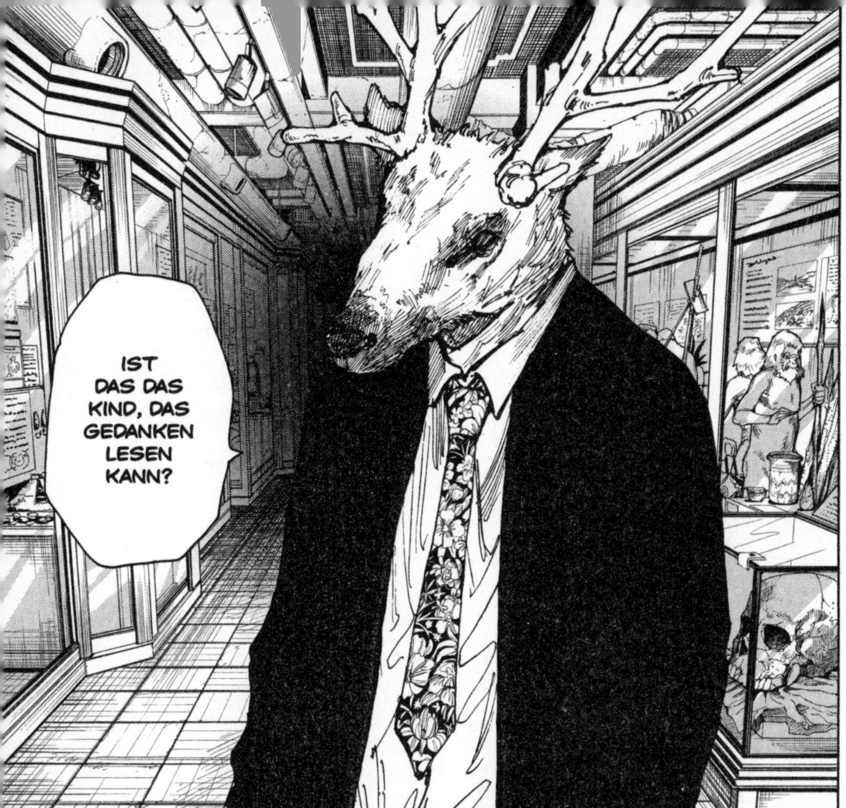
IST DAS DAS KIND, DAS GEDANKEN LESEN KANN?

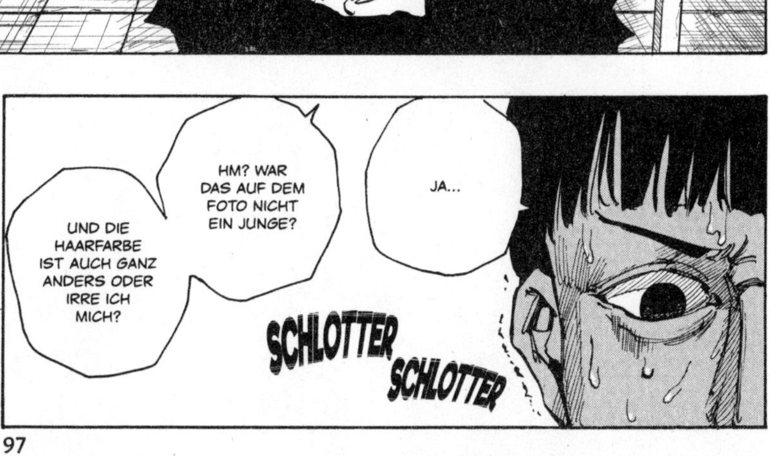
JA...
HM? WAR DAS AUF DEM FOTO NICHT EIN JUNGE?
UND DIE HAARFARBE IST AUCH GANZ ANDERS ODER IRRE ICH MICH?
SCHLOTTER
SCHLOTTER

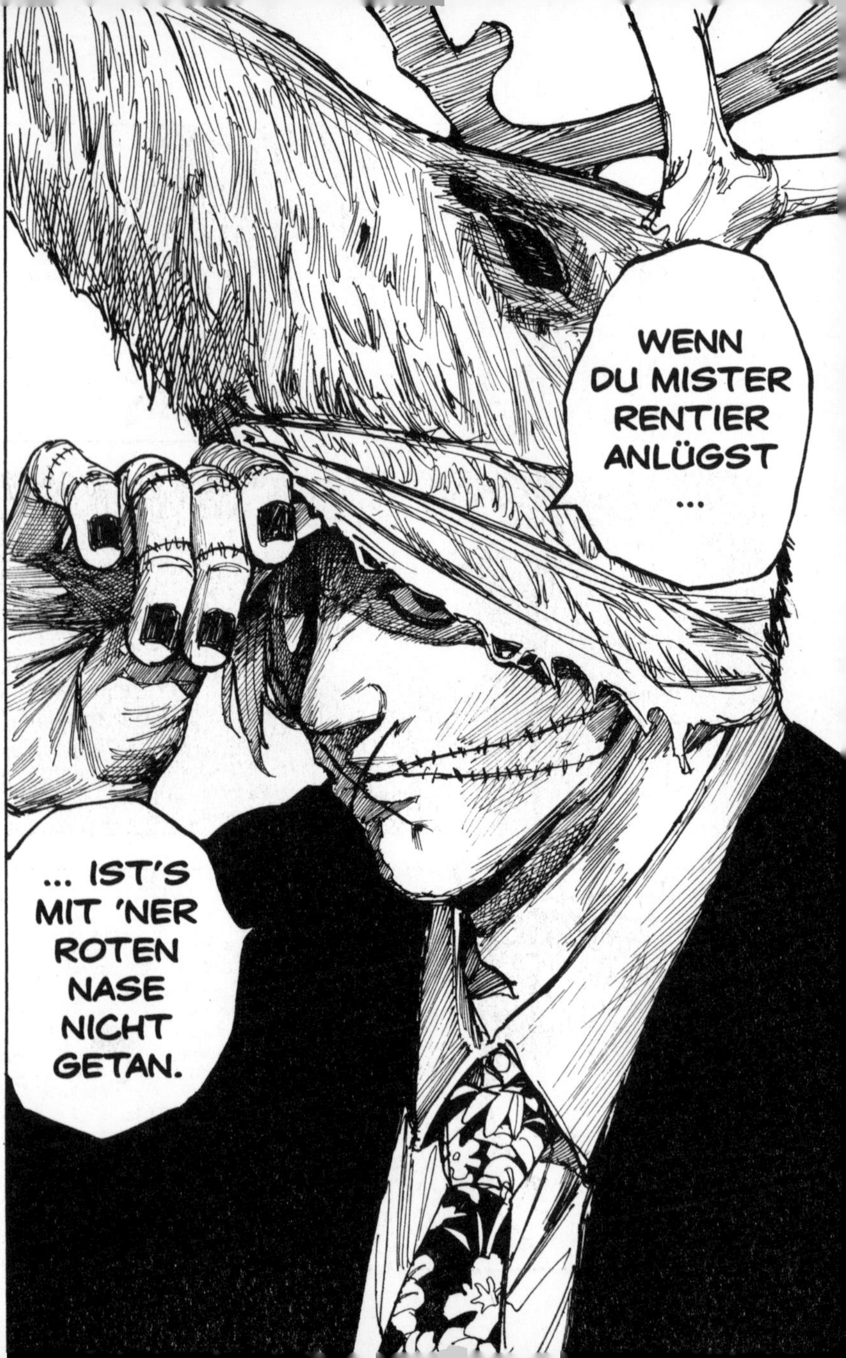
WENN DU MISTER RENTIER ANLÜGST ...
... IST'S MIT 'NER ROTEN NASE NICHT GETAN.

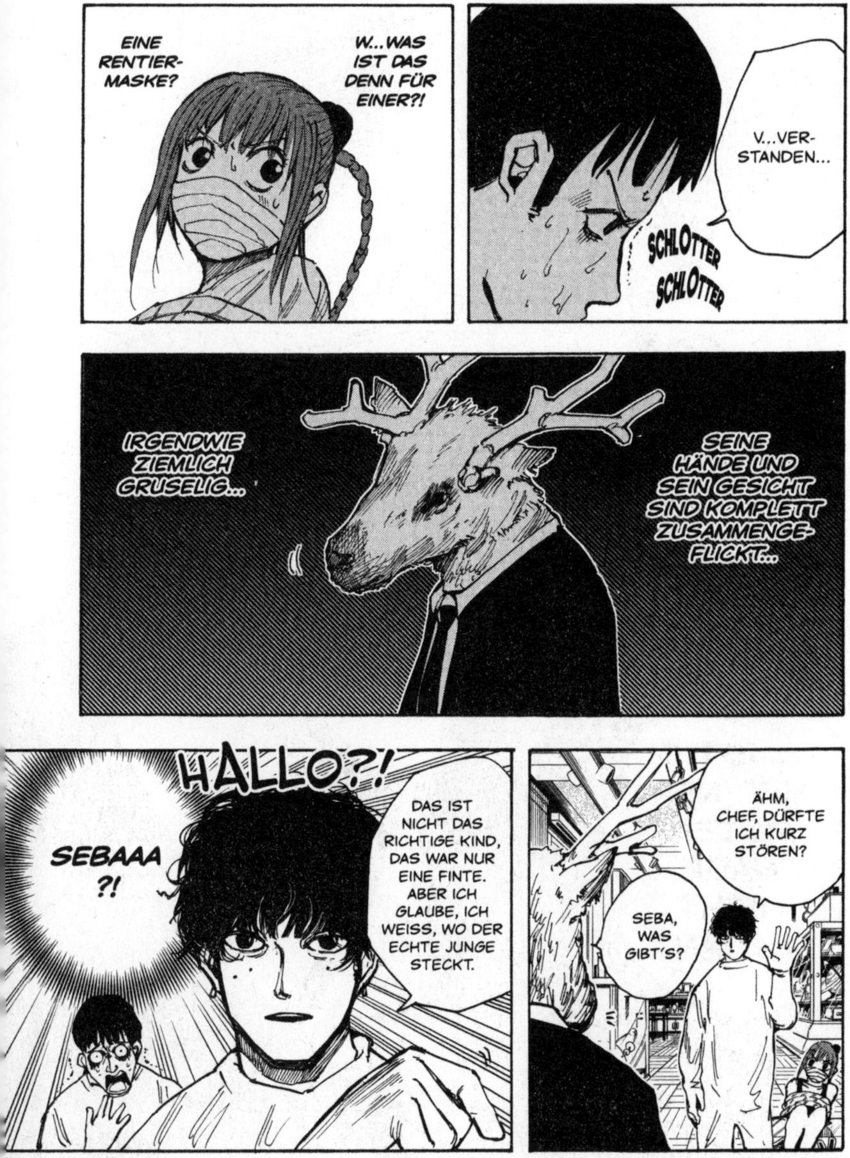
V...VERSTANDEN...
SCHLOTTER SCHLOTTER
W...WAS IST DAS DENN FÜR EINER?!
EINE RENTIER-MASKE?
SEINE HÄNDE UND SEIN GESICHT SIND KOMPLETT ZUSAMMENGE-FLICKT...
IRGENDWIE ZIEMLICH GRUSELIG...
ÄHM, CHEF, DÜRFTE ICH KURZ STÖREN?
SEBA, WAS GIBT'S?
HALLO?!
DAS IST NICHT DAS RICHTIGE KIND, DAS WAR NUR EINE FINTE. ABER ICH GLAUBE, ICH WEISS, WO DER ECHTE JUNGE STECKT.
SEBAAA ?!

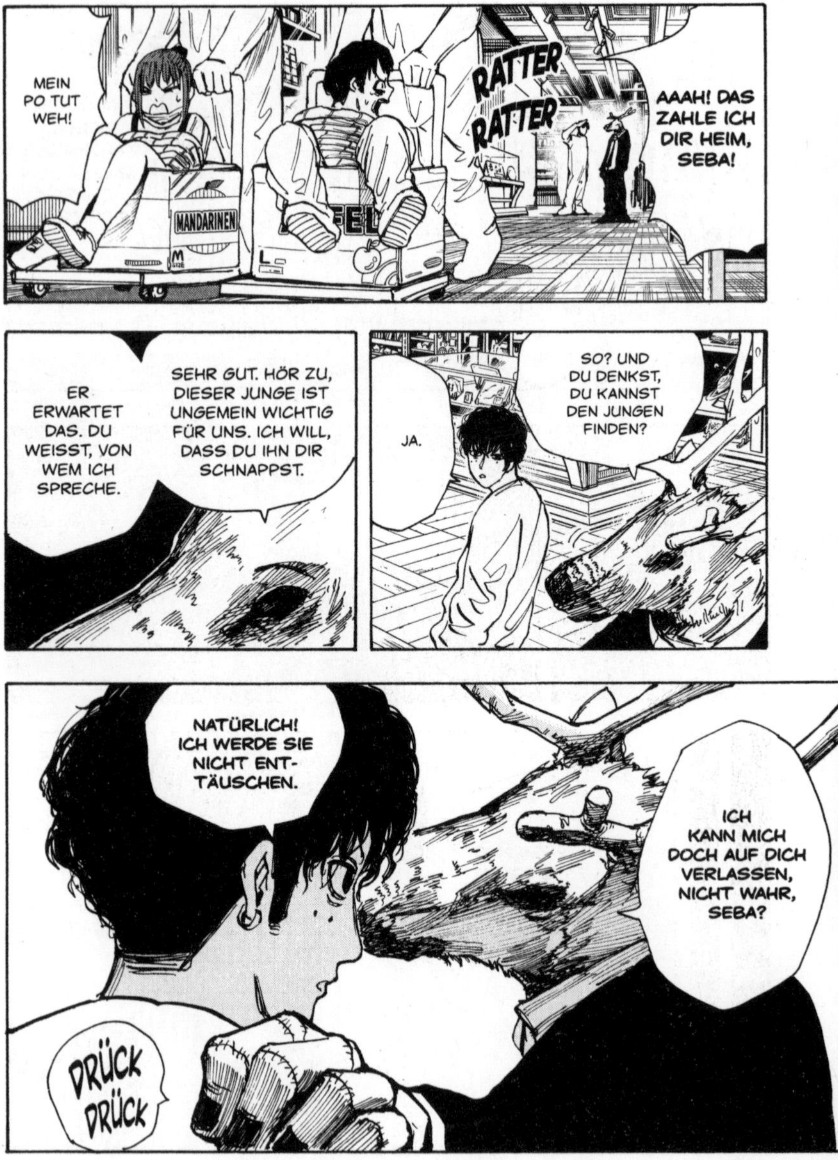
AAAH! DAS ZAHLE ICH DIR HEIM, SEBA!
RATTER RATTER
MEIN PO TUT WEH!
MANDARINEN
SO? UND DU DENKST, DU KANNST DEN JUNGEN FINDEN?
JA.
SEHR GUT. HÖR ZU, DIESER JUNGE IST UNGEMEIN WICHTIG FÜR UNS. ICH WILL, DASS DU IHN DIR SCHNAPPST.
ER ERWARTET DAS. DU WEISST, VON WEM ICH SPRECHE.
ICH KANN MICH DOCH AUF DICH VERLASSEN, NICHT WAHR, SEBA?
NATÜRLICH! ICH WERDE SIE NICHT ENT-TÄUSCHEN.
DRÜCK DRÜCK

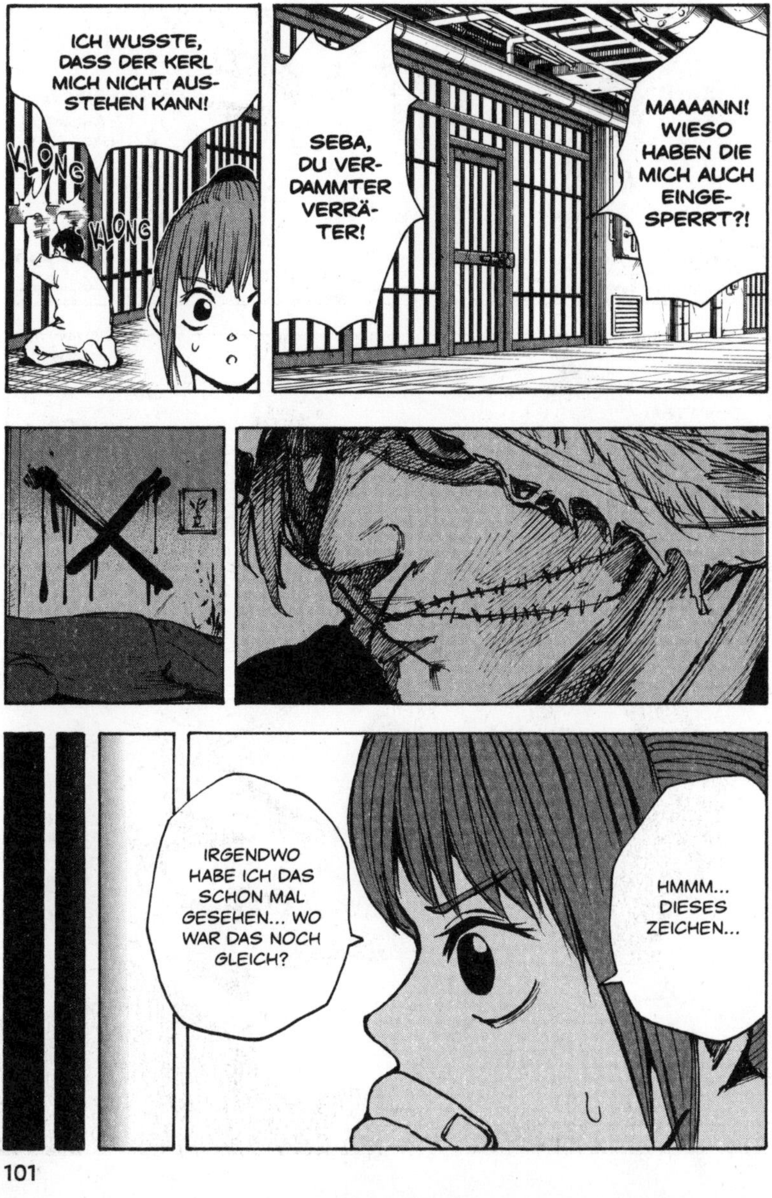
MAAAANN! WIESO HABEN DIE MICH AUCH EINGE-SPERRT?!
SEBA, DU VER-DAMMTER VERRÄ-TER!
ICH WUSSTE, DASS DER KERL MICH NICHT AUS-STEHEN KANN!
KLONG
KLONG
HMMM... DIESES ZEICHEN...
IRGENDWO HABE ICH DAS SCHON MAL GESEHEN... WO WAR DAS NOCH GLEICH?

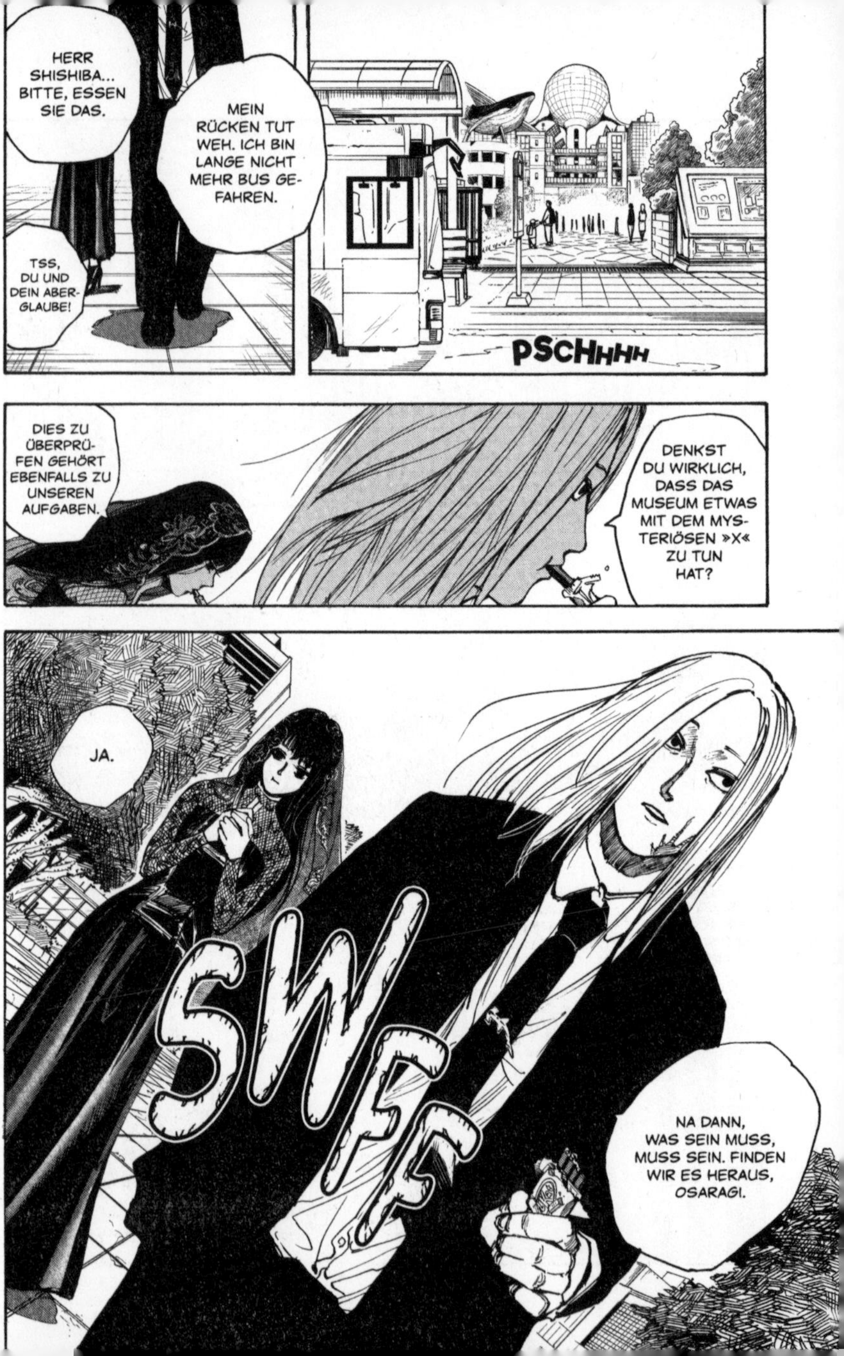
PSCHHHH
MEIN RÜCKEN TUT WEH. ICH BIN LANGE NICHT MEHR BUS GEFAHREN.
HERR SHISHIBA... BITTE, ESSEN SIE DAS.
TSS, DU UND DEIN ABERGLAUBE!
DENKST DU WIRKLICH, DASS DAS MUSEUM ETWAS MIT DEM MYSTERIÖSEN »X« ZU TUN HAT?
DIES ZU ÜBERPRÜFEN GEHÖRT EBENFALLS ZU UNSEREN AUFGABEN.
JA.
SWF
NA DANN, WAS SEIN MUSS, MUSS SEIN. FINDEN WIR ES HERAUS, OSARAGI.

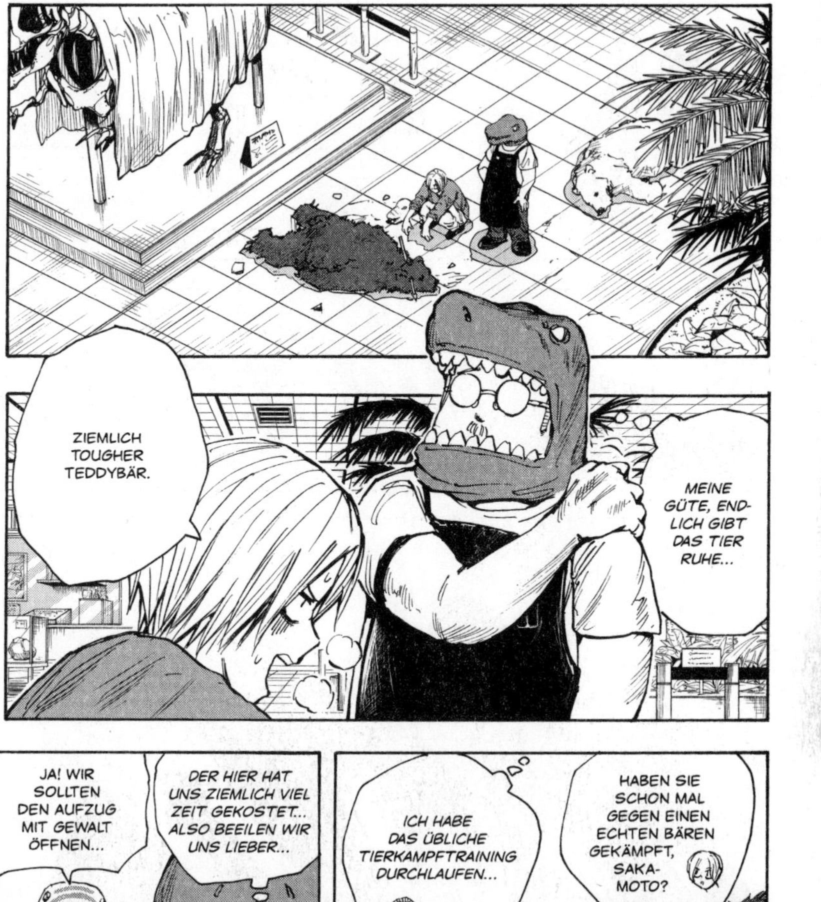
MEINE GÜTE, ENDLICH GIBT DAS TIER RUHE...
ZIEMLICH TOUGHER TEDDYBÄR.
HABEN SIE SCHON MAL GEGEN EINEN ECHTEN BÄREN GEKÄMPFT, SAKAMOTO?
ICH HABE DAS ÜBLICHE TIERKAMPFTRAINING DURCHLAUFEN...
BRTZZ BRTZZ
DER HIER HAT UNS ZIEMLICH VIEL ZEIT GEKOSTET... ALSO BEEILEN WIR UNS LIEBER...
JA! WIR SOLLTEN DEN AUFZUG MIT GEWALT ÖFFNEN...

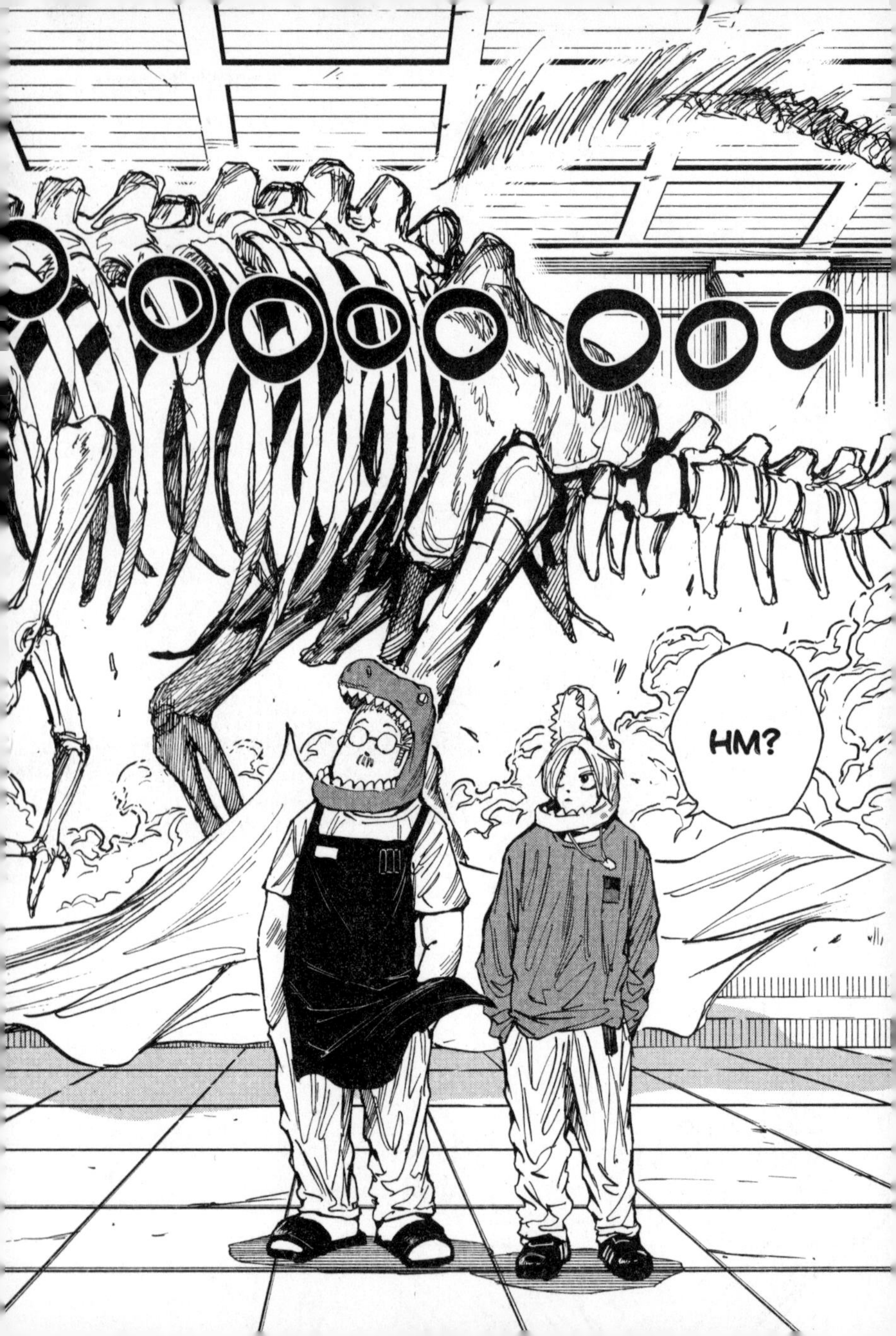
OOOOOOOOO
HM?

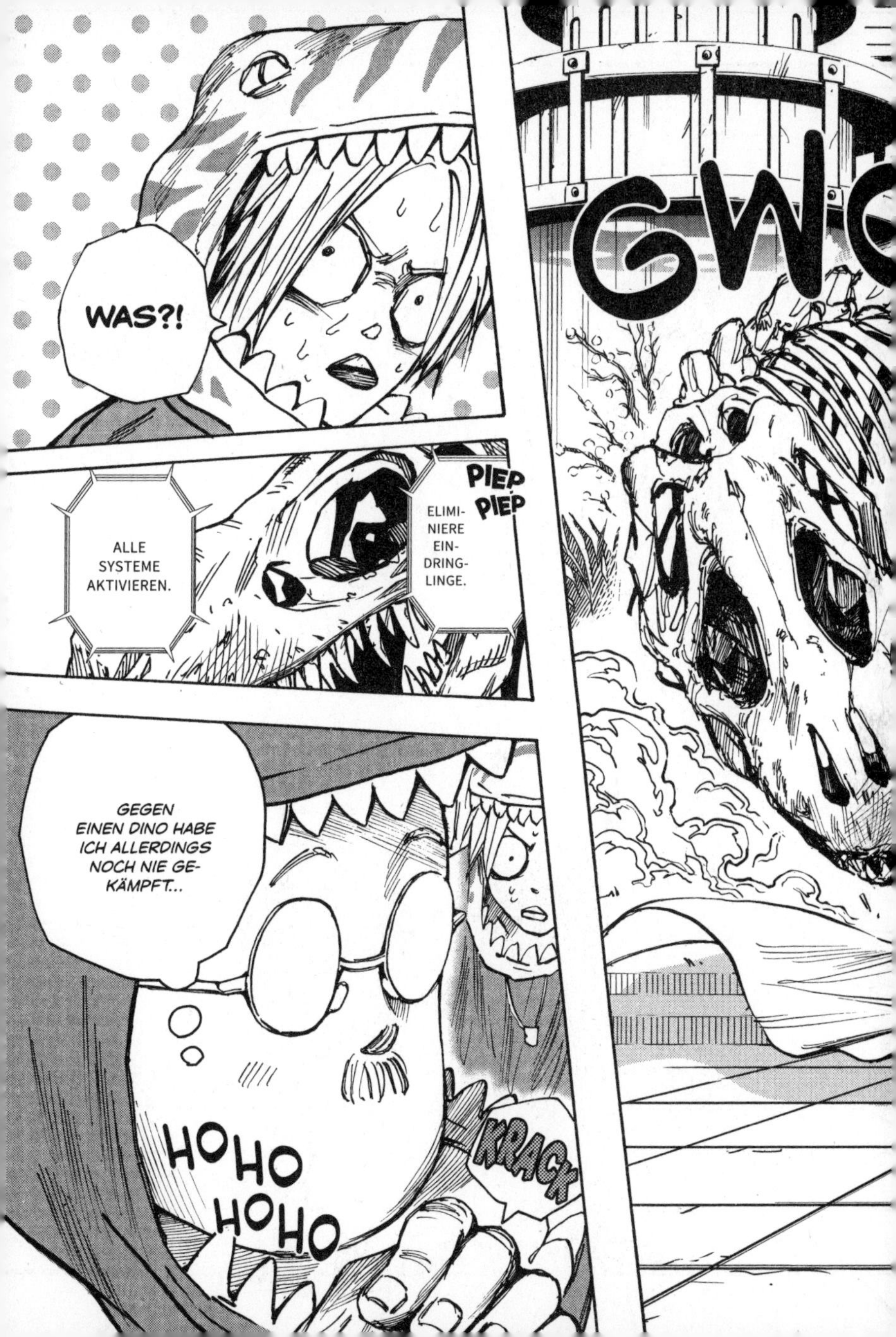

GWO
WAS?!
PIEP PIEP
ALLE SYSTEME AKTIVIEREN.
ELIMINIERE EINDRINGLINGE.
GEGEN EINEN DINO HABE ICH ALLERDINGS NOCH NIE GEKÄMPFT...
KRACK
HOHO HOHO

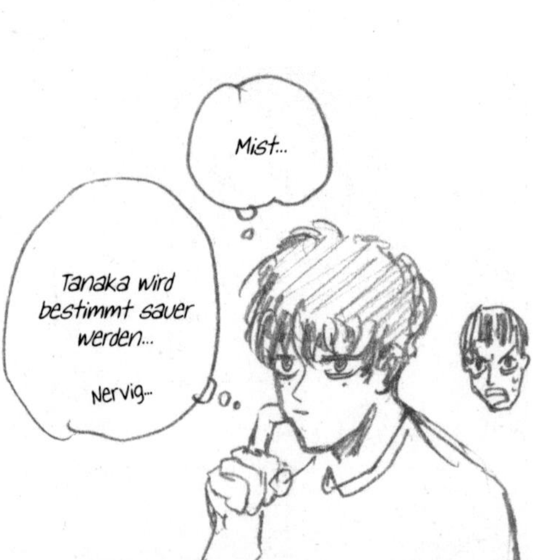
Mist...
Tanaka wird bestimmt sauer werden...
Nervig...

DAYS 22 Jurassic Penner

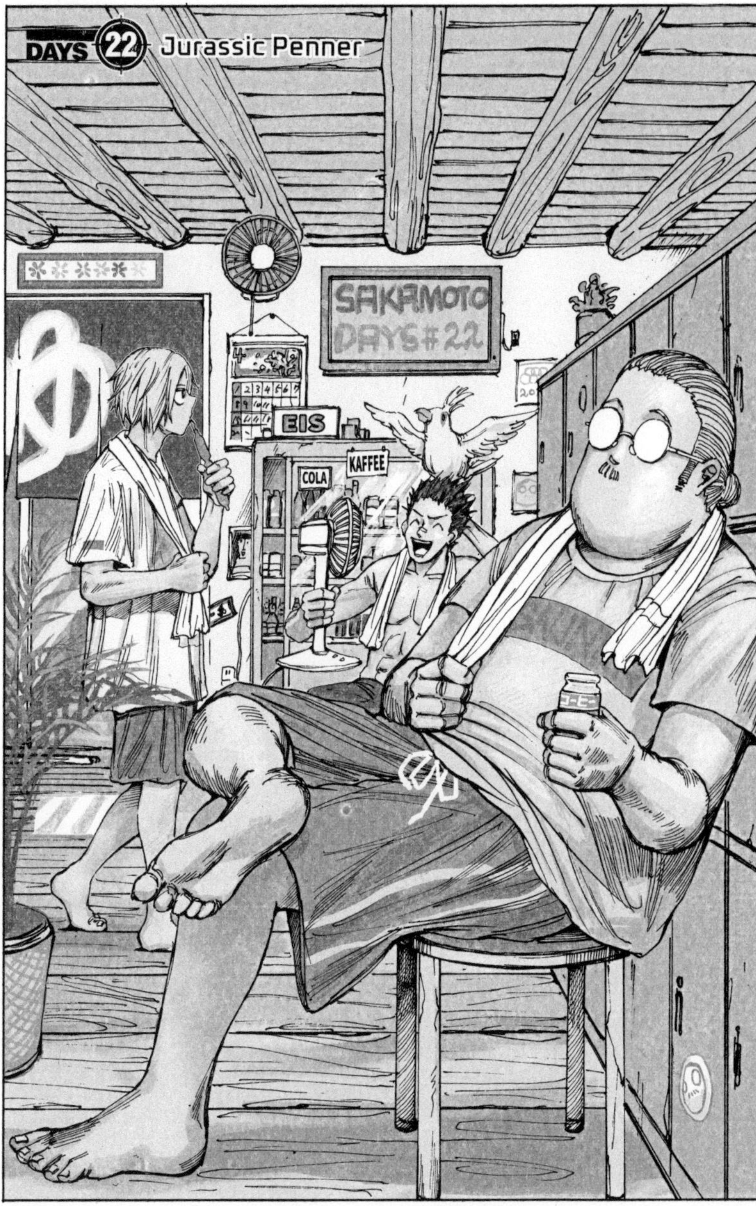

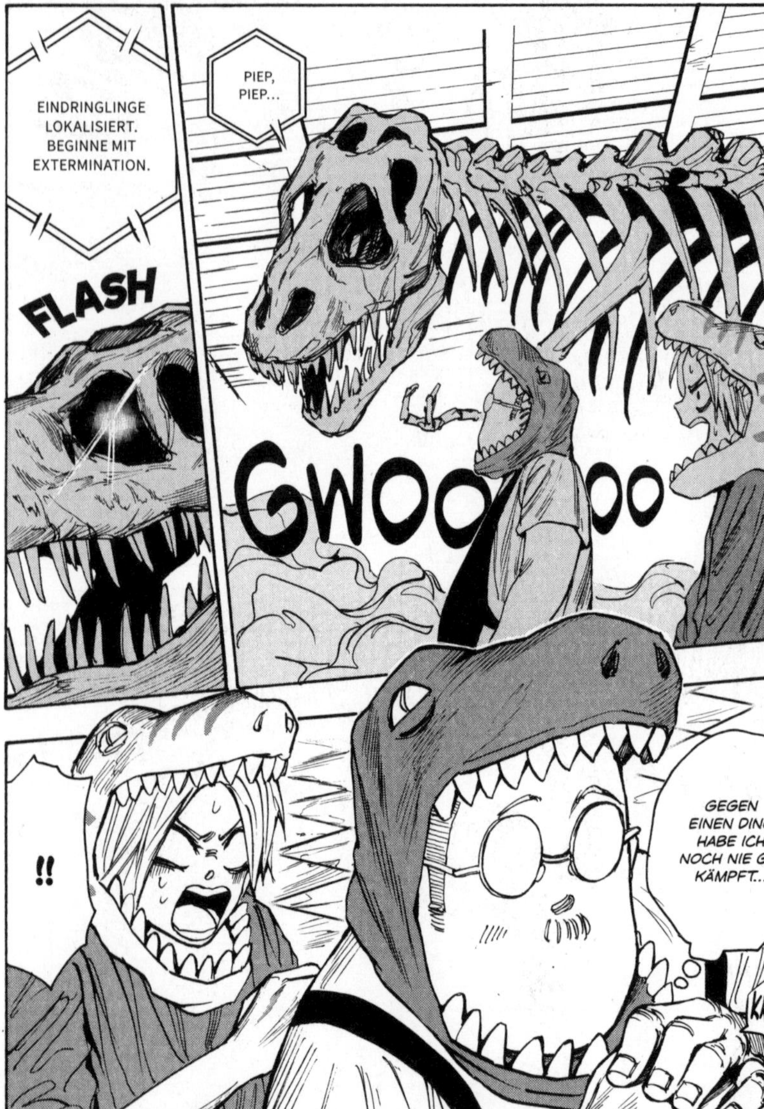
PIEP, PIEP…
GWOOOO
EINDRINGLINGE LOKALISIERT. BEGINNE MIT EXTERMINATION.
FLASH
GEGEN EINEN DINO HABE ICH NOCH NIE GE-KÄMPFT…
KRACK
!!

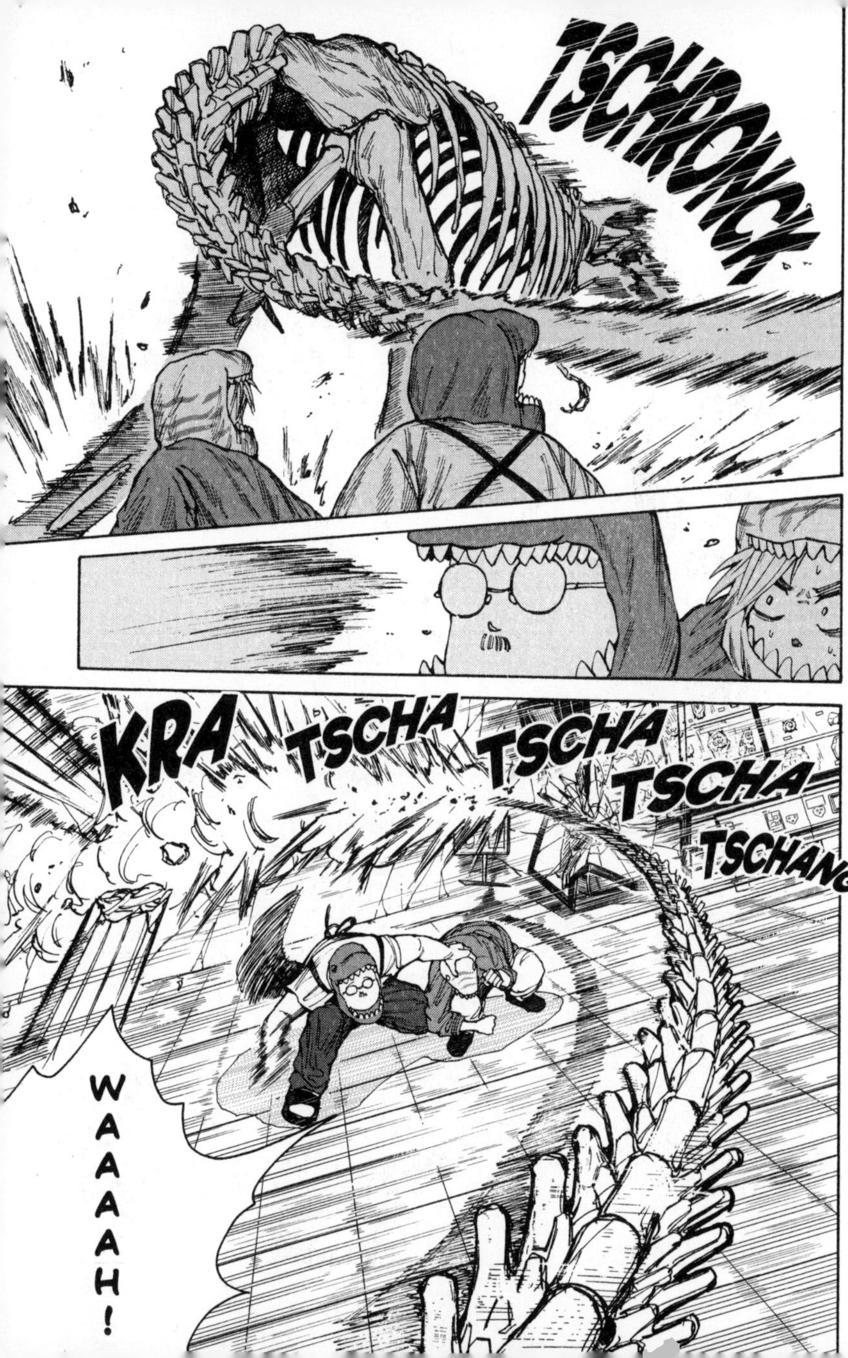
TSCHONCK
KRA
TSCHA
TSCHA
TSCHA
TSCHANG
WAAAAAH!

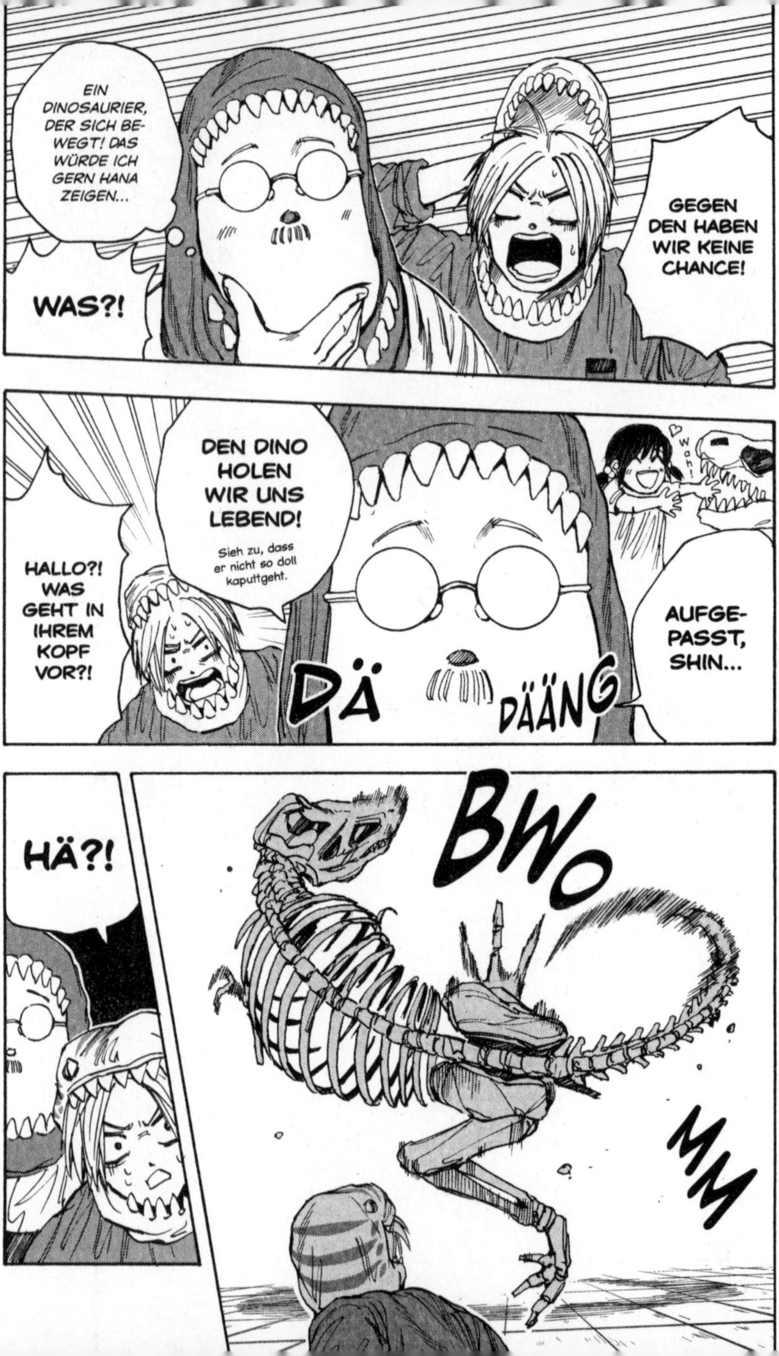
GEGEN DEN HABEN WIR KEINE CHANCE!
EIN DINOSAURIER, DER SICH BEWEGT! DAS WÜRDE ICH GERN HANA ZEIGEN...
WAS?!
Wah!
AUFGE-PASST, SHIN...
DEN DINO HOLEN WIR UNS LEBEND!
Sieh zu, dass er nicht so doll kaputtgeht.
DÄ DÄÄNG
HALLO?! WAS GEHT IN IHREM KOPF VOR?!
BWOMM
HÄ?!

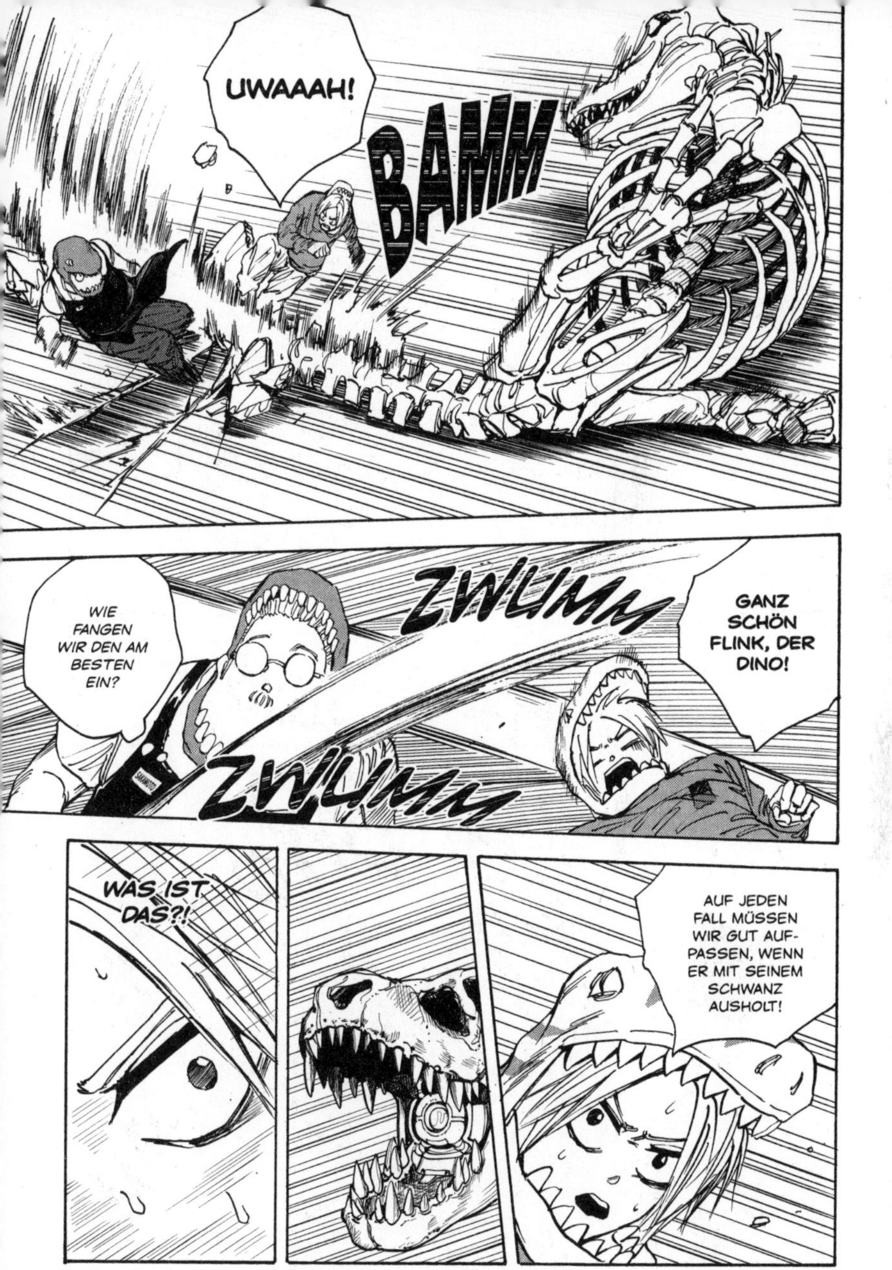
UWAAAH!
BAMM
GANZ SCHÖN FLINK, DER DINO!
WIE FANGEN WIR DEN AM BESTEN EIN?
ZWUMM
ZWUMM
AUF JEDEN FALL MÜSSEN WIR GUT AUF-PASSEN, WENN ER MIT SEINEM SCHWANZ AUSHOLT!
WAS IST DAS?!

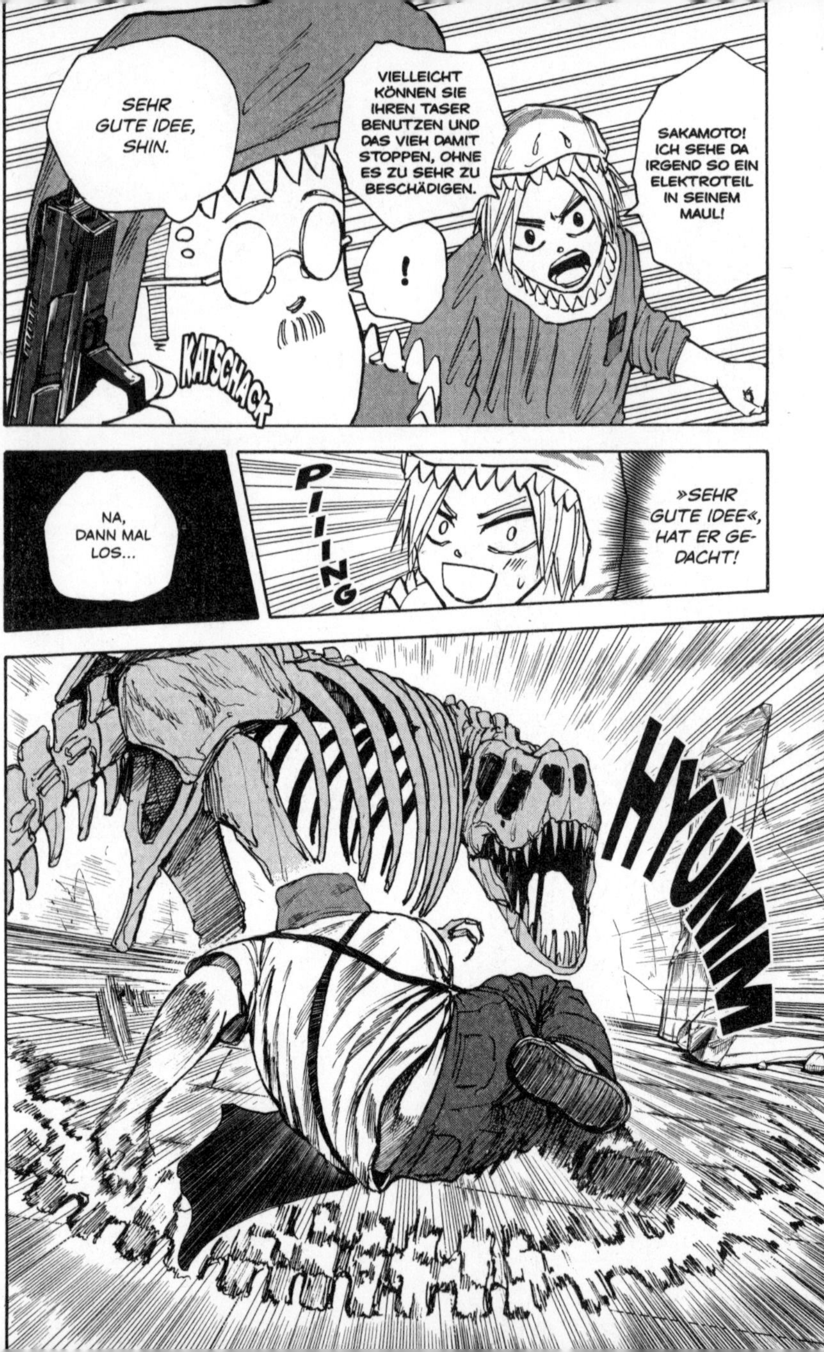
SAKAMOTO! ICH SEHE DA IRGEND SO EIN ELEKTROTEIL IN SEINEM MAUL!
VIELLEICHT KÖNNEN SIE IHREN TASER BENUTZEN UND DAS VIEH DAMIT STOPPEN, OHNE ES ZU SEHR ZU BESCHÄDIGEN.
!
SEHR GUTE IDEE, SHIN.
KATSCHACK
»SEHR GUTE IDEE«, HAT ER GE-DACHT!
PIIING
NA, DANN MAL LOS...
HYUMM!

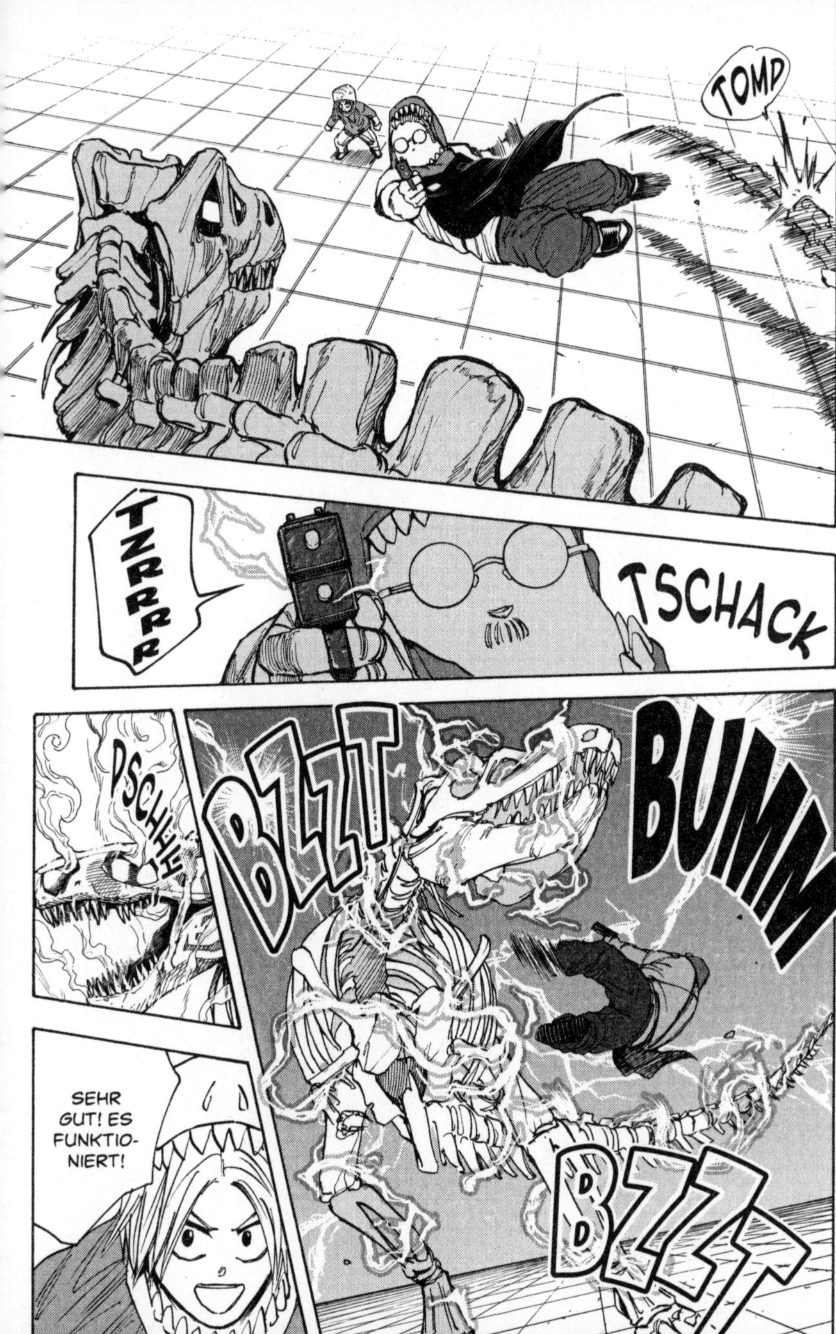
TOMD
TZRRRR
TSCHACK
BUMM
BZZT
PSCHHH
SEHR GUT! ES FUNKTIONIERT!
BZZT

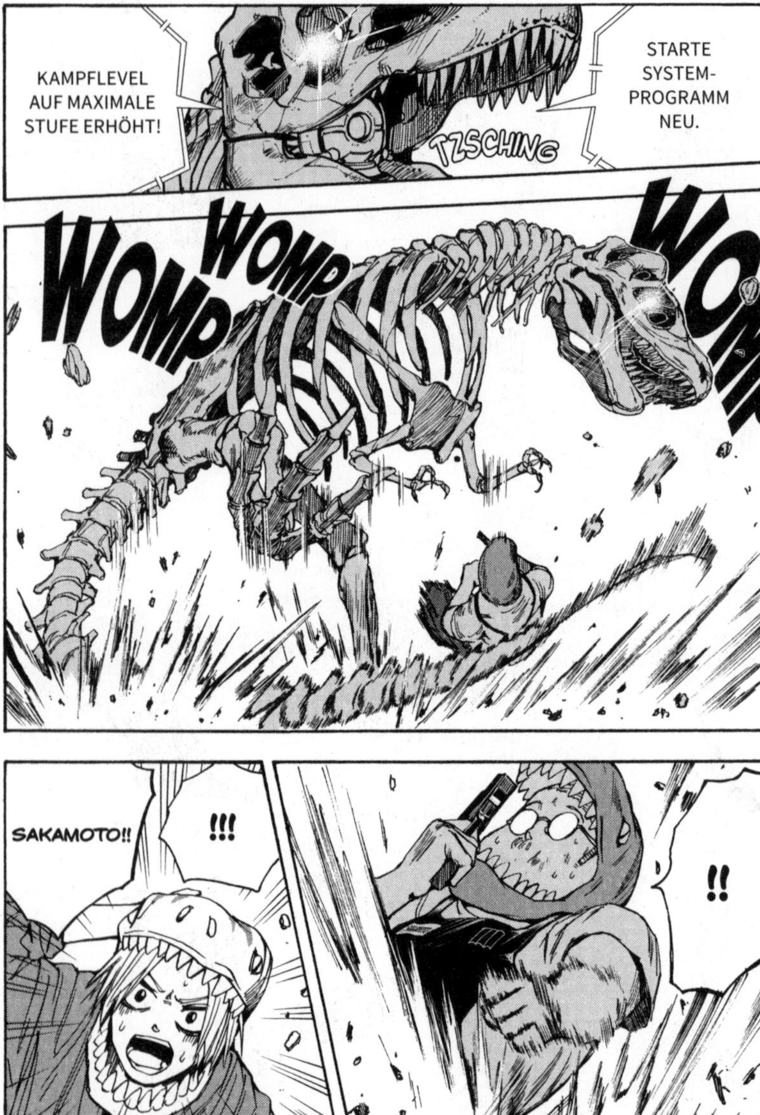
STARTE SYSTEM-PROGRAMM NEU.
TZSCHING
KAMPFLEVEL AUF MAXIMALE STUFE ERHÖHT!
WOMP
WOMP
WOMP
!!
!!!
SAKAMOTO!!

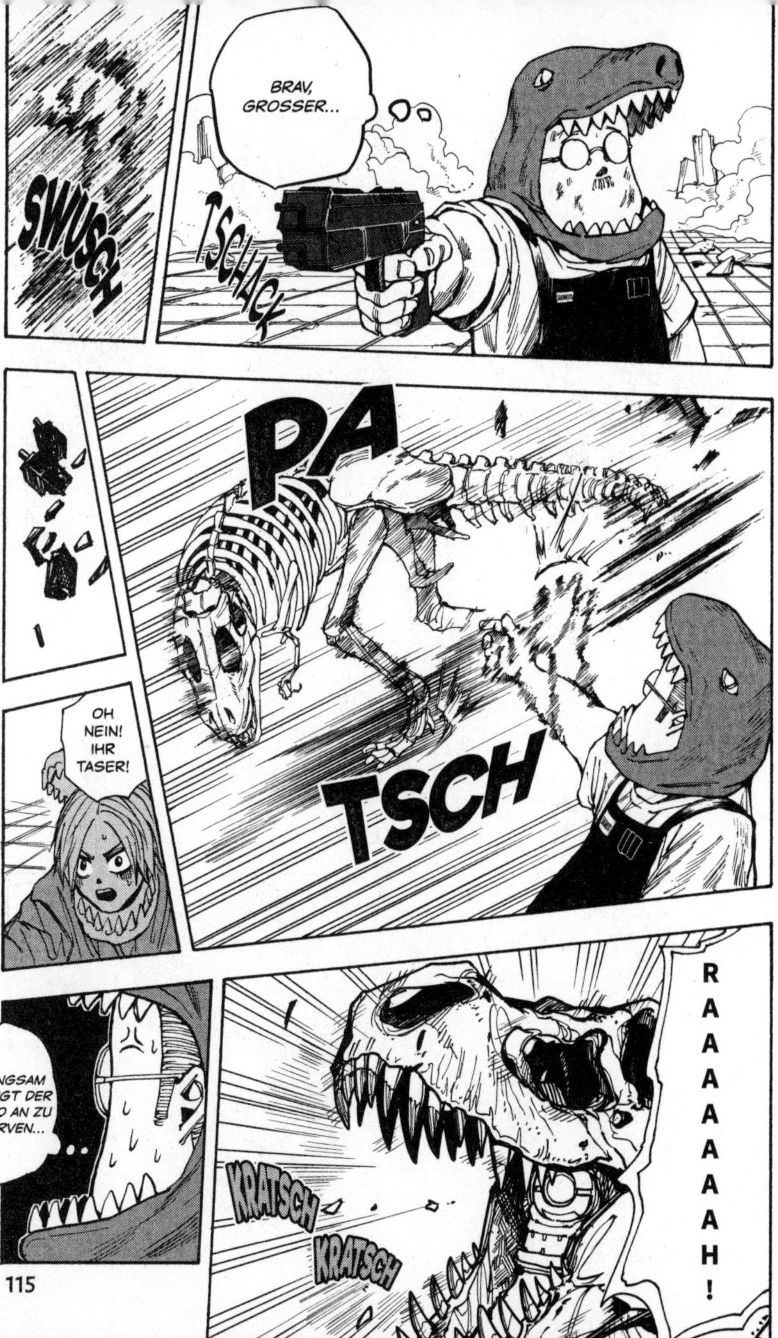
BRAV, GROSSER...
TSCHACK
SWUSCH
PA
TSCH
OH NEIN! IHR TASER!
RAAAAAAAAAAH!
KRATSCH
KRATSCH
LANGSAM FÄNGT DER DINO AN ZU NERVEN...
...

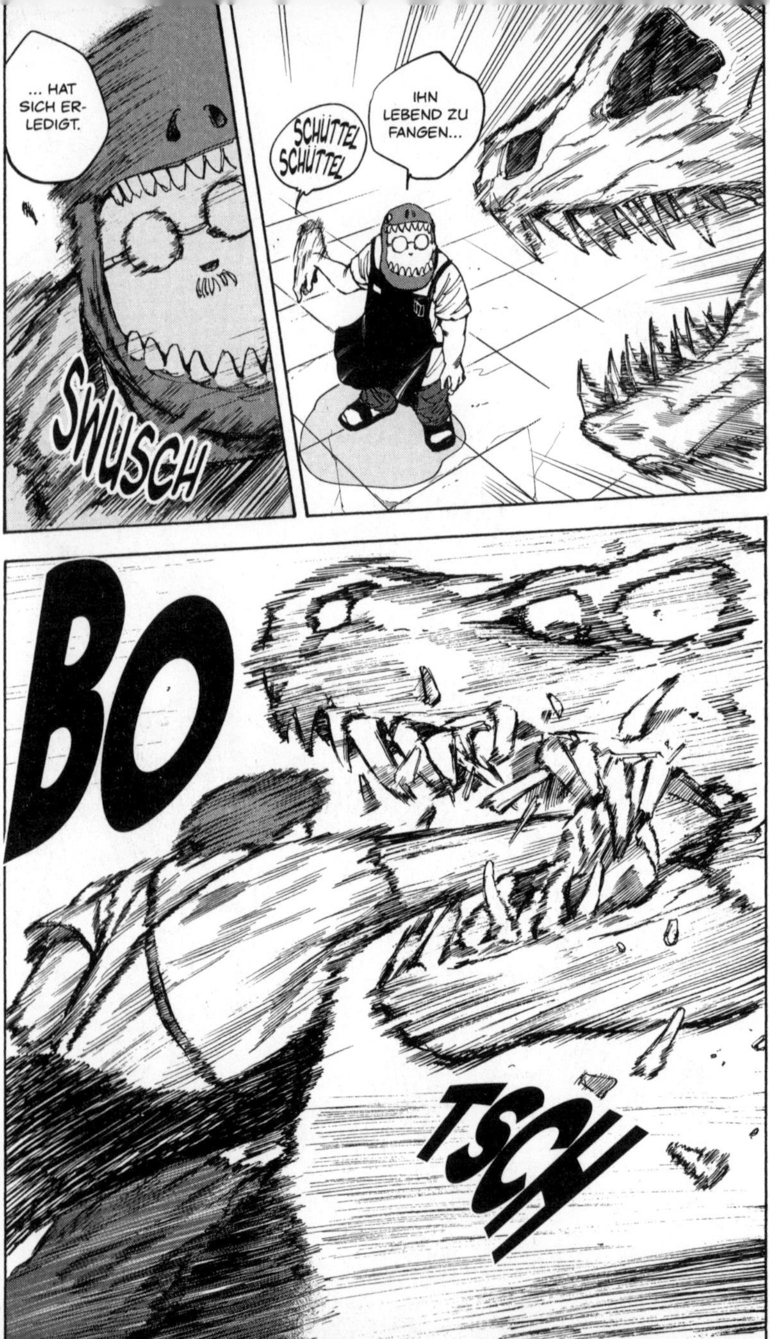
IHN LEBEND ZU FANGEN...
SCHÜTTEL SCHÜTTEL
... HAT SICH ER-LEDIGT.
SWUSCH
BO
TSCH

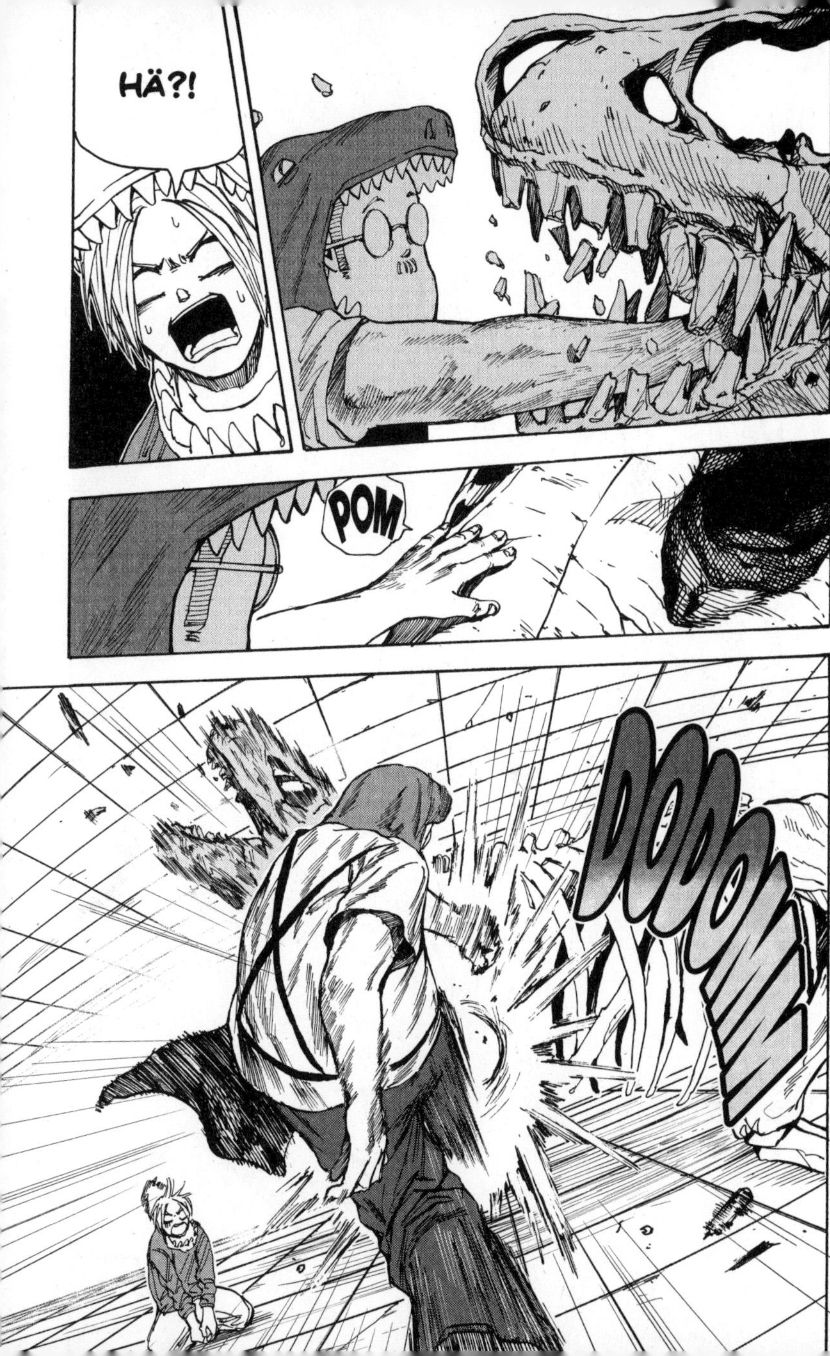
HÄ?!
POM

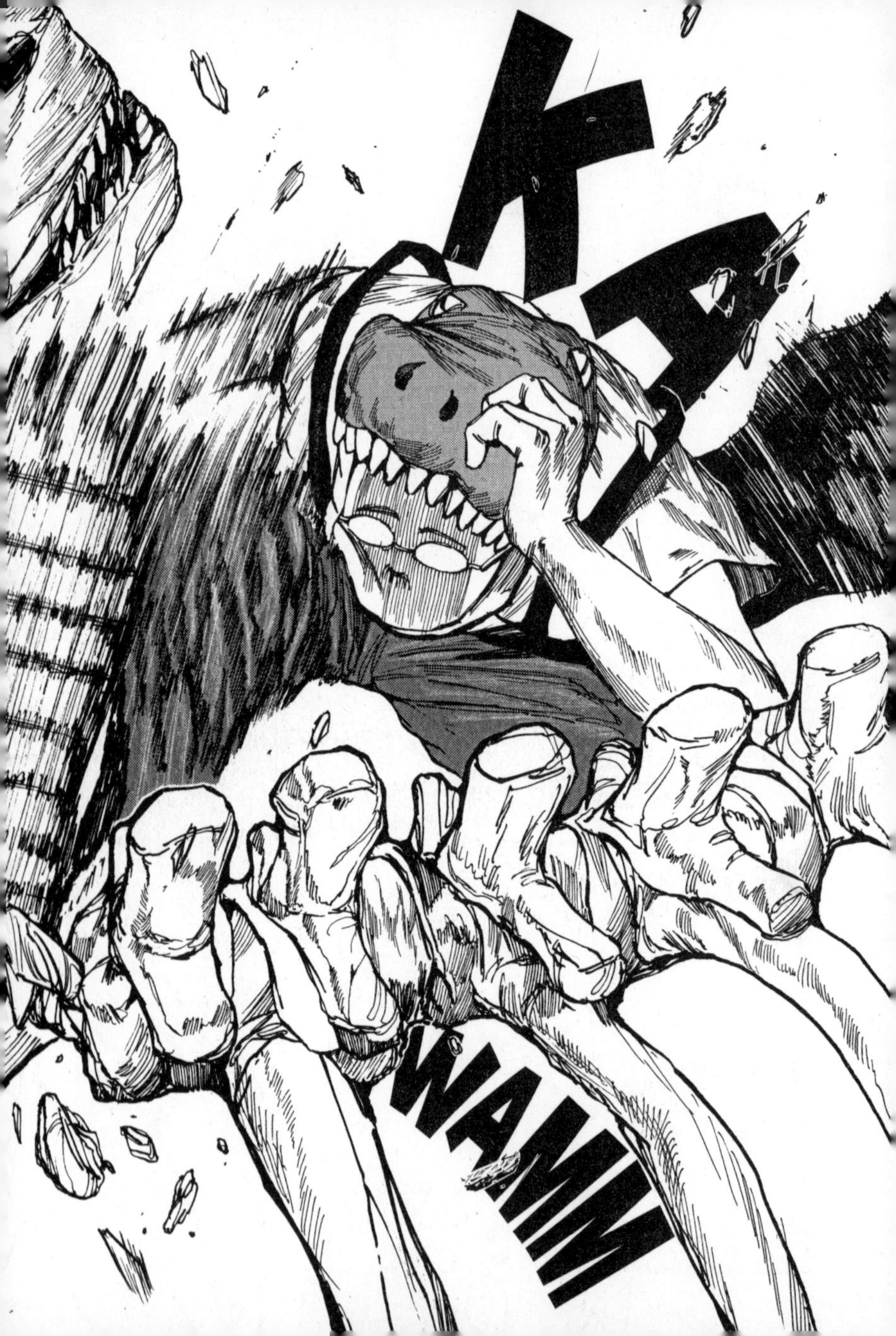
KA
WAMM

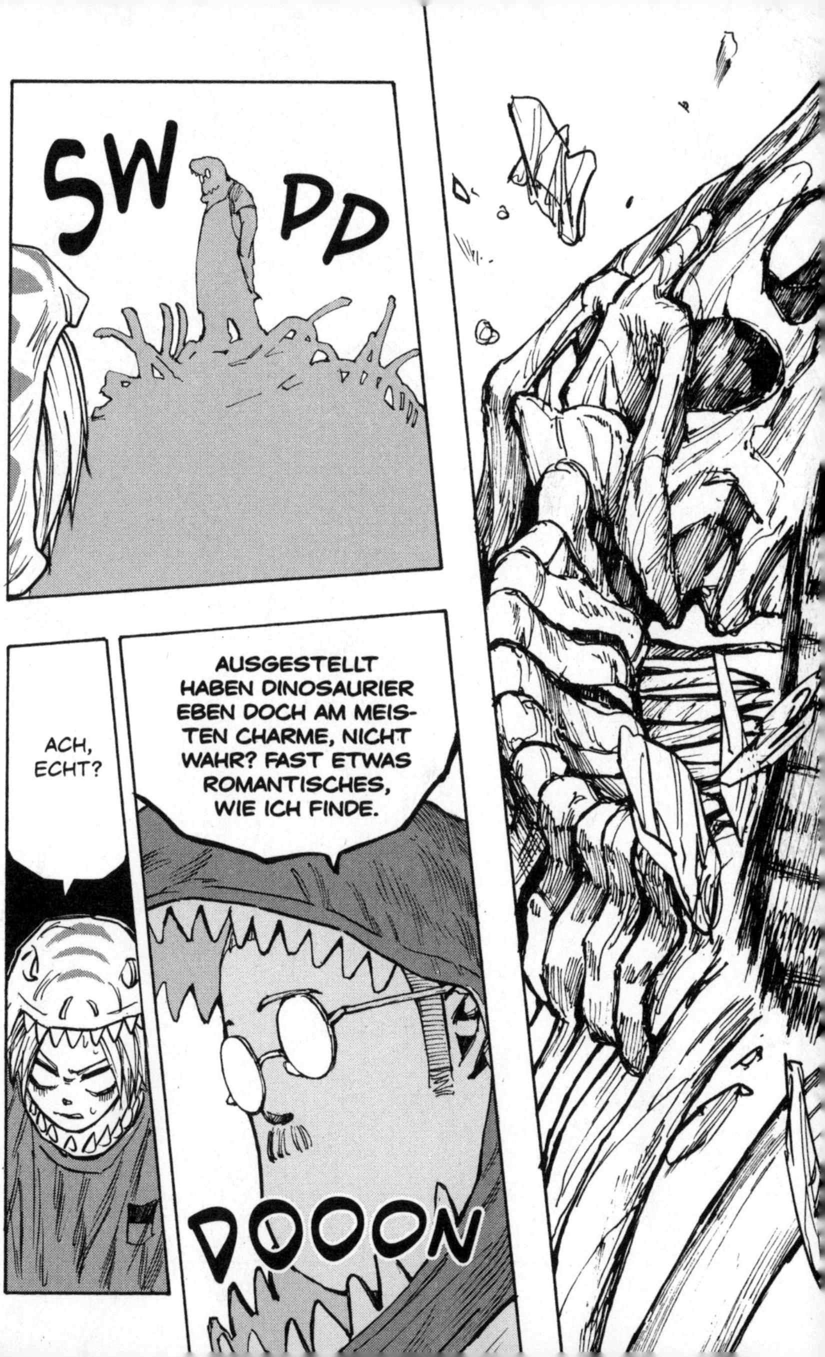
SW PD
AUSGESTELLT HABEN DINOSAURIER EBEN DOCH AM MEISTEN CHARME, NICHT WAHR? FAST ETWAS ROMANTISCHES, WIE ICH FINDE.
ACH, ECHT?
DOOON

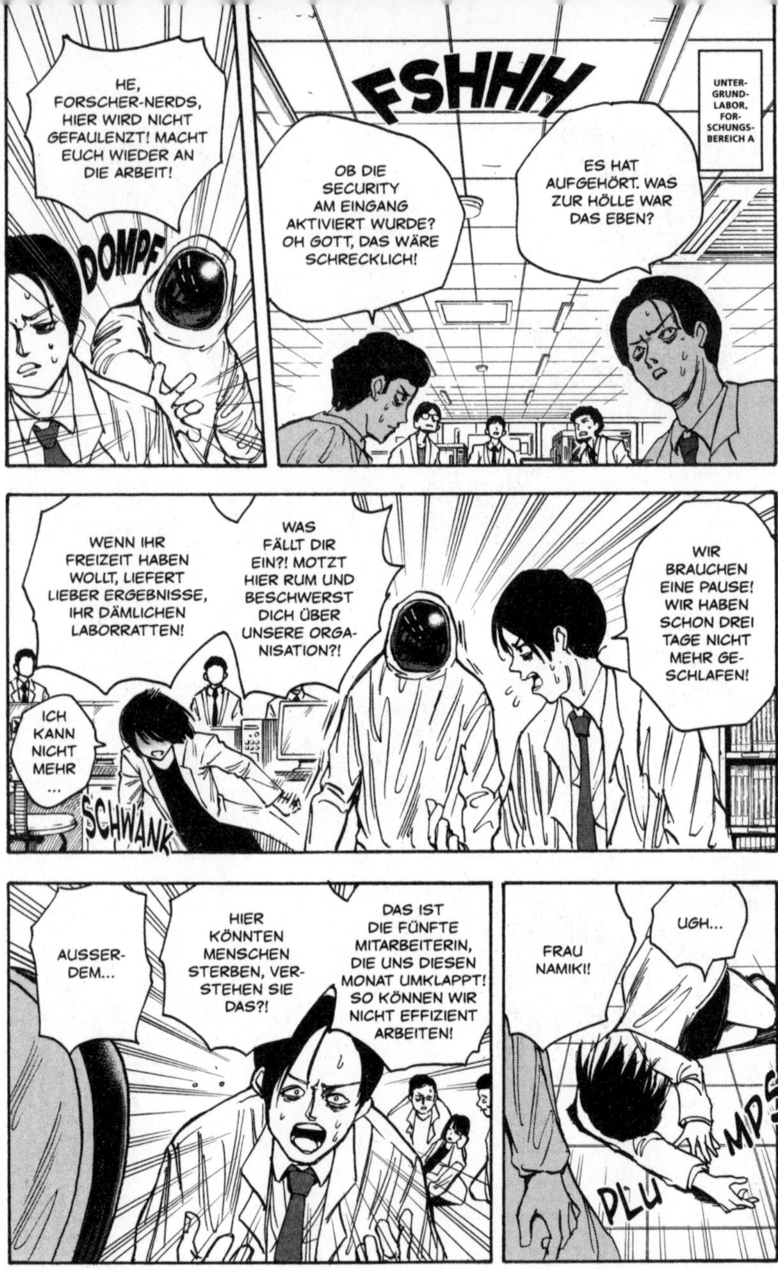
UNTERGRUNDLABOR, FORSCHUNGSBEREICH A
FSHHH
ES HAT AUFGEHÖRT. WAS ZUR HÖLLE WAR DAS EBEN?
OB DIE SECURITY AM EINGANG AKTIVIERT WURDE? OH GOTT, DAS WÄRE SCHRECKLICH!
HE, FORSCHER-NERDS, HIER WIRD NICHT GEFAULENZT! MACHT EUCH WIEDER AN DIE ARBEIT!
DOMPF
WIR BRAUCHEN EINE PAUSE! WIR HABEN SCHON DREI TAGE NICHT MEHR GESCHLAFEN!
WAS FÄLLT DIR EIN?! MOTZT HIER RUM UND BESCHWERST DICH ÜBER UNSERE ORGANISATION?!
WENN IHR FREIZEIT HABEN WOLLT, LIEFERT LIEBER ERGEBNISSE, IHR DÄMLICHEN LABORRATTEN!
ICH KANN NICHT MEHR …
SCHWANK
UGH…
FRAU NAMIKI!
PLUMPS
DAS IST DIE FÜNFTE MITARBEITERIN, DIE UNS DIESEN MONAT UMKLAPPT! SO KÖNNEN WIR NICHT EFFIZIENT ARBEITEN!
HIER KÖNNTEN MENSCHEN STERBEN, VERSTEHEN SIE DAS?!
AUSSERDEM…

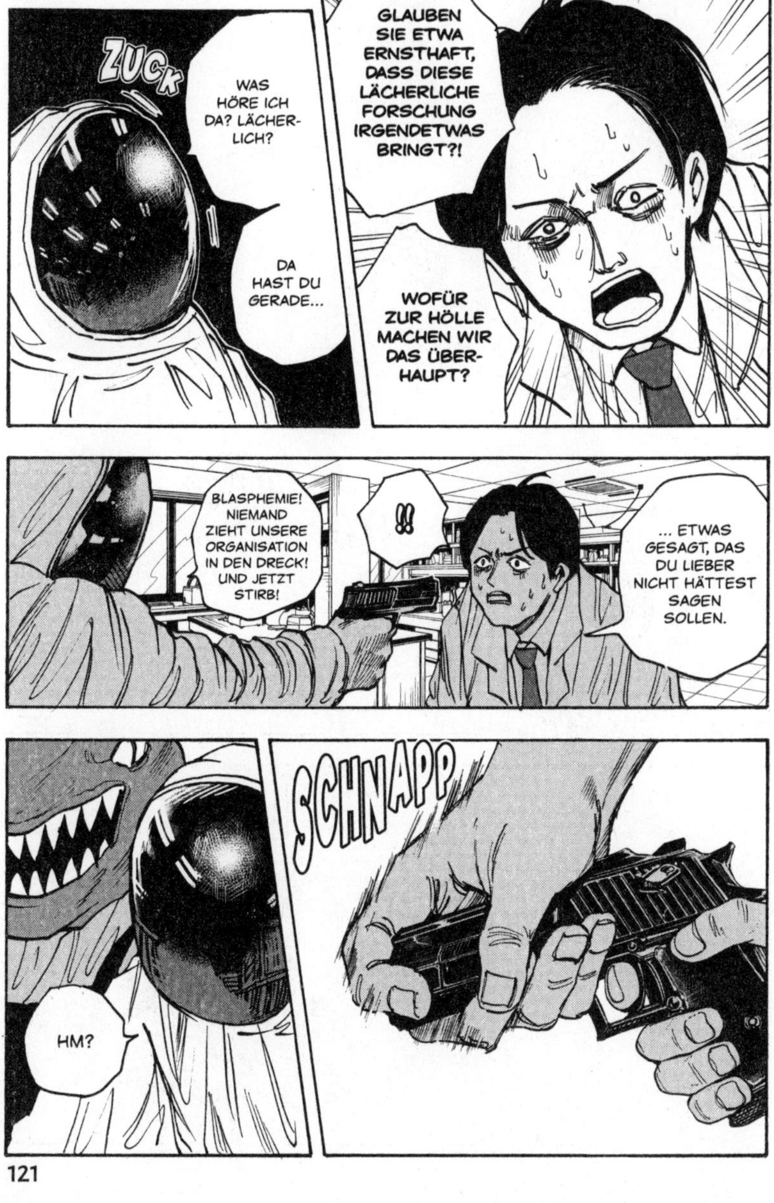
GLAUBEN SIE ETWA ERNSTHAFT, DASS DIESE LÄCHERLICHE FORSCHUNG IRGENDETWAS BRINGT?!
WOFÜR ZUR HÖLLE MACHEN WIR DAS ÜBERHAUPT?
ZUCK
WAS HÖRE ICH DA? LÄCHERLICH?
DA HAST DU GERADE...
... ETWAS GESAGT, DAS DU LIEBER NICHT HÄTTEST SAGEN SOLLEN.
!!
BLASPHEMIE! NIEMAND ZIEHT UNSERE ORGANISATION IN DEN DRECK! UND JETZT STIRB!
SCHNAPP
HM?

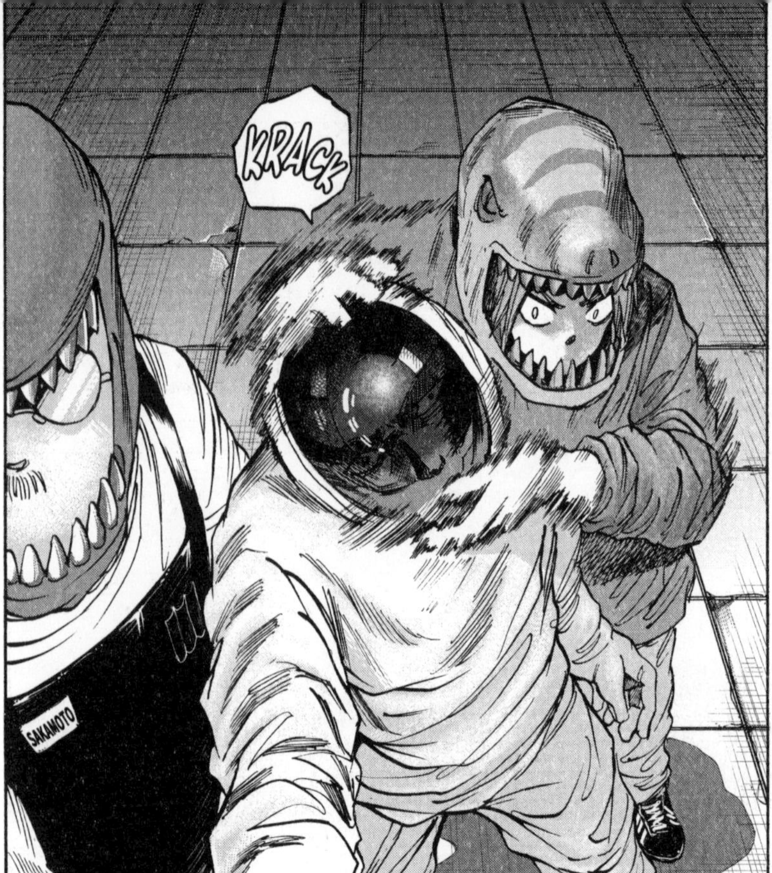
KRACK
SAKAMOTO

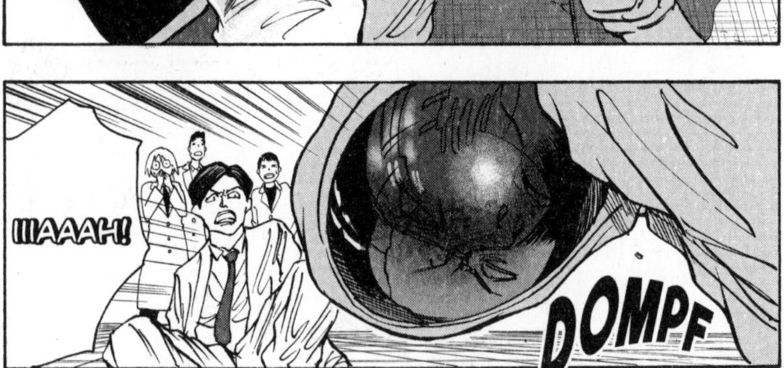
IIIAAAH!
DOMPF

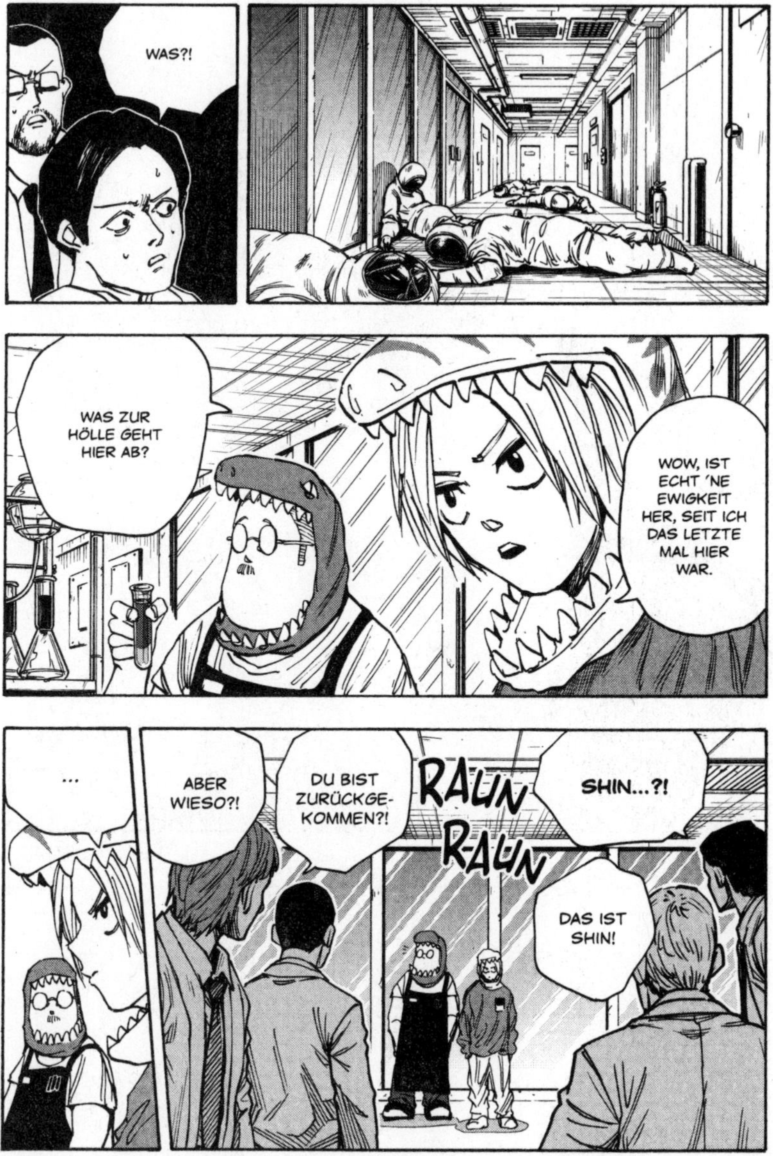
WAS?!
WOW, IST ECHT 'NE EWIGKEIT HER, SEIT ICH DAS LETZTE MAL HIER WAR.
WAS ZUR HÖLLE GEHT HIER AB?
SHIN...?!
DAS IST SHIN!
RAUN RAUN
DU BIST ZURÜCKGEKOMMEN?!
ABER WIESO?!
...

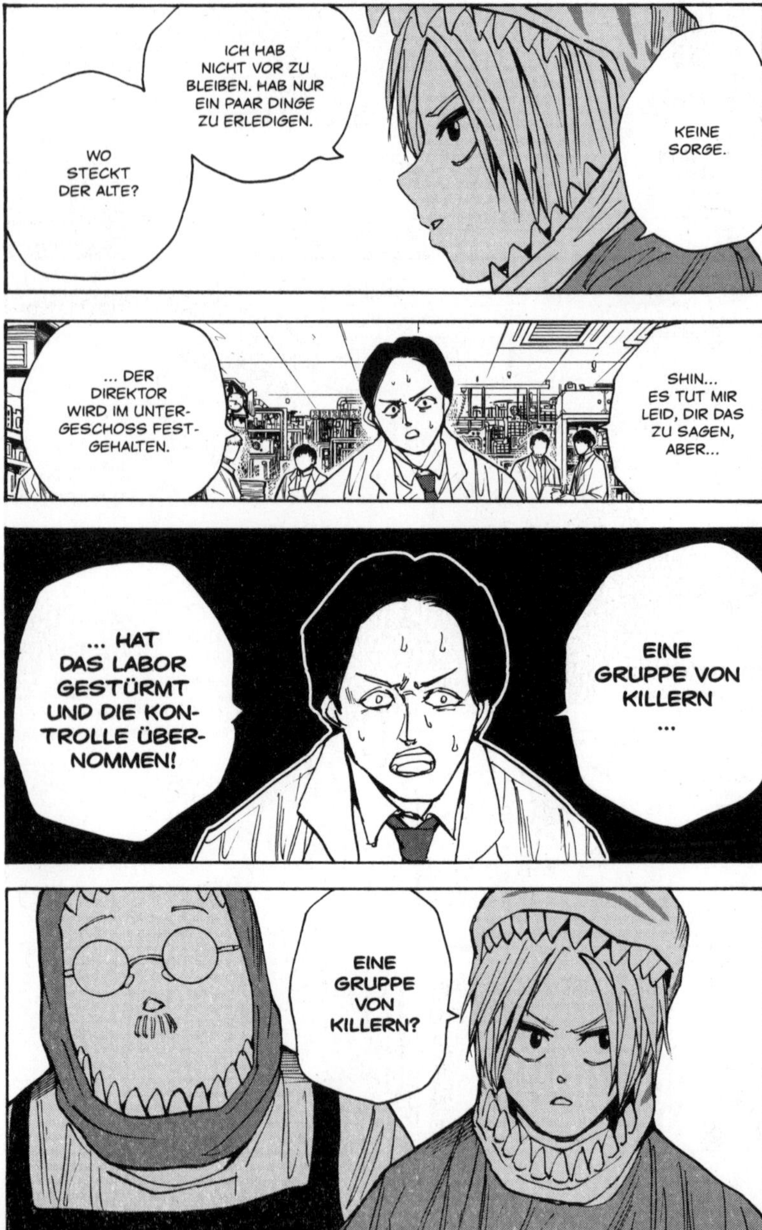
KEINE SORGE.
ICH HAB NICHT VOR ZU BLEIBEN. HAB NUR EIN PAAR DINGE ZU ERLEDIGEN.
WO STECKT DER ALTE?
SHIN... ES TUT MIR LEID, DIR DAS ZU SAGEN, ABER...
... DER DIREKTOR WIRD IM UNTERGESCHOSS FESTGEHALTEN.
EINE GRUPPE VON KILLERN ...
... HAT DAS LABOR GESTÜRMT UND DIE KONTROLLE ÜBERNOMMEN!
EINE GRUPPE VON KILLERN?

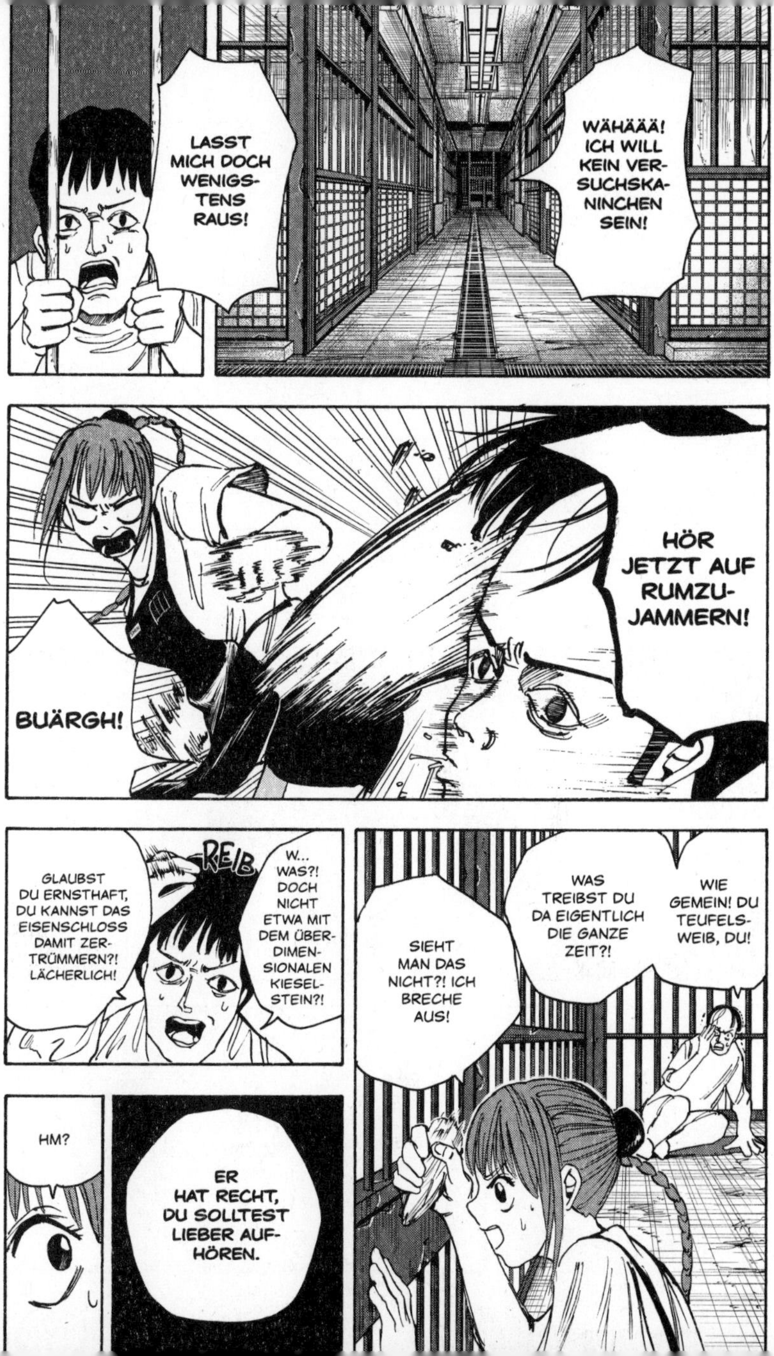
WÄHÄÄÄ! ICH WILL KEIN VERSUCHSKANINCHEN SEIN!
LASST MICH DOCH WENIGSTENS RAUS!
HÖR JETZT AUF RUMZUJAMMERN!
BUÄRGH!
WIE GEMEIN! DU TEUFELSWEIB, DU!
WAS TREIBST DU DA EIGENTLICH DIE GANZE ZEIT?!
SIEHT MAN DAS NICHT?! ICH BRECHE AUS!
W... WAS?! DOCH NICHT ETWA MIT DEM ÜBERDIMENSIONALEN KIESELSTEIN?!
REIB
GLAUBST DU ERNSTHAFT, DU KANNST DAS EISENSCHLOSS DAMIT ZERTRÜMMERN?! LÄCHERLICH!
ER HAT RECHT, DU SOLLTEST LIEBER AUFHÖREN.
HM?

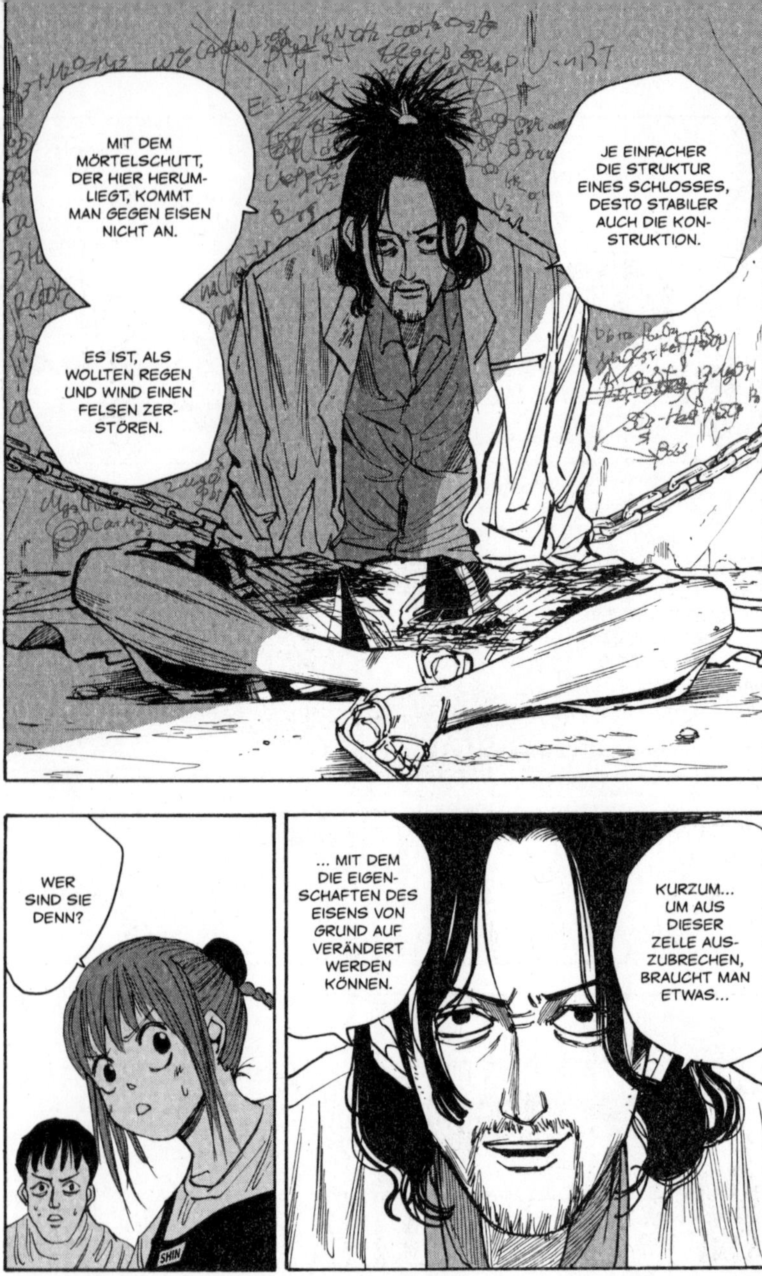
JE EINFACHER DIE STRUKTUR EINES SCHLOSSES, DESTO STABILER AUCH DIE KONSTRUKTION.
MIT DEM MÖRTELSCHUTT, DER HIER HERUMLIEGT, KOMMT MAN GEGEN EISEN NICHT AN.
ES IST, ALS WOLLTEN REGEN UND WIND EINEN FELSEN ZERSTÖREN.
KURZUM... UM AUS DIESER ZELLE AUSZUBRECHEN, BRAUCHT MAN ETWAS...
... MIT DEM DIE EIGENSCHAFTEN DES EISENS VON GRUND AUF VERÄNDERT WERDEN KÖNNEN.
WER SIND SIE DENN?

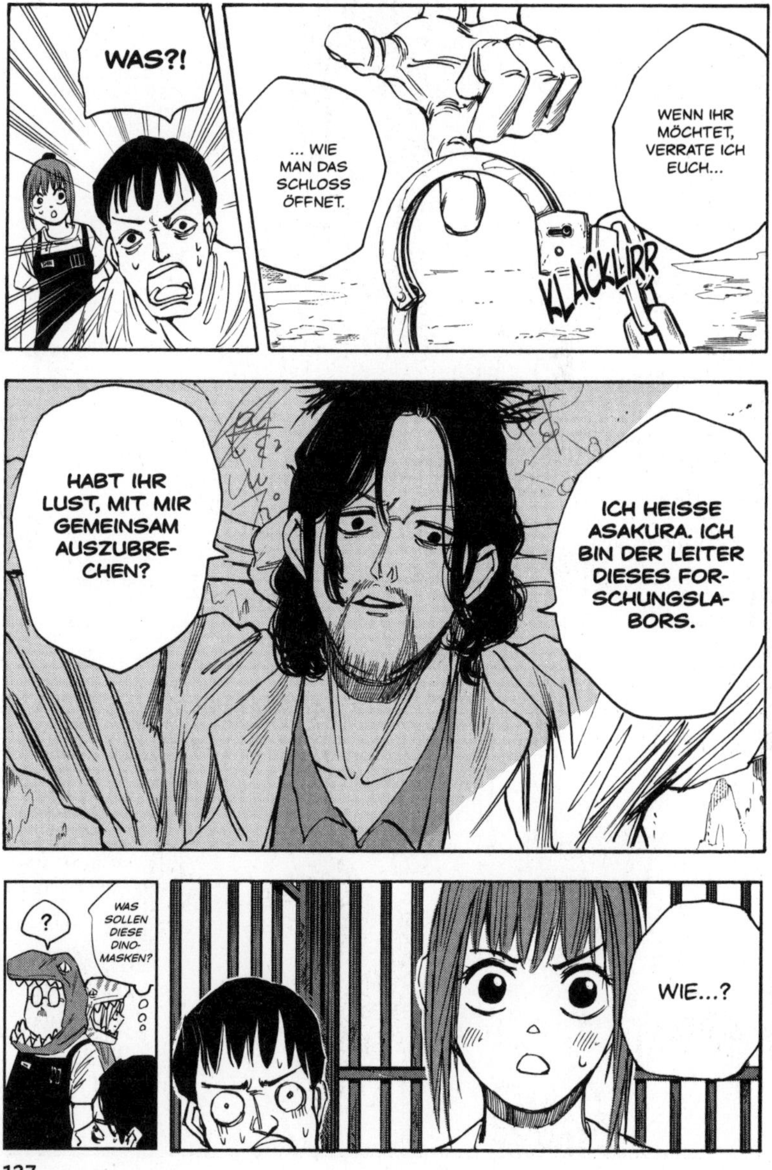
WENN IHR MÖCHTET, VERRATE ICH EUCH...
... WIE MAN DAS SCHLOSS ÖFFNET.
KLACKLIRR
WAS?!
ICH HEISSE ASAKURA. ICH BIN DER LEITER DIESES FORSCHUNGSLABORS.
HABT IHR LUST, MIT MIR GEMEINSAM AUSZUBRECHEN?
WIE...?
WAS SOLLEN DIESE DINO-MASKEN?
?

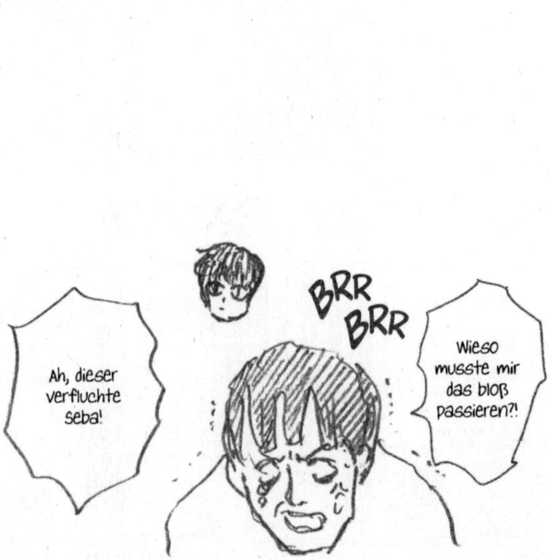
Wieso musste mir das bloß passieren?!
BRR BRR
Ah, dieser verfluchte seba!

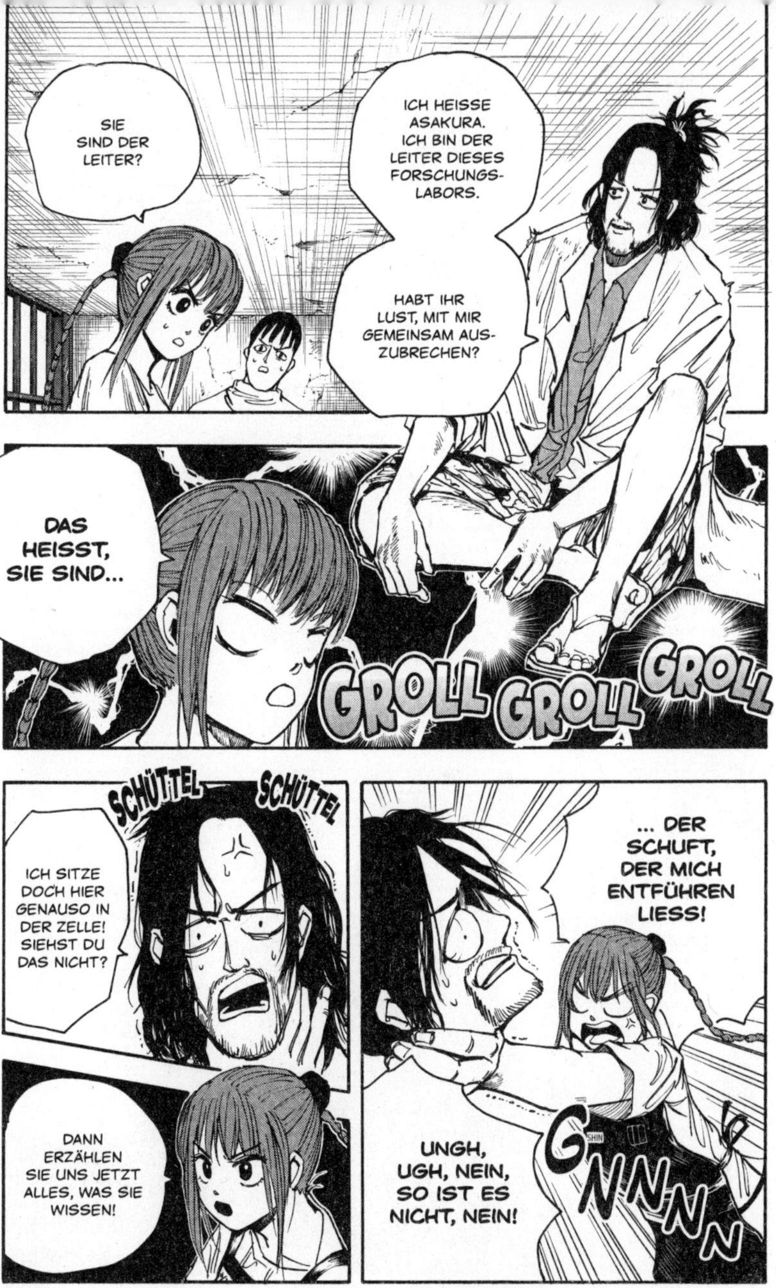
ICH HEISSE ASAKURA. ICH BIN DER LEITER DIESES FORSCHUNGS-LABORS.
HABT IHR LUST, MIT MIR GEMEINSAM AUS-ZUBRECHEN?
SIE SIND DER LEITER?
DAS HEISST, SIE SIND...
GROLL GROLL GROLL
... DER SCHUFT, DER MICH ENTFÜHREN LIESS!
UNGH, UGH, NEIN, SO IST ES NICHT, NEIN!
GNNNNN
SCHÜTTEL SCHÜTTEL
ICH SITZE DOCH HIER GENAUSO IN DER ZELLE! SIEHST DU DAS NICHT?
DANN ERZÄHLEN SIE UNS JETZT ALLES, WAS SIE WISSEN!

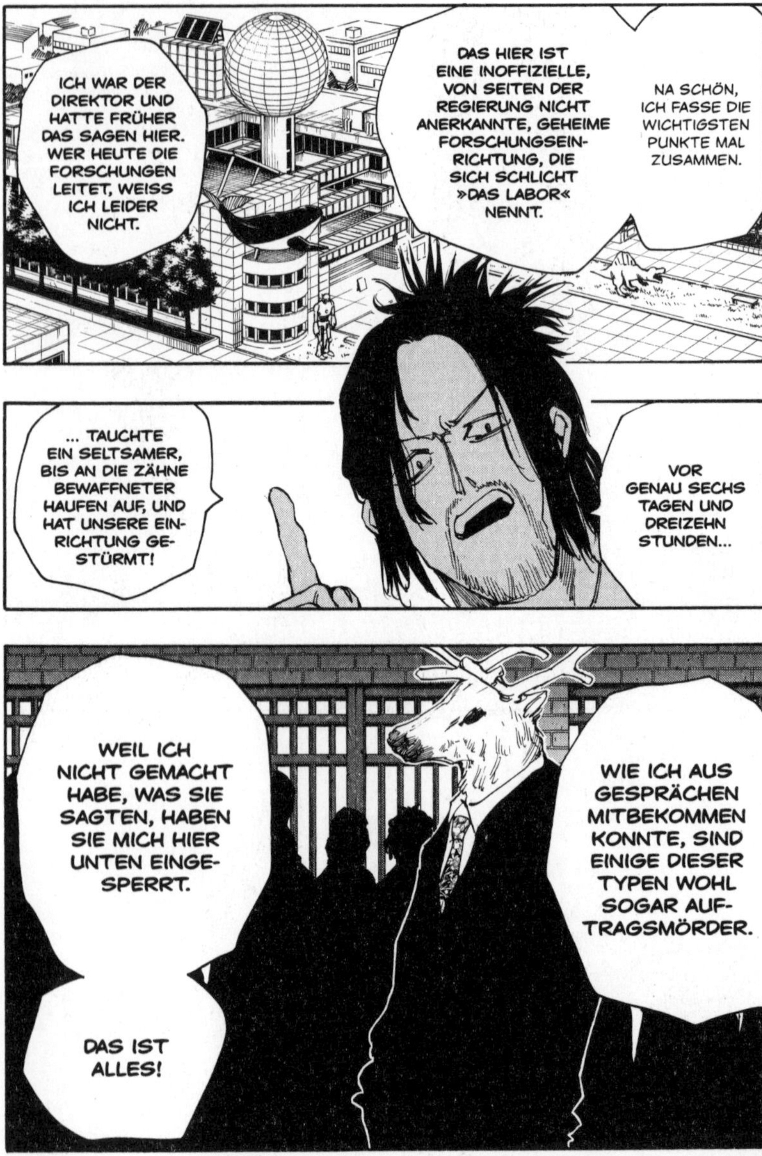
NA SCHÖN, ICH FASSE DIE WICHTIGSTEN PUNKTE MAL ZUSAMMEN.
DAS HIER IST EINE INOFFIZIELLE, VON SEITEN DER REGIERUNG NICHT ANERKANNTE, GEHEIME FORSCHUNGSEIN-RICHTUNG, DIE SICH SCHLICHT »DAS LABOR« NENNT.
ICH WAR DER DIREKTOR UND HATTE FRÜHER DAS SAGEN HIER. WER HEUTE DIE FORSCHUNGEN LEITET, WEISS ICH LEIDER NICHT.
VOR GENAU SECHS TAGEN UND DREIZEHN STUNDEN...
... TAUCHTE EIN SELTSAMER, BIS AN DIE ZÄHNE BEWAFFNETER HAUFEN AUF, UND HAT UNSERE EIN-RICHTUNG GE-STÜRMT!
WIE ICH AUS GESPRÄCHEN MITBEKOMMEN KONNTE, SIND EINIGE DIESER TYPEN WOHL SOGAR AUF-TRAGSMÖRDER.
WEIL ICH NICHT GEMACHT HABE, WAS SIE SAGTEN, HABEN SIE MICH HIER UNTEN EINGE-SPERRT.
DAS IST ALLES!

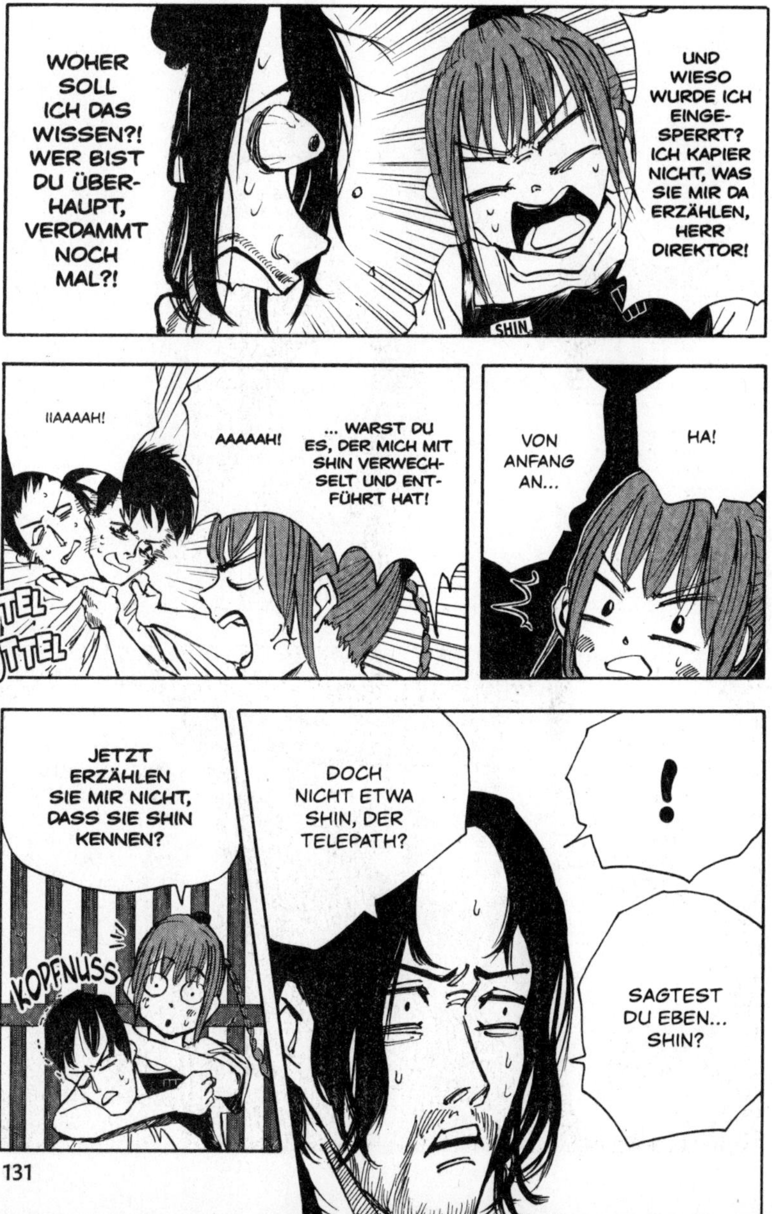
UND WIESO WURDE ICH EINGE-SPERRT? ICH KAPIER NICHT, WAS SIE MIR DA ERZÄHLEN, HERR DIREKTOR!
SHIN
WOHER SOLL ICH DAS WISSEN?! WER BIST DU ÜBER-HAUPT, VERDAMMT NOCH MAL?!
HA!
VON ANFANG AN...
... WARST DU ES, DER MICH MIT SHIN VERWECH-SELT UND ENT-FÜHRT HAT!
AAAAAH!
IIAAAAH!
RÜTTEL RÜTTEL
!
SAGTEST DU EBEN... SHIN?
DOCH NICHT ETWA SHIN, DER TELEPATH?
JETZT ERZÄHLEN SIE MIR NICHT, DASS SIE SHIN KENNEN?
KOPFNUSS

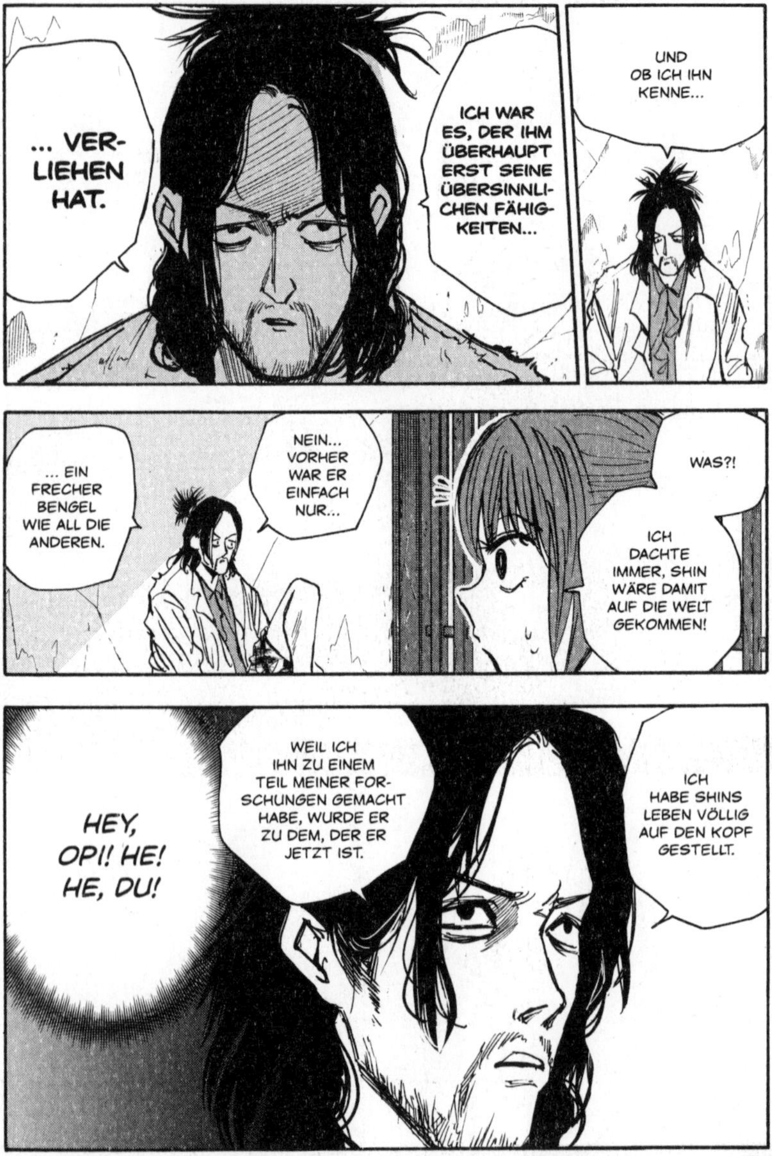
UND OB ICH IHN KENNE...
ICH WAR ES, DER IHM ÜBERHAUPT ERST SEINE ÜBERSINNLICHEN FÄHIGKEITEN...
... VERLIEHEN HAT.
WAS?!
ICH DACHTE IMMER, SHIN WÄRE DAMIT AUF DIE WELT GEKOMMEN!
NEIN... VORHER WAR ER EINFACH NUR...
... EIN FRECHER BENGEL WIE ALL DIE ANDEREN.
ICH HABE SHINS LEBEN VÖLLIG AUF DEN KOPF GESTELLT.
WEIL ICH IHN ZU EINEM TEIL MEINER FORSCHUNGEN GEMACHT HABE, WURDE ER ZU DEM, DER ER JETZT IST.
HEY, OPI! HE! HE, DU!

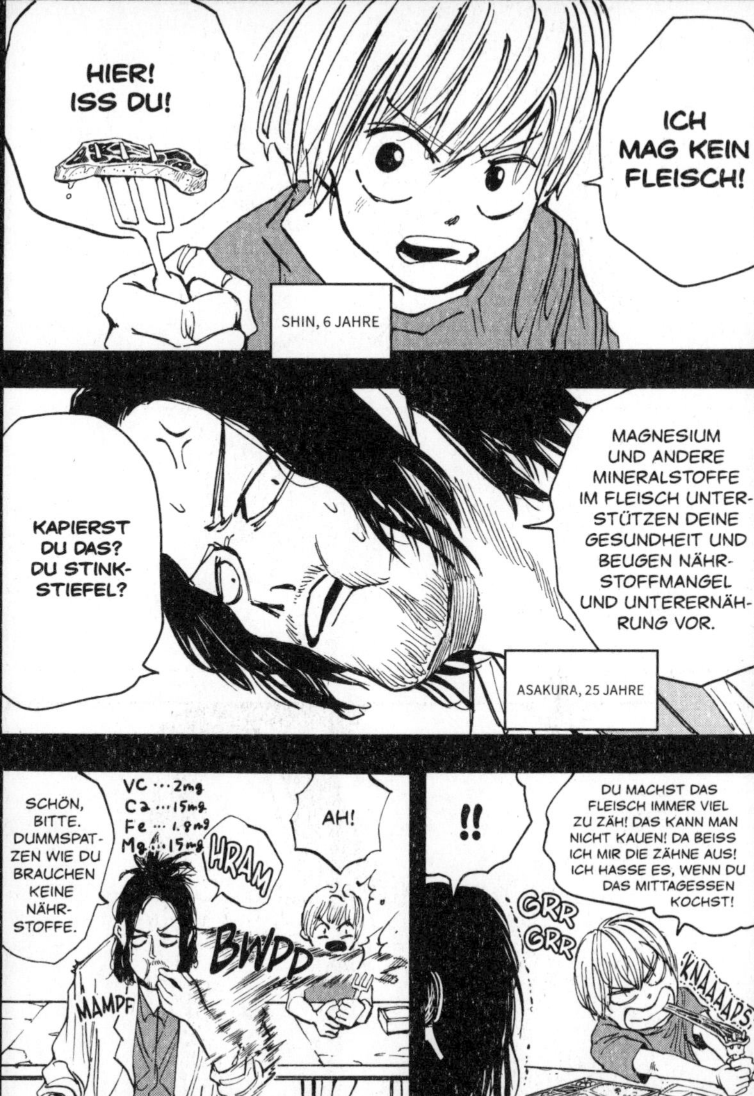
ICH MAG KEIN FLEISCH!
HIER! ISS DU!
SHIN, 6 JAHRE
MAGNESIUM UND ANDERE MINERALSTOFFE IM FLEISCH UNTERSTÜTZEN DEINE GESUNDHEIT UND BEUGEN NÄHRSTOFFMANGEL UND UNTERERNÄHRUNG VOR.
KAPIERST DU DAS? DU STINKSTIEFEL?
ASAKURA, 25 JAHRE
DU MACHST DAS FLEISCH IMMER VIEL ZU ZÄH! DAS KANN MAN NICHT KAUEN! DA BEISS ICH MIR DIE ZÄHNE AUS! ICH HASSE ES, WENN DU DAS MITTAGESSEN KOCHST!
!!
GRR
GRR
KNAAAAPS
AH!
HRAM
SCHÖN, BITTE. DUMMSPATZEN WIE DU BRAUCHEN KEINE NÄHRSTOFFE.
VC … 2mg
Ca … 15mg
Fe … 1.8mg
Mg … 15mg
BWDD
MAMPF

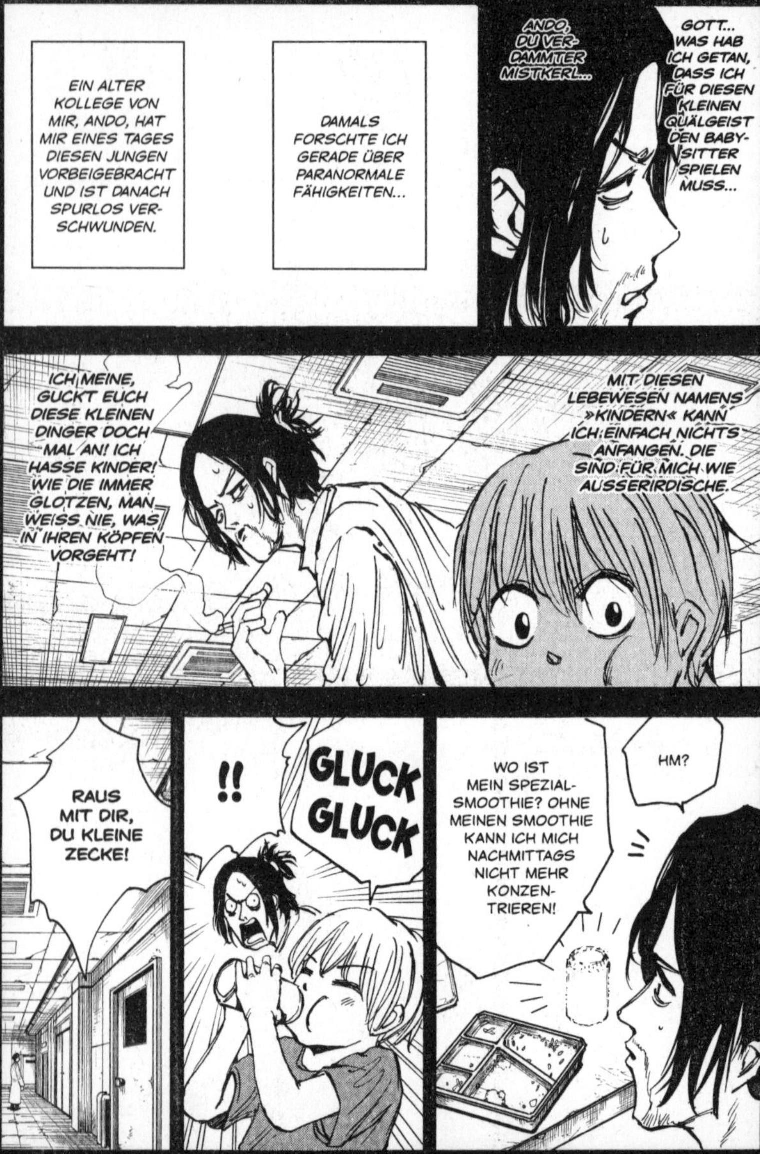
GOTT... WAS HAB ICH GETAN, DASS ICH FÜR DIESEN KLEINEN QUÄLGEIST DEN BABYSITTER SPIELEN MUSS...
ANDO, DU VERDAMMTER MISTKERL...
DAMALS FORSCHTE ICH GERADE ÜBER PARANORMALE FÄHIGKEITEN...
EIN ALTER KOLLEGE VON MIR, ANDO, HAT MIR EINES TAGES DIESEN JUNGEN VORBEIGEBRACHT UND IST DANACH SPURLOS VERSCHWUNDEN.
MIT DIESEN LEBEWESEN NAMENS »KINDERN« KANN ICH EINFACH NICHTS ANFANGEN. DIE SIND FÜR MICH WIE AUSSERIRDISCHE.
ICH MEINE, GUCKT EUCH DIESE KLEINEN DINGER DOCH MAL AN! ICH HASSE KINDER! WIE DIE IMMER GLOTZEN, MAN WEISS NIE, WAS IN IHREN KÖPFEN VORGEHT!
HM?
WO IST MEIN SPEZIAL-SMOOTHIE? OHNE MEINEN SMOOTHIE KANN ICH MICH NACHMITTAGS NICHT MEHR KONZENTRIEREN!
!!
GLUCK GLUCK
RAUS MIT DIR, DU KLEINE ZECKE!

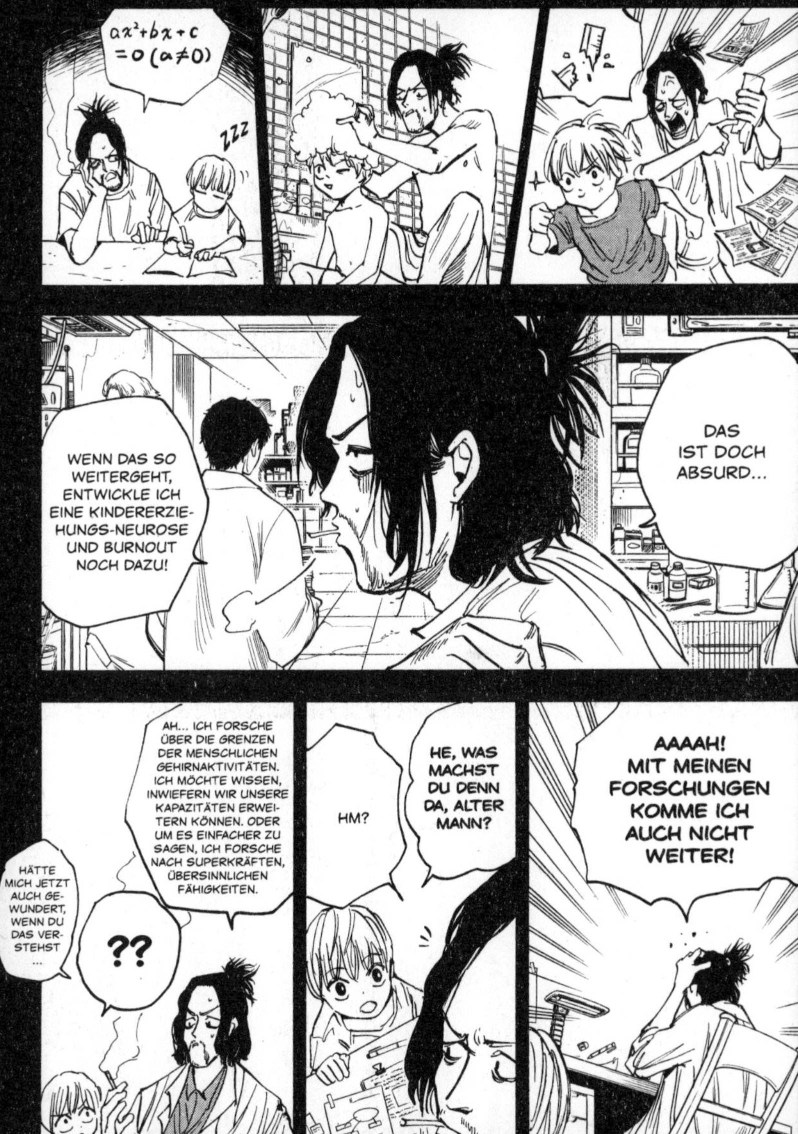
$ax^2+bx+c=0\ (a\neq 0)$
ZZZ
DAS IST DOCH ABSURD...
WENN DAS SO WEITERGEHT, ENTWICKLE ICH EINE KINDERERZIEHUNGS-NEUROSE UND BURNOUT NOCH DAZU!
AAAAH! MIT MEINEN FORSCHUNGEN KOMME ICH AUCH NICHT WEITER!
HE, WAS MACHST DU DENN DA, ALTER MANN?
HM?
AH... ICH FORSCHE ÜBER DIE GRENZEN DER MENSCHLICHEN GEHIRNAKTIVITÄTEN. ICH MÖCHTE WISSEN, INWIEFERN WIR UNSERE KAPAZITÄTEN ERWEITERN KÖNNEN. ODER UM ES EINFACHER ZU SAGEN, ICH FORSCHE NACH SUPERKRÄFTEN, ÜBERSINNLICHEN FÄHIGKEITEN.
??
HÄTTE MICH JETZT AUCH GEWUNDERT, WENN DU DAS VERSTEHST ...

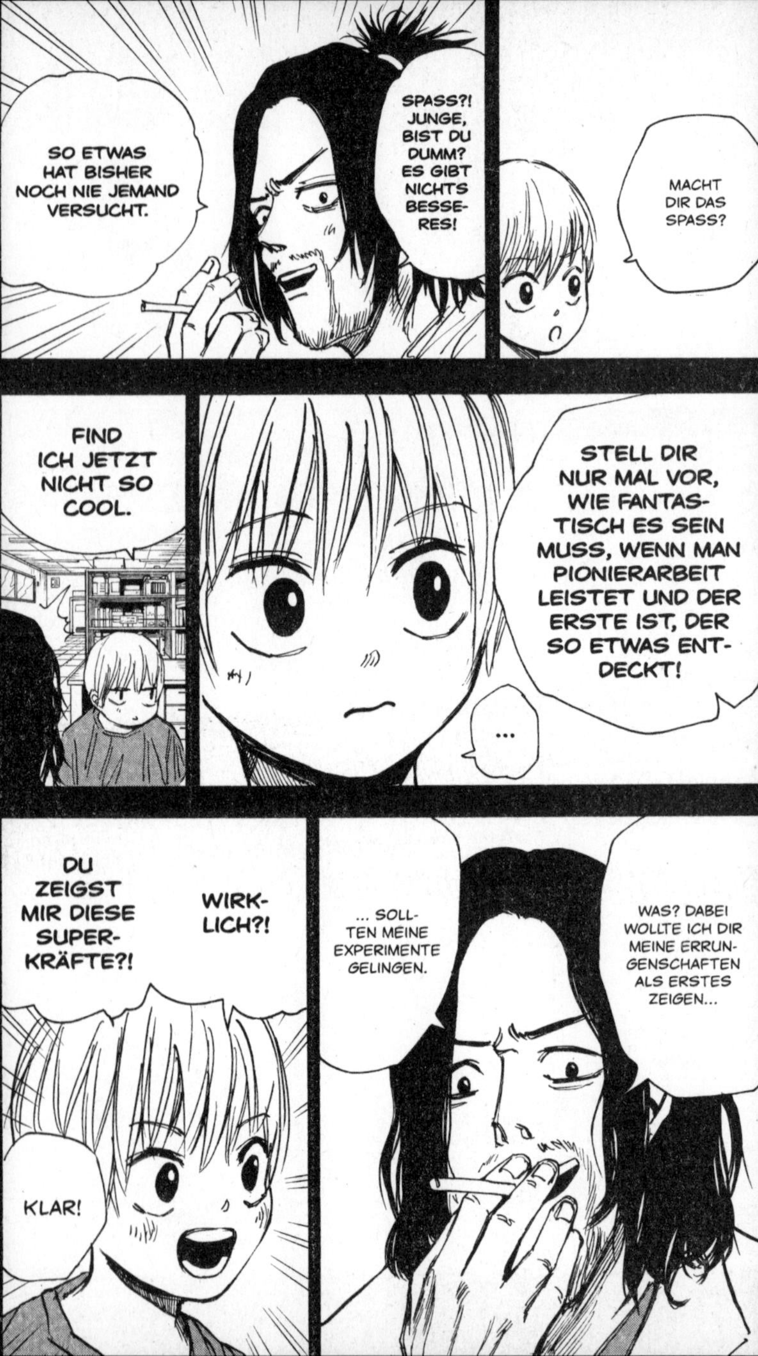
MACHT DIR DAS SPASS?
SPASS?! JUNGE, BIST DU DUMM? ES GIBT NICHTS BESSERES!
SO ETWAS HAT BISHER NOCH NIE JEMAND VERSUCHT.
STELL DIR NUR MAL VOR, WIE FANTASTISCH ES SEIN MUSS, WENN MAN PIONIERARBEIT LEISTET UND DER ERSTE IST, DER SO ETWAS ENTDECKT!
...
FIND ICH JETZT NICHT SO COOL.
WAS? DABEI WOLLTE ICH DIR MEINE ERRUNGENSCHAFTEN ALS ERSTES ZEIGEN...
... SOLLTEN MEINE EXPERIMENTE GELINGEN.
WIRKLICH?!
DU ZEIGST MIR DIESE SUPERKRÄFTE?!
KLAR!

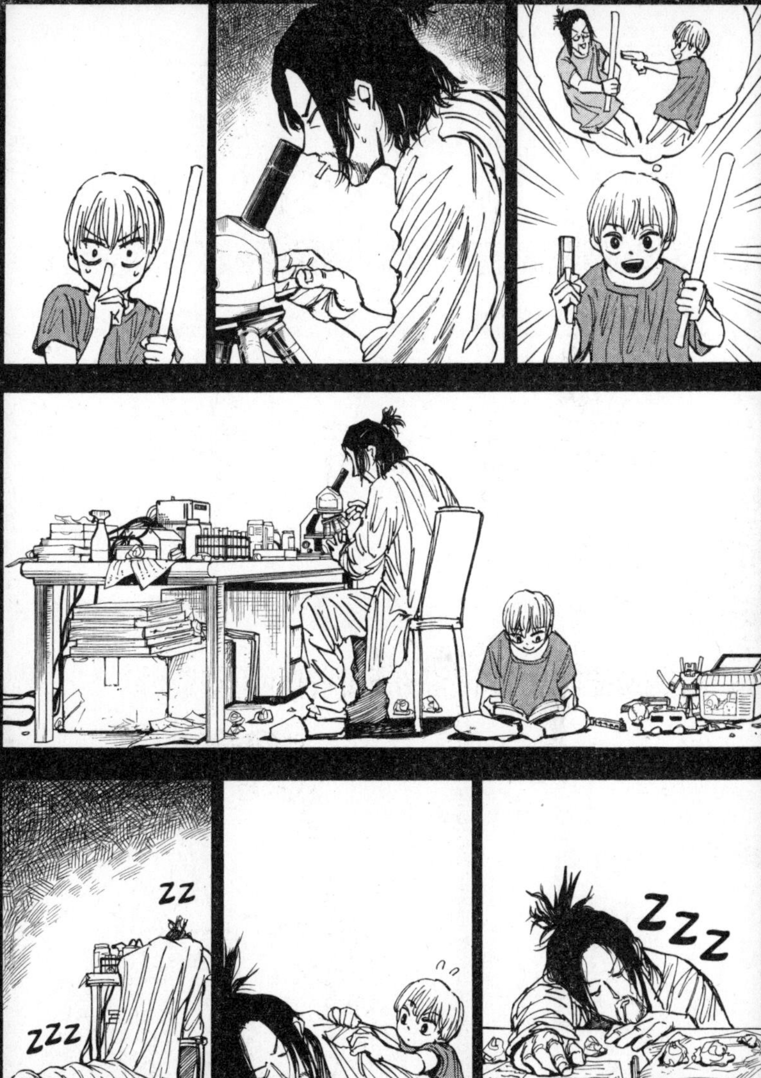
ZZZ
ZZ
ZZZ

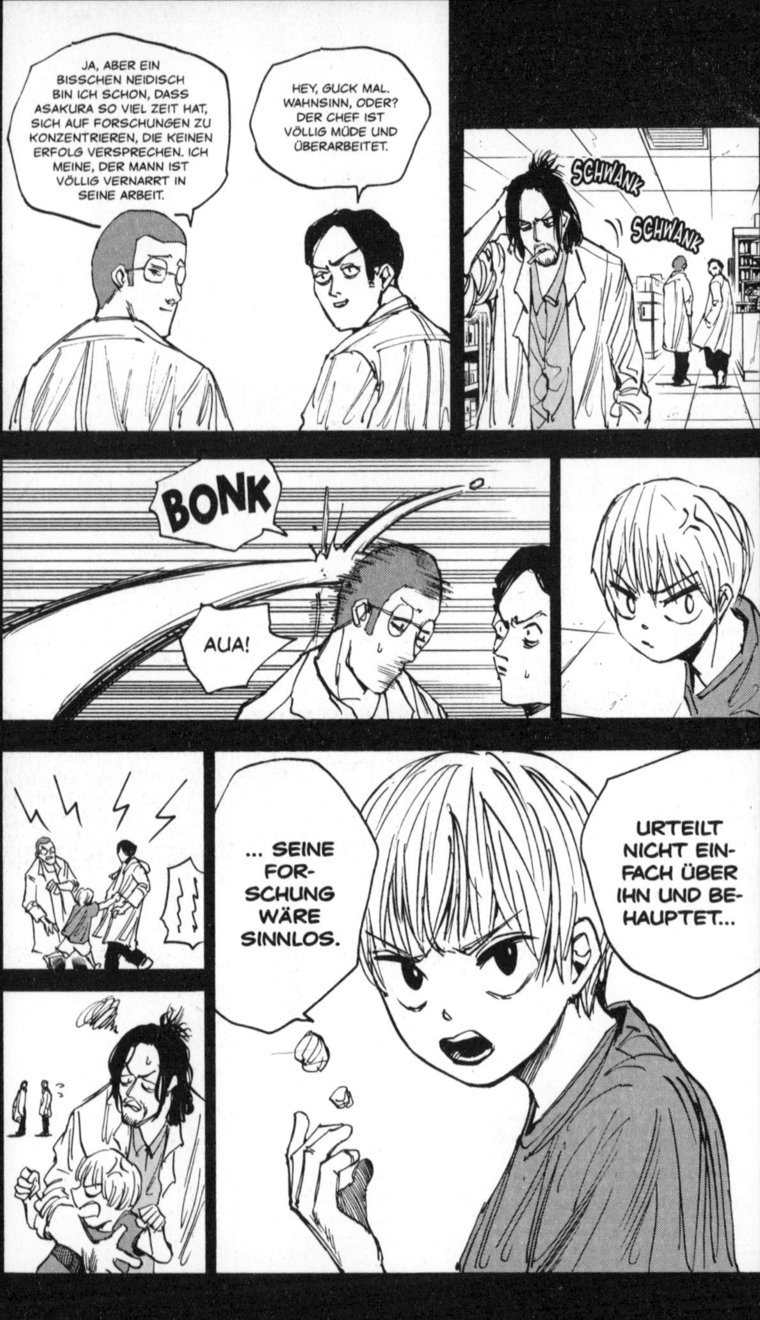
JA, ABER EIN BISSCHEN NEIDISCH BIN ICH SCHON, DASS ASAKURA SO VIEL ZEIT HAT, SICH AUF FORSCHUNGEN ZU KONZENTRIEREN, DIE KEINEN ERFOLG VERSPRECHEN. ICH MEINE, DER MANN IST VÖLLIG VERNARRT IN SEINE ARBEIT.
HEY, GUCK MAL. WAHNSINN, ODER? DER CHEF IST VÖLLIG MÜDE UND ÜBERARBEITET.
SCHWANK
SCHWANK
BONK
AUA!
... SEINE FOR- SCHUNG WÄRE SINNLOS.
URTEILT NICHT EIN- FACH ÜBER IHN UND BE- HAUPTET...

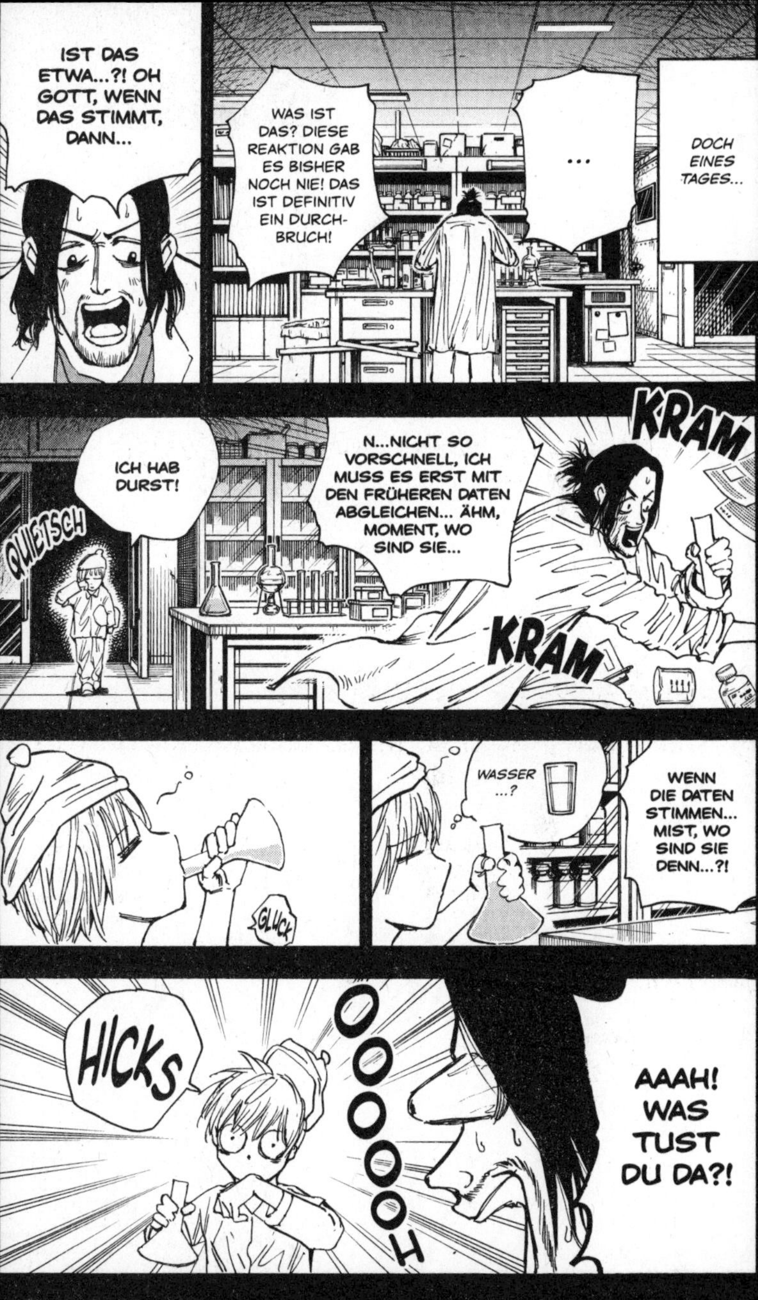
DOCH EINES TAGES...
...
WAS IST DAS? DIESE REAKTION GAB ES BISHER NOCH NIE! DAS IST DEFINITIV EIN DURCH-BRUCH!
IST DAS ETWA...?! OH GOTT, WENN DAS STIMMT, DANN...
KRAM
KRAM
N...NICHT SO VORSCHNELL, ICH MUSS ES ERST MIT DEN FRÜHEREN DATEN ABGLEICHEN... ÄHM, MOMENT, WO SIND SIE...
ICH HAB DURST!
QUIETSCH
WENN DIE DATEN STIMMEN... MIST, WO SIND SIE DENN...?!
WASSER ...?
GLUCK
AAAH! WAS TUST DU DA?!
OOOOOOH
HICKS

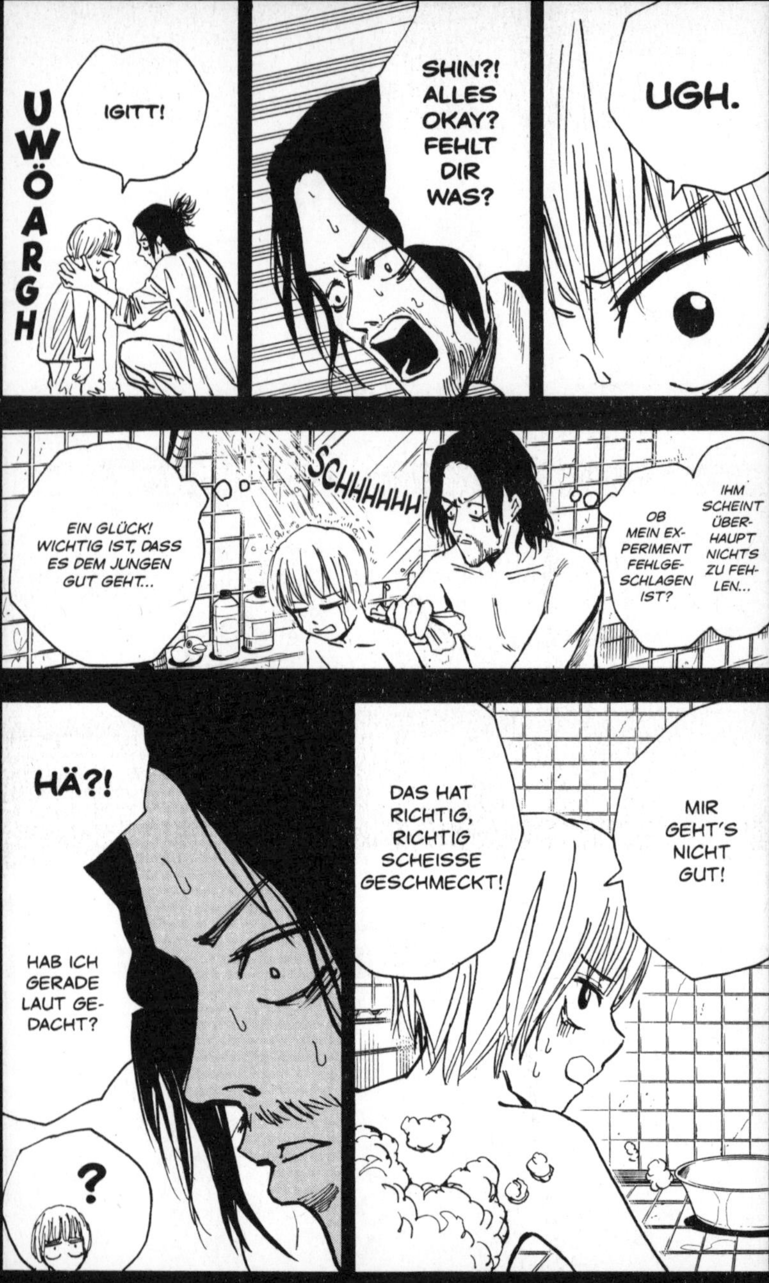
UGH.
SHIN?! ALLES OKAY? FEHLT DIR WAS?
IGITT!
UWÖARGH
IHM SCHEINT ÜBER-HAUPT NICHTS ZU FEH-LEN...
OB MEIN EX-PERIMENT FEHLGE-SCHLAGEN IST?
SCHHHHHH
EIN GLÜCK! WICHTIG IST, DASS ES DEM JUNGEN GUT GEHT...
MIR GEHT'S NICHT GUT!
DAS HAT RICHTIG, RICHTIG SCHEISSE GESCHMECKT!
HÄ?!
HAB ICH GERADE LAUT GE-DACHT?
?

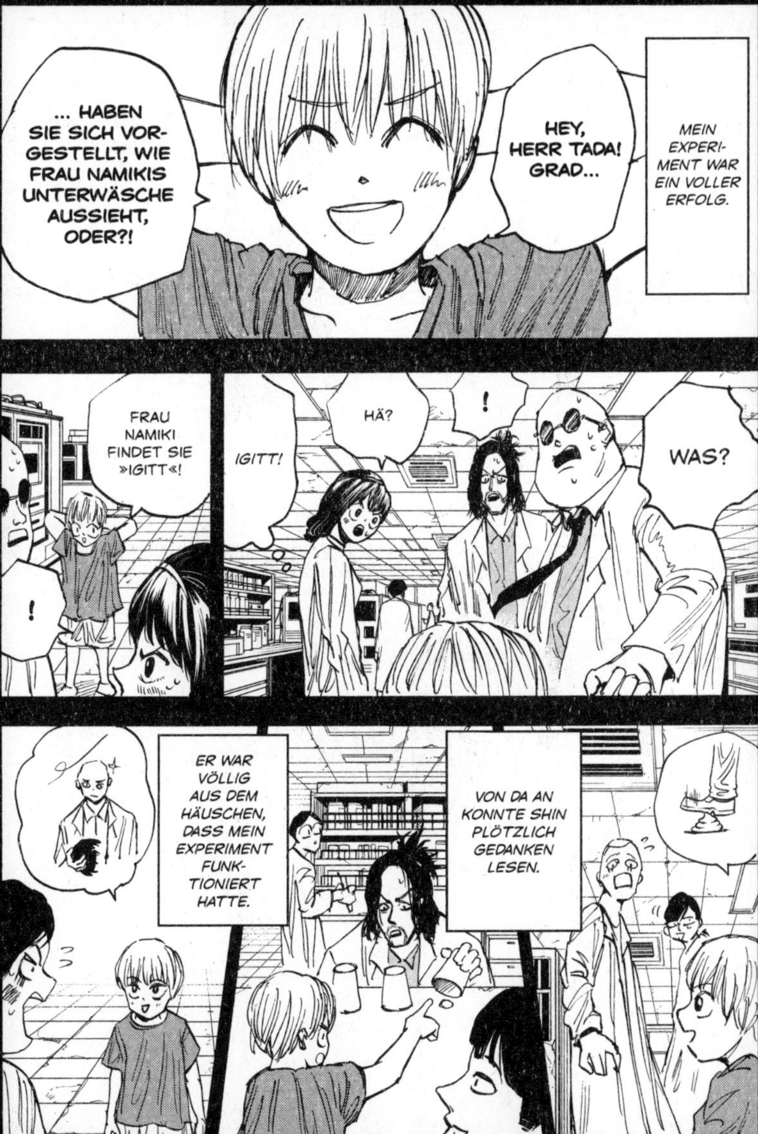
MEIN EXPERIMENT WAR EIN VOLLER ERFOLG.
HEY, HERR TADA! GRAD...
... HABEN SIE SICH VORGESTELLT, WIE FRAU NAMIKIS UNTERWÄSCHE AUSSIEHT, ODER?!
WAS?
!
HÄ?
IGITT!
FRAU NAMIKI FINDET SIE »IGITT«!
!
VON DA AN KONNTE SHIN PLÖTZLICH GEDANKEN LESEN.
ER WAR VÖLLIG AUS DEM HÄUSCHEN, DASS MEIN EXPERIMENT FUNKTIONIERT HATTE.

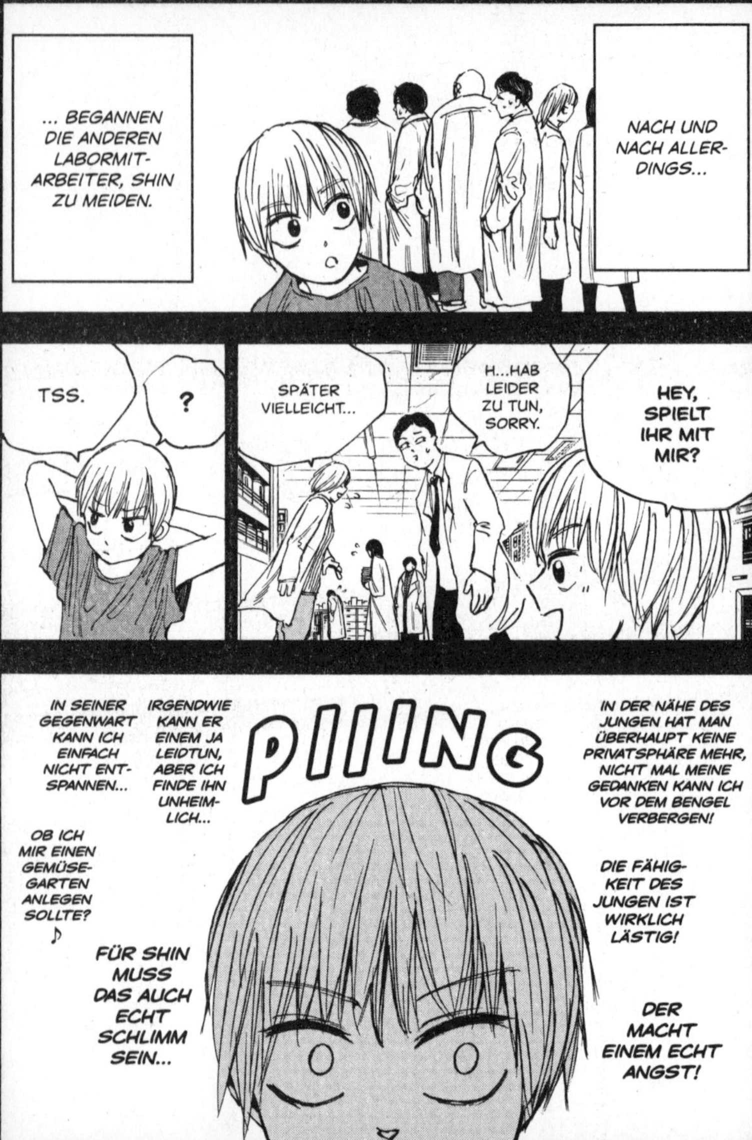
NACH UND NACH ALLER-DINGS...
... BEGANNEN DIE ANDEREN LABORMIT-ARBEITER, SHIN ZU MEIDEN.
HEY, SPIELT IHR MIT MIR?
H...HAB LEIDER ZU TUN, SORRY.
SPÄTER VIELLEICHT...
?
TSS.
IN DER NÄHE DES JUNGEN HAT MAN ÜBERHAUPT KEINE PRIVATSPHÄRE MEHR, NICHT MAL MEINE GEDANKEN KANN ICH VOR DEM BENGEL VERBERGEN!
DIE FÄHIG-KEIT DES JUNGEN IST WIRKLICH LÄSTIG!
DER MACHT EINEM ECHT ANGST!
PIIING
IRGENDWIE KANN ER EINEM JA LEIDTUN, ABER ICH FINDE IHN UNHEIM-LICH...
IN SEINER GEGENWART KANN ICH EINFACH NICHT ENT-SPANNEN...
OB ICH MIR EINEN GEMÜSE-GARTEN ANLEGEN SOLLTE? ♪
FÜR SHIN MUSS DAS AUCH ECHT SCHLIMM SEIN...

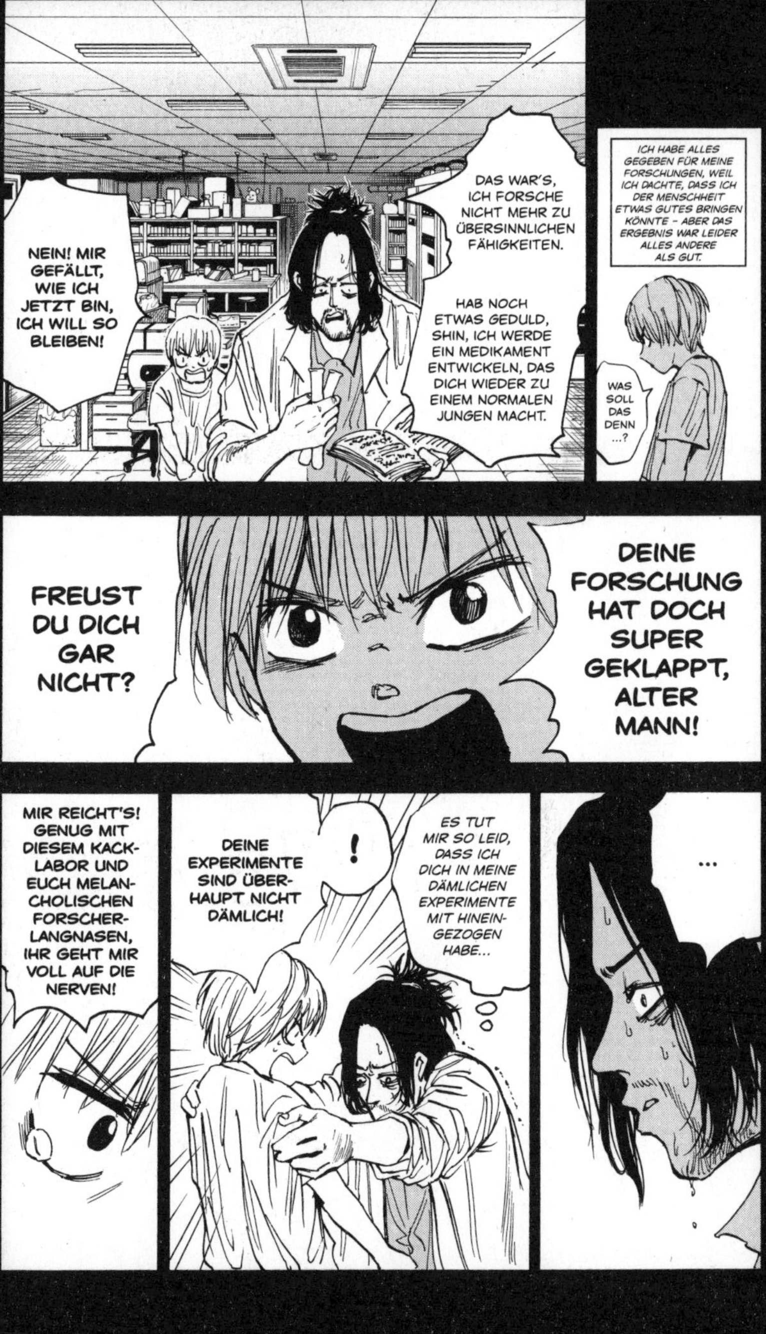
ICH HABE ALLES GEGEBEN FÜR MEINE FORSCHUNGEN, WEIL ICH DACHTE, DASS ICH DER MENSCHHEIT ETWAS GUTES BRINGEN KÖNNTE – ABER DAS ERGEBNIS WAR LEIDER ALLES ANDERE ALS GUT.
WAS SOLL DAS DENN ...?
DAS WAR'S, ICH FORSCHE NICHT MEHR ZU ÜBERSINNLICHEN FÄHIGKEITEN.
HAB NOCH ETWAS GEDULD, SHIN, ICH WERDE EIN MEDIKAMENT ENTWICKELN, DAS DICH WIEDER ZU EINEM NORMALEN JUNGEN MACHT.
NEIN! MIR GEFÄLLT, WIE ICH JETZT BIN, ICH WILL SO BLEIBEN!
DEINE FORSCHUNG HAT DOCH SUPER GEKLAPPT, ALTER MANN!
FREUST DU DICH GAR NICHT?
...
ES TUT MIR SO LEID, DASS ICH DICH IN MEINE DÄMLICHEN EXPERIMENTE MIT HINEIN-GEZOGEN HABE...
!
DEINE EXPERIMENTE SIND ÜBER-HAUPT NICHT DÄMLICH!
MIR REICHT'S! GENUG MIT DIESEM KACK-LABOR UND EUCH MELAN-CHOLISCHEN FORSCHER-LANGNASEN, IHR GEHT MIR VOLL AUF DIE NERVEN!

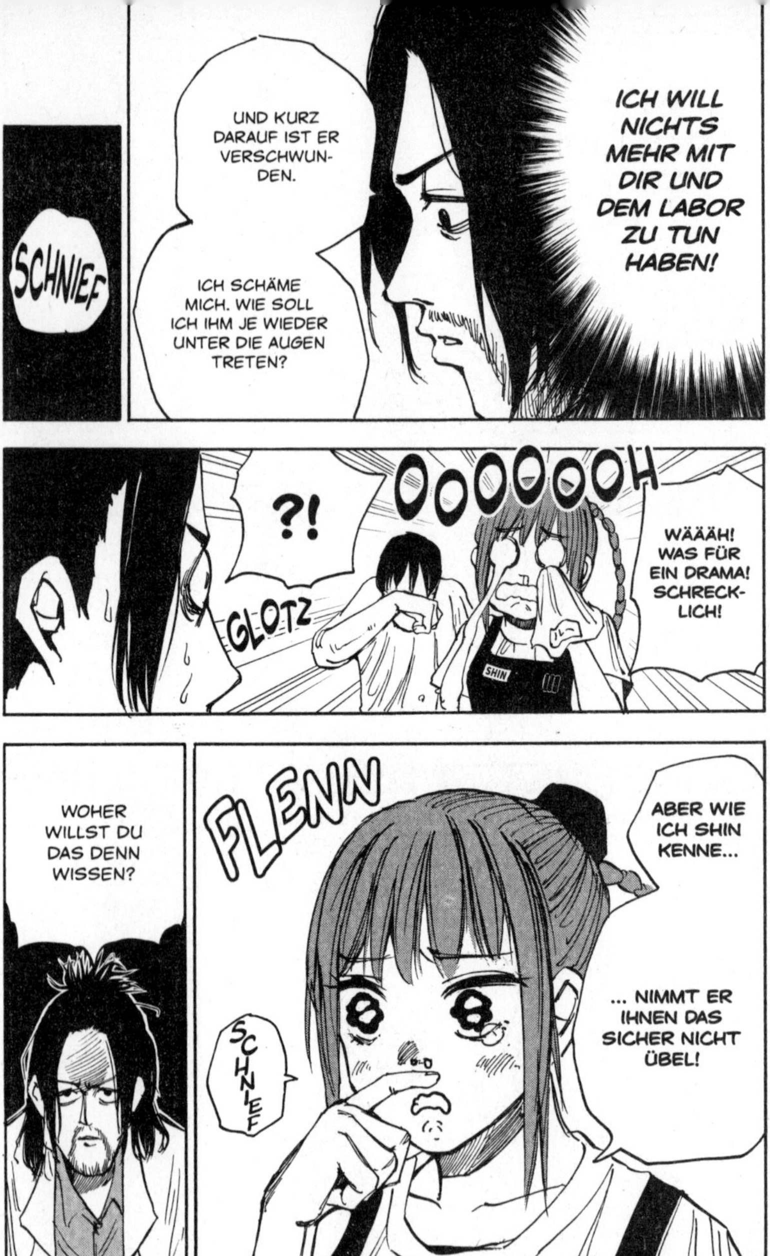
ICH WILL NICHTS MEHR MIT DIR UND DEM LABOR ZU TUN HABEN!
UND KURZ DARAUF IST ER VERSCHWUN-DEN.
ICH SCHÄME MICH. WIE SOLL ICH IHM JE WIEDER UNTER DIE AUGEN TRETEN?
SCHNIEF
OOOOOOH
WÄÄÄH! WAS FÜR EIN DRAMA! SCHRECK-LICH!
?!
GLOTZ
SHIN
ABER WIE ICH SHIN KENNE...
... NIMMT ER IHNEN DAS SICHER NICHT ÜBEL!
FLENN
SCHNIEF
WOHER WILLST DU DAS DENN WISSEN?

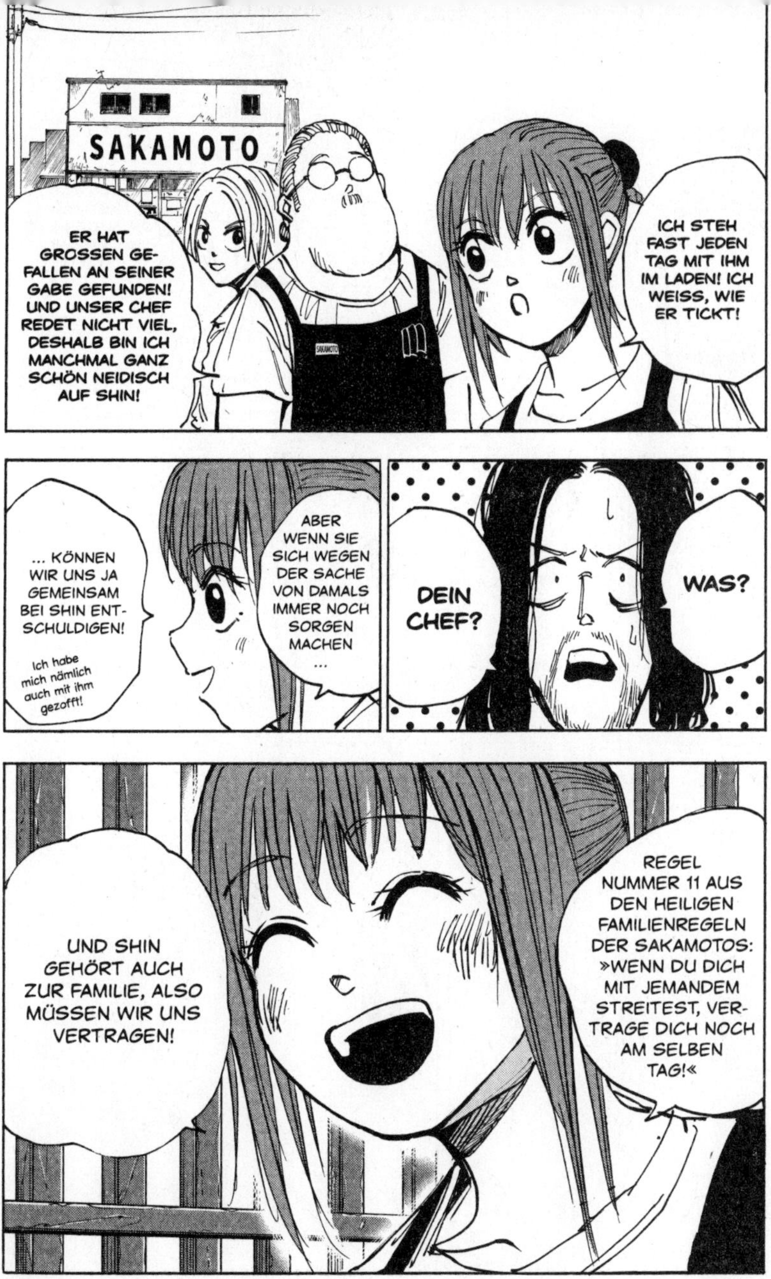
SAKAMOTO
ICH STEH FAST JEDEN TAG MIT IHM IM LADEN! ICH WEISS, WIE ER TICKT!
ER HAT GROSSEN GEFALLEN AN SEINER GABE GEFUNDEN! UND UNSER CHEF REDET NICHT VIEL, DESHALB BIN ICH MANCHMAL GANZ SCHÖN NEIDISCH AUF SHIN!
WAS?
DEIN CHEF?
ABER WENN SIE SICH WEGEN DER SACHE VON DAMALS IMMER NOCH SORGEN MACHEN …
… KÖNNEN WIR UNS JA GEMEINSAM BEI SHIN ENTSCHULDIGEN!
Ich habe mich nämlich auch mit ihm gezofft!
REGEL NUMMER 11 AUS DEN HEILIGEN FAMILIENREGELN DER SAKAMOTOS: »WENN DU DICH MIT JEMANDEM STREITEST, VERTRAGE DICH NOCH AM SELBEN TAG!«
UND SHIN GEHÖRT AUCH ZUR FAMILIE, ALSO MÜSSEN WIR UNS VERTRAGEN!

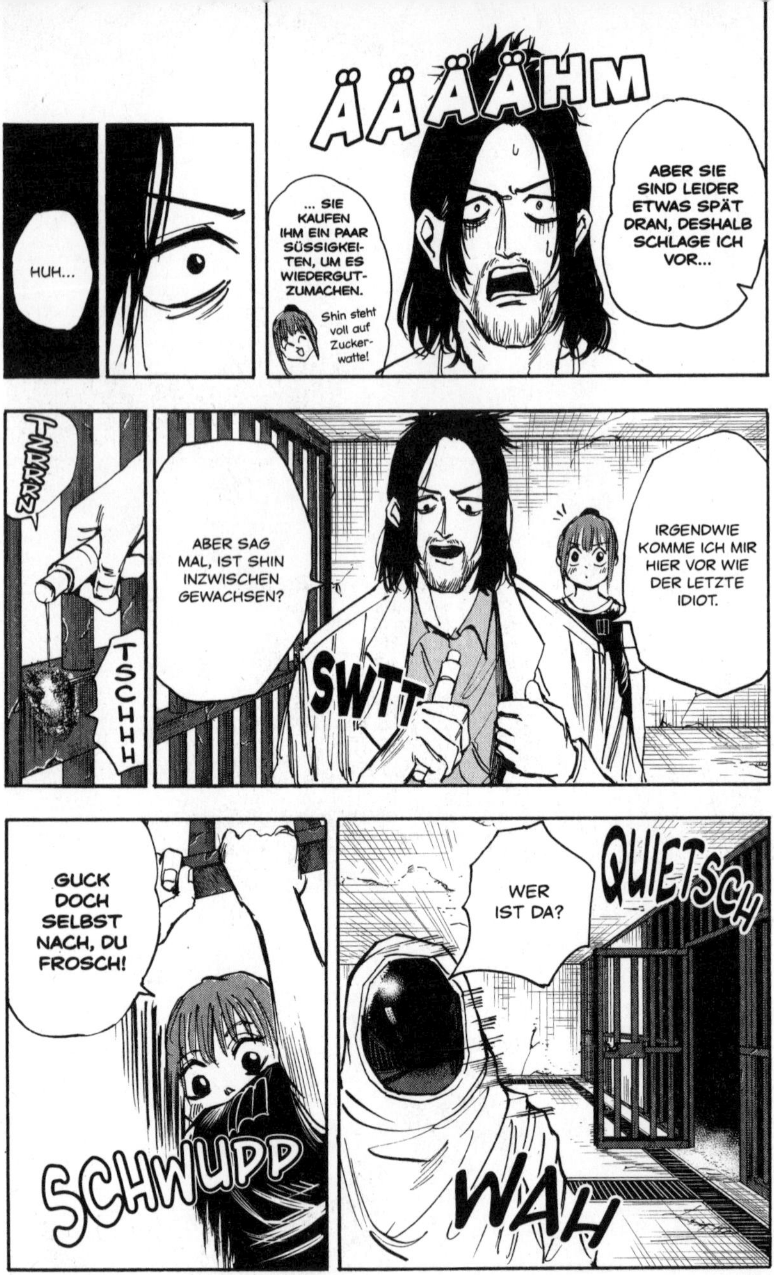
ÄÄÄÄHM
ABER SIE SIND LEIDER ETWAS SPÄT DRAN, DESHALB SCHLAGE ICH VOR...
... SIE KAUFEN IHM EIN PAAR SÜSSIGKEI-TEN, UM ES WIEDERGUT-ZUMACHEN.
Shin steht voll auf Zucker-watte!
HUH...
IRGENDWIE KOMME ICH MIR HIER VOR WIE DER LETZTE IDIOT.
SWTT
ABER SAG MAL, IST SHIN INZWISCHEN GEWACHSEN?
TSCHHH
TRRRRN
QUIETSCH
WER IST DA?
WAH
GUCK DOCH SELBST NACH, DU FROSCH!
SCHWUPP

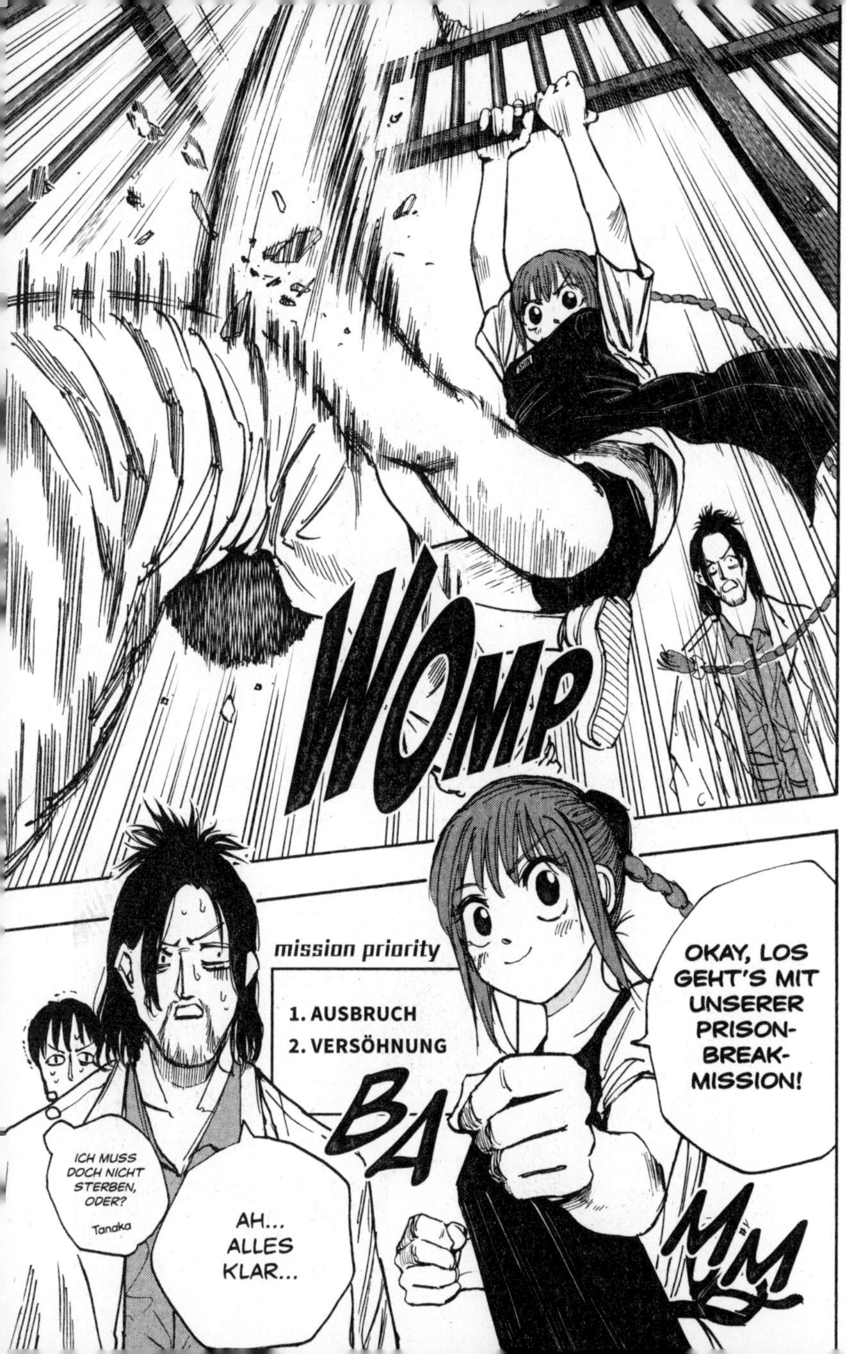
WOMP
OKAY, LOS GEHT'S MIT UNSERER PRISON-BREAK-MISSION!
mission priority
1. AUSBRUCH
2. VERSÖHNUNG
BA
MM
AH... ALLES KLAR...
ICH MUSS DOCH NICHT STERBEN, ODER?
Tanaka

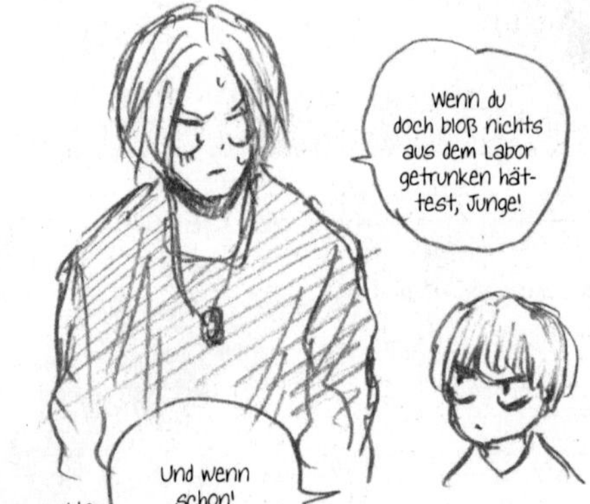
Wenn du doch bloß nichts aus dem Labor getrunken hät-test, Junge!
Und wenn schon!
Ich hatte halt Durst.

DAYS 24 Killer X Wissenschaft

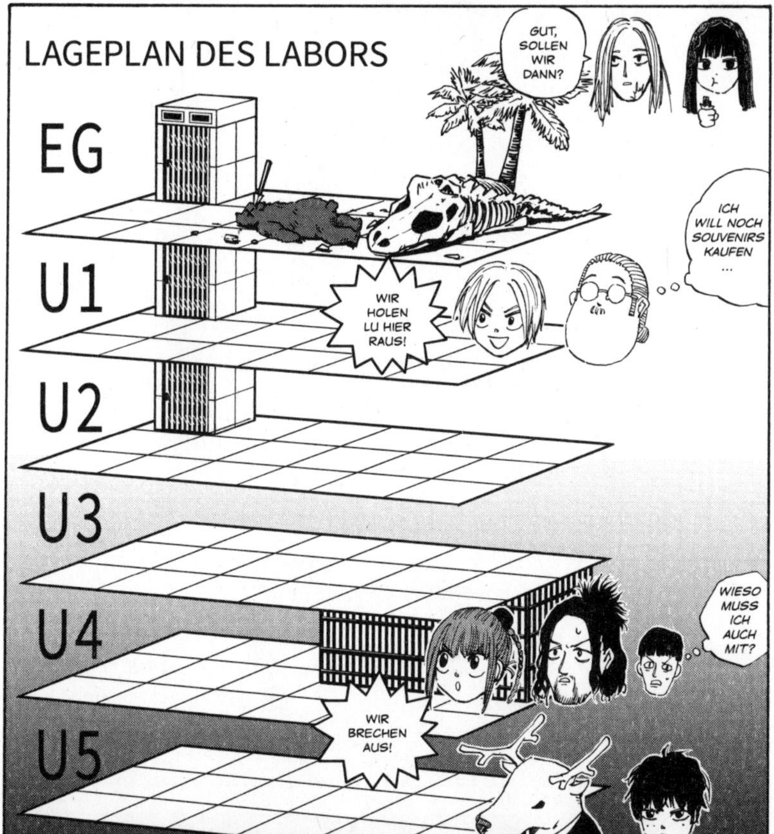

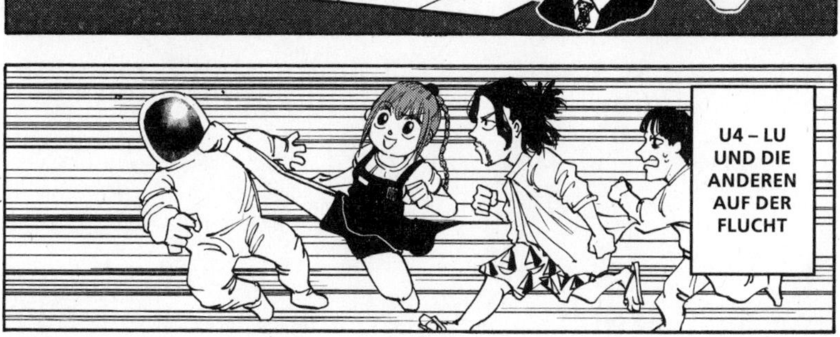

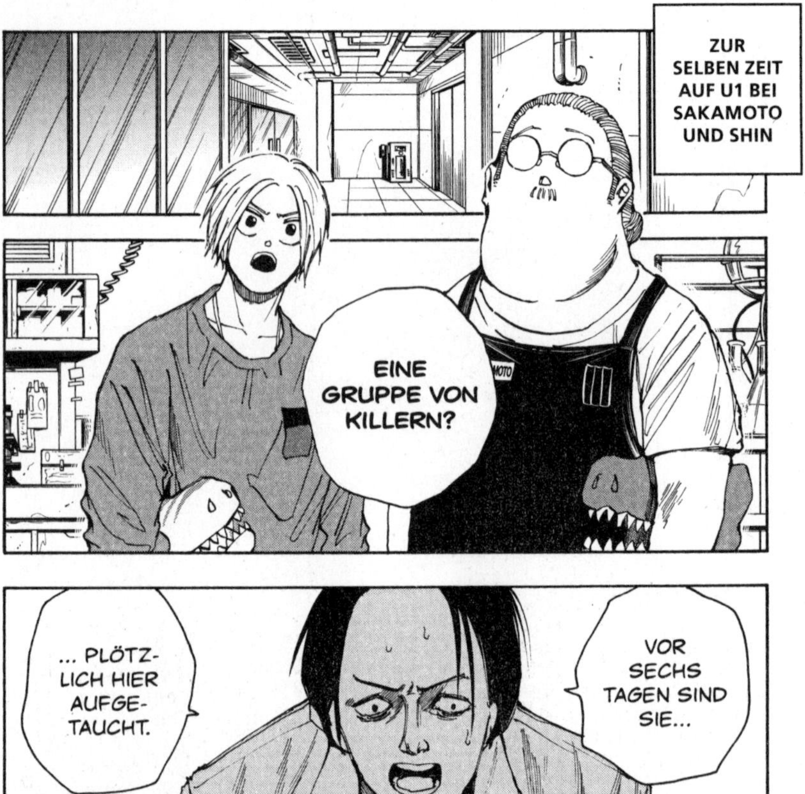

* DER NAME LÄSST SICH ÜBERSETZEN MIT »INSEL DER HIRSCHE«.

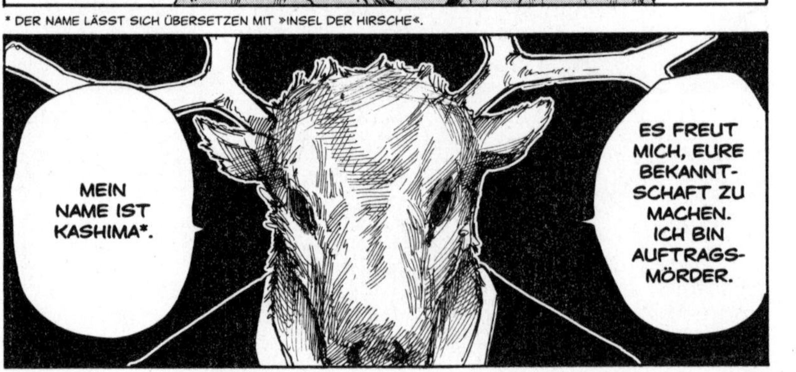

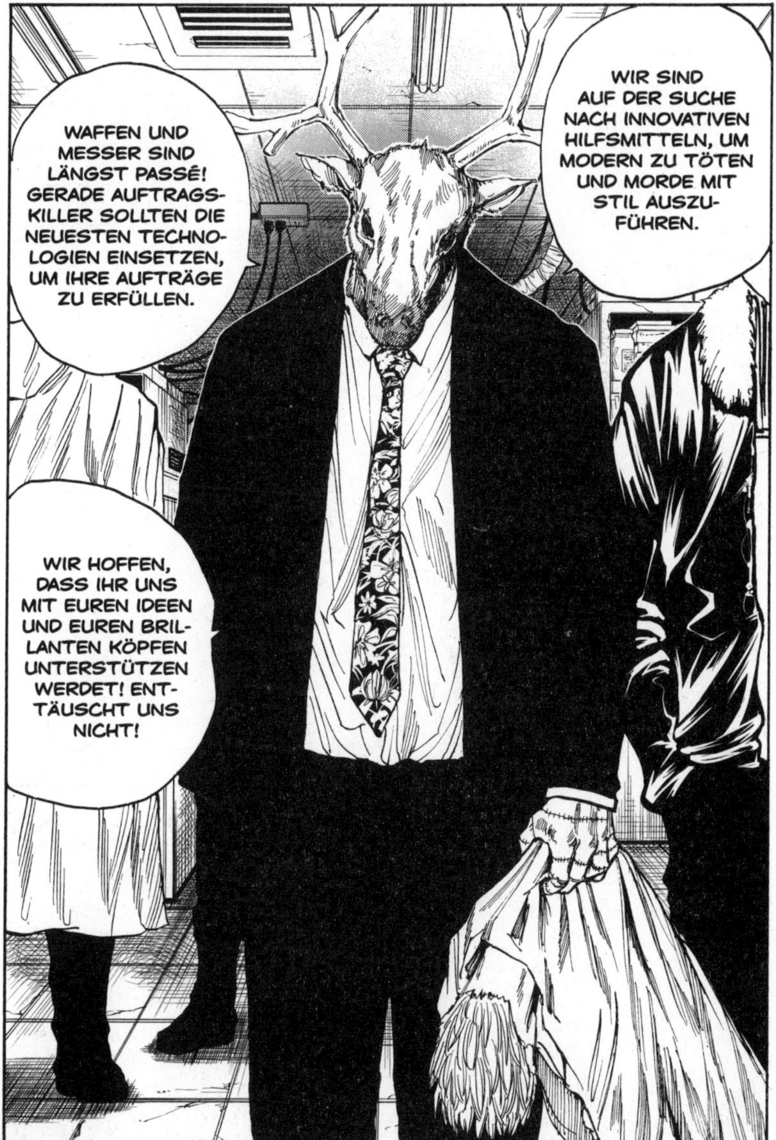
WIR SIND AUF DER SUCHE NACH INNOVATIVEN HILFSMITTELN, UM MODERN ZU TÖTEN UND MORDE MIT STIL AUSZU-FÜHREN.
WAFFEN UND MESSER SIND LÄNGST PASSÉ! GERADE AUFTRAGS-KILLER SOLLTEN DIE NEUESTEN TECHNO-LOGIEN EINSETZEN, UM IHRE AUFTRÄGE ZU ERFÜLLEN.
WIR HOFFEN, DASS IHR UNS MIT EUREN IDEEN UND EUREN BRIL-LANTEN KÖPFEN UNTERSTÜTZEN WERDET! ENT-TÄUSCHT UNS NICHT!

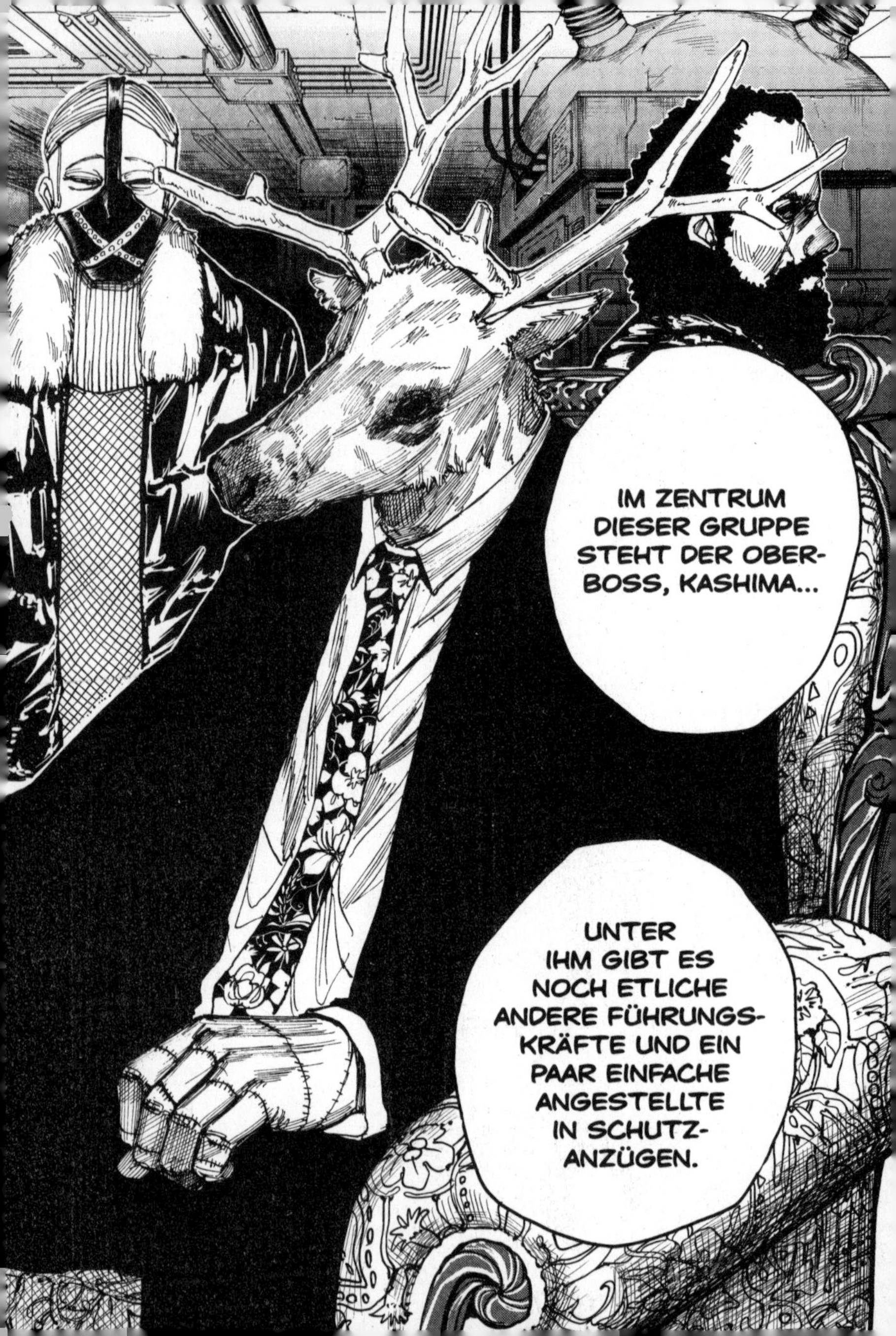
IM ZENTRUM DIESER GRUPPE STEHT DER OBER-BOSS, KASHIMA...
UNTER IHM GIBT ES NOCH ETLICHE ANDERE FÜHRUNGS-KRÄFTE UND EIN PAAR EINFACHE ANGESTELLTE IN SCHUTZ-ANZÜGEN.

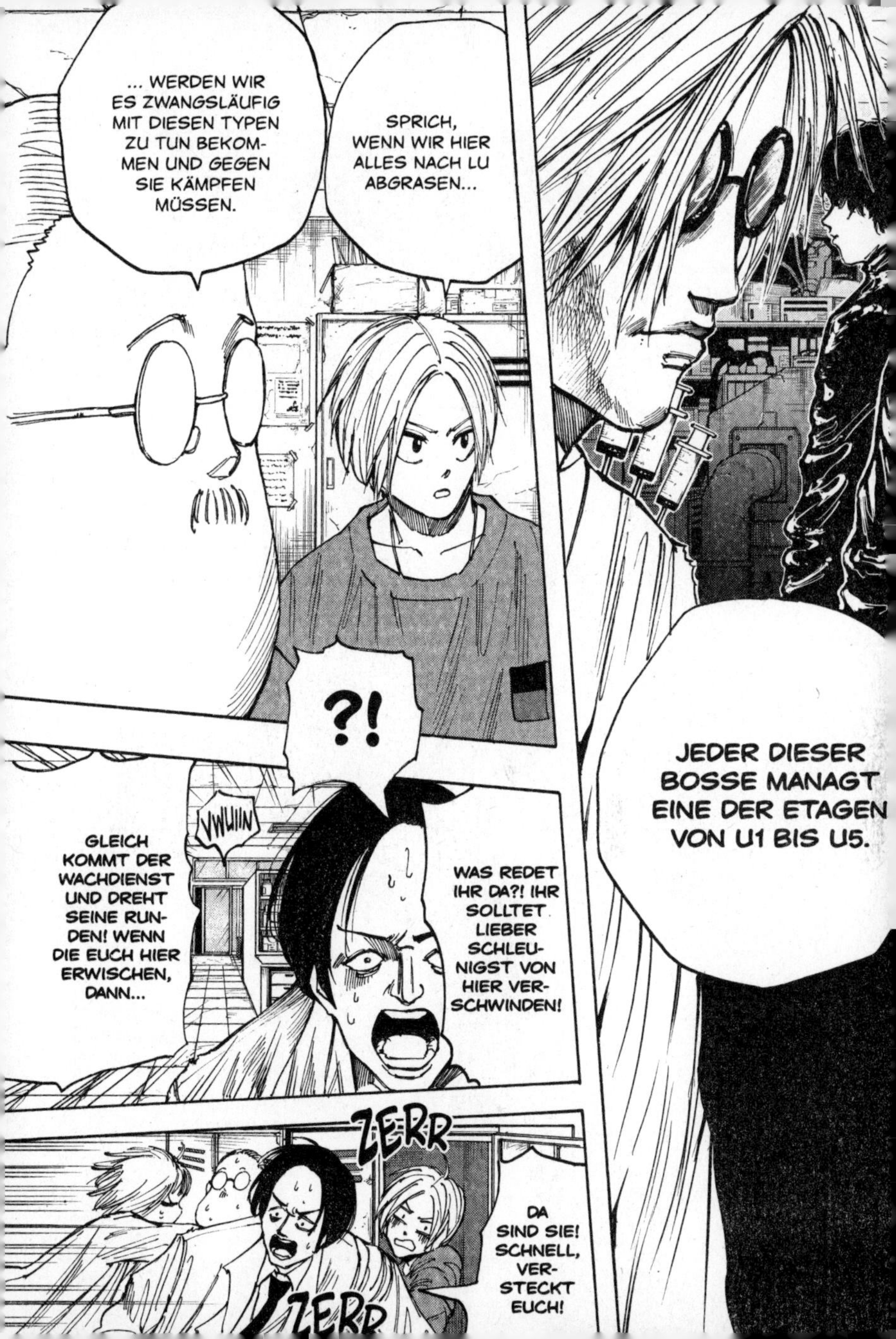
JEDER DIESER BOSSE MANAGT EINE DER ETAGEN VON U1 BIS U5.
SPRICH, WENN WIR HIER ALLES NACH LU ABGRASEN...
... WERDEN WIR ES ZWANGSLÄUFIG MIT DIESEN TYPEN ZU TUN BEKOM-MEN UND GEGEN SIE KÄMPFEN MÜSSEN.
?!
WAS REDET IHR DA?! IHR SOLLTET LIEBER SCHLEU-NIGST VON HIER VER-SCHWINDEN!
VWUIIN
GLEICH KOMMT DER WACHDIENST UND DREHT SEINE RUN-DEN! WENN DIE EUCH HIER ERWISCHEN, DANN...
ZERR
DA SIND SIE! SCHNELL, VER-STECKT EUCH!
ZERR

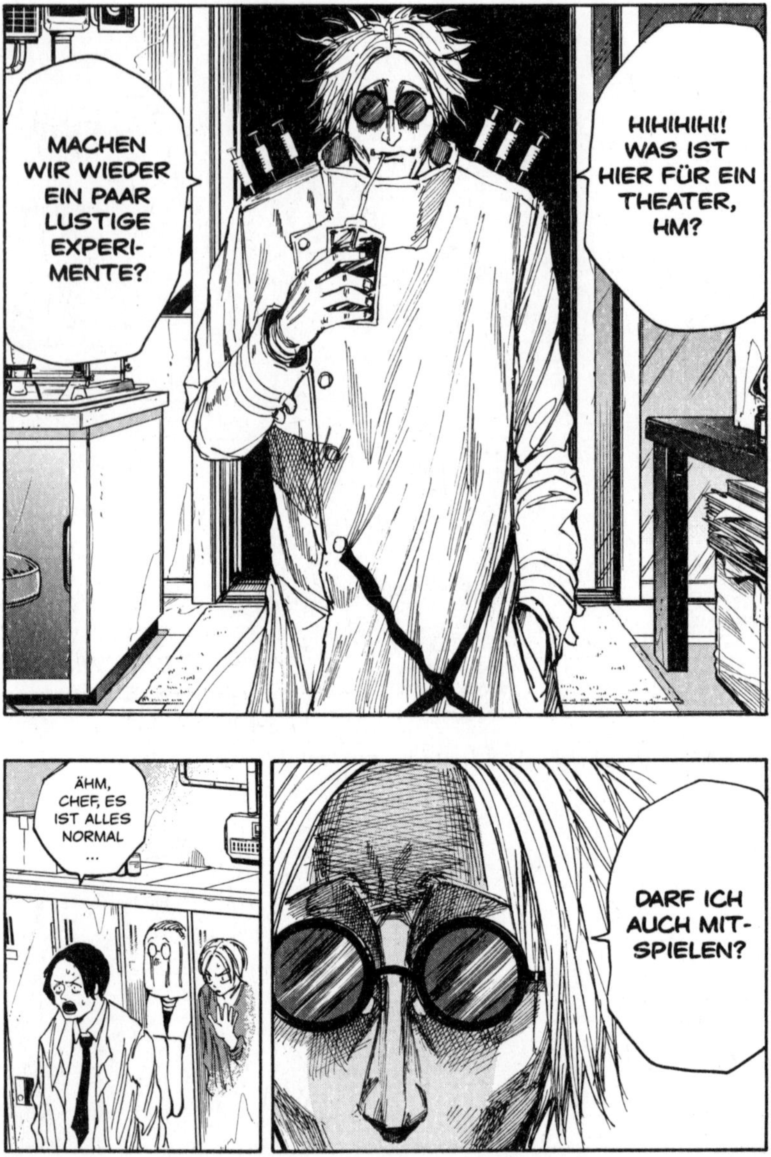
HIHIHIHI! WAS IST HIER FÜR EIN THEATER, HM?
MACHEN WIR WIEDER EIN PAAR LUSTIGE EXPERI-MENTE?
DARF ICH AUCH MIT-SPIELEN?
ÄHM, CHEF, ES IST ALLES NORMAL ...

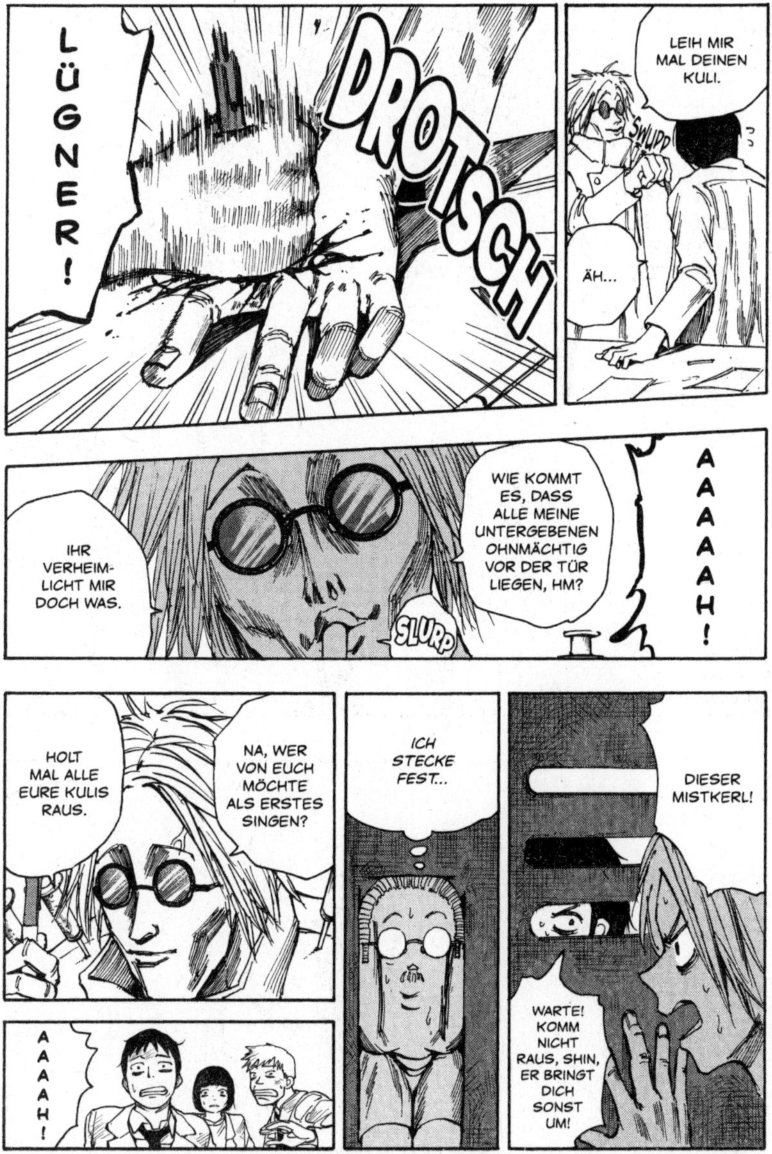
LEIH MIR MAL DEINEN KULI.
SWUPP
ÄH...
DROTSCH
LÜGNER!
AAAAAAH!
WIE KOMMT ES, DASS ALLE MEINE UNTERGEBENEN OHNMÄCHTIG VOR DER TÜR LIEGEN, HM?
SLURP
IHR VERHEIMLICHT MIR DOCH WAS.
DIESER MISTKERL!
WARTE! KOMM NICHT RAUS, SHIN, ER BRINGT DICH SONST UM!
ICH STECKE FEST...
NA, WER VON EUCH MÖCHTE ALS ERSTES SINGEN?
HOLT MAL ALLE EURE KULIS RAUS.
AAAAH!

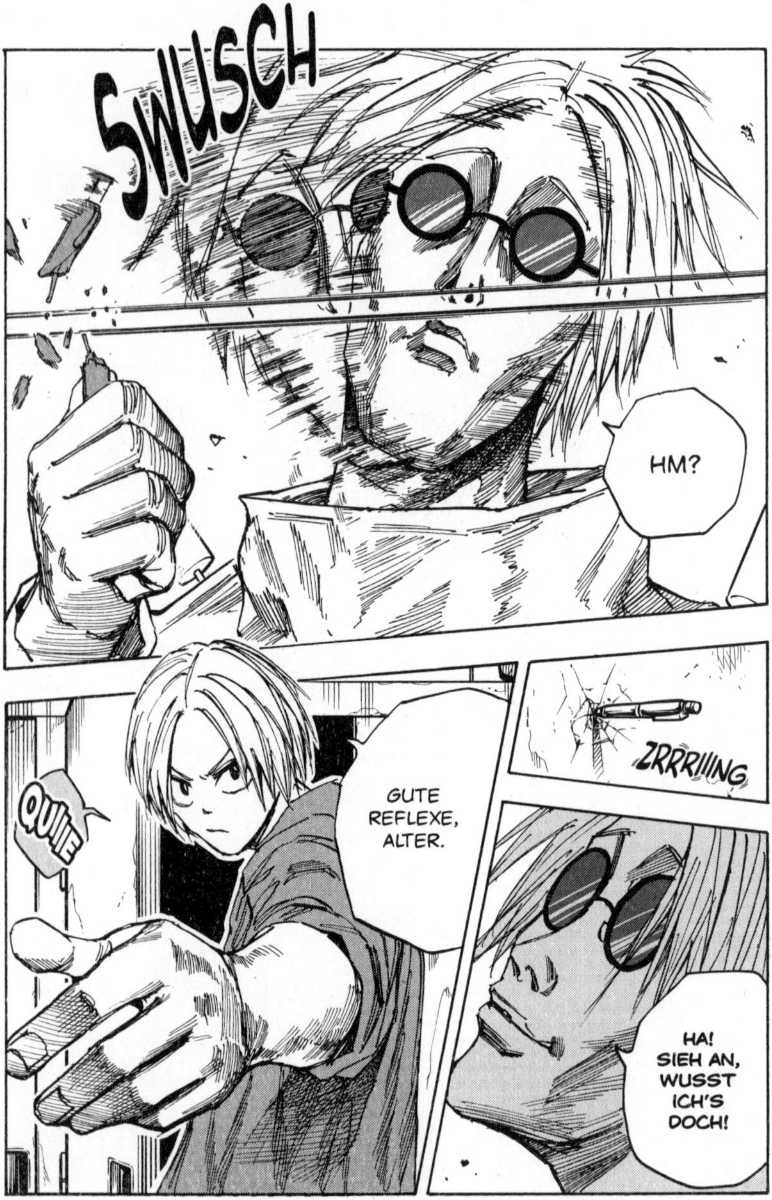
SWUSCH
HM?
ZRRRIIING
QUIE
GUTE REFLEXE, ALTER.
HA! SIEH AN, WUSST ICH'S DOCH!

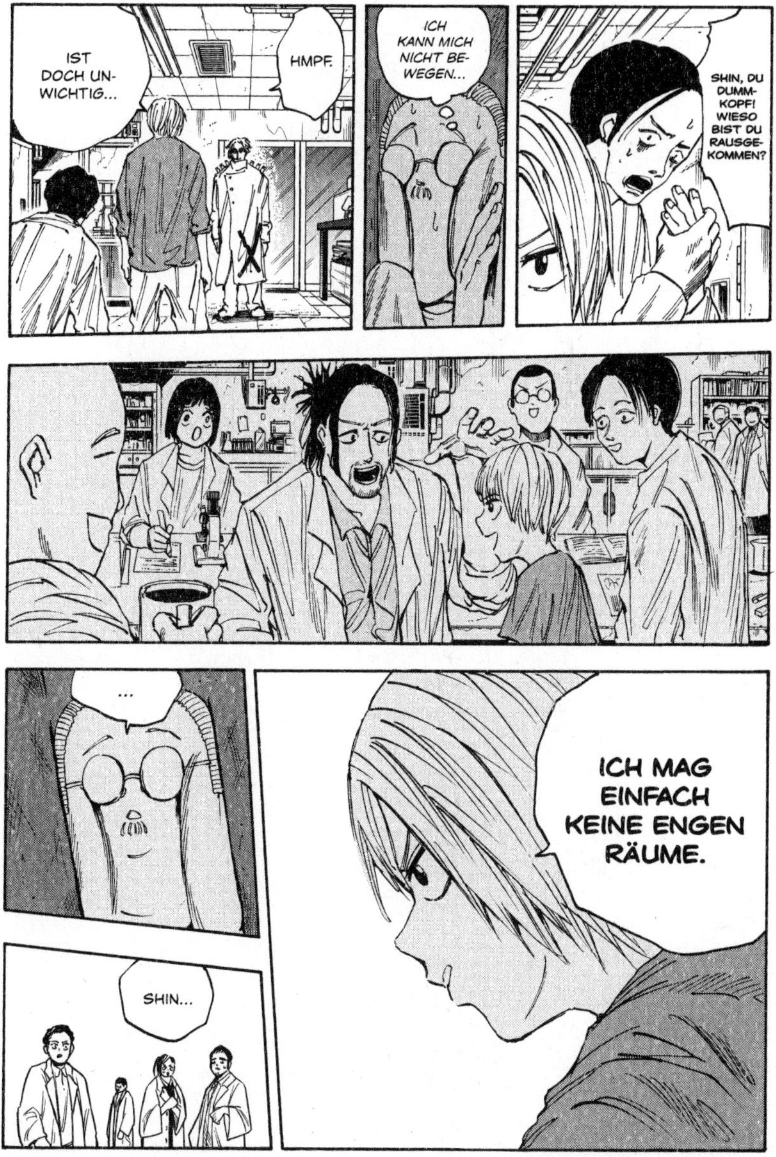
SHIN, DU DUMMKOPF! WIESO BIST DU RAUSGEKOMMEN?
ICH KANN MICH NICHT BEWEGEN...
HMPF.
IST DOCH UNWICHTIG...
ICH MAG EINFACH KEINE ENGEN RÄUME.
...
SHIN...

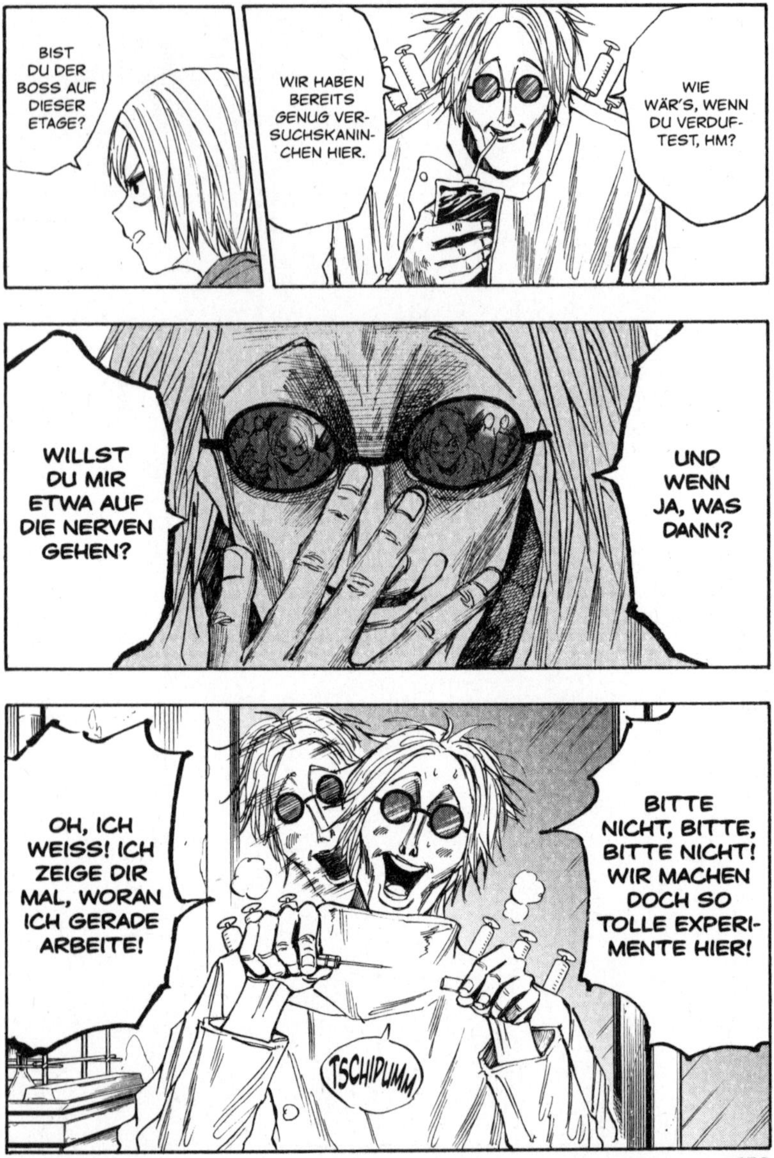
WIE WÄR'S, WENN DU VERDUF-TEST, HM?
WIR HABEN BEREITS GENUG VER-SUCHSKANIN-CHEN HIER.
BIST DU DER BOSS AUF DIESER ETAGE?
UND WENN JA, WAS DANN?
WILLST DU MIR ETWA AUF DIE NERVEN GEHEN?
BITTE NICHT, BITTE, BITTE NICHT! WIR MACHEN DOCH SO TOLLE EXPERI-MENTE HIER!
OH, ICH WEISS! ICH ZEIGE DIR MAL, WORAN ICH GERADE ARBEITE!
TSCHIPUMM

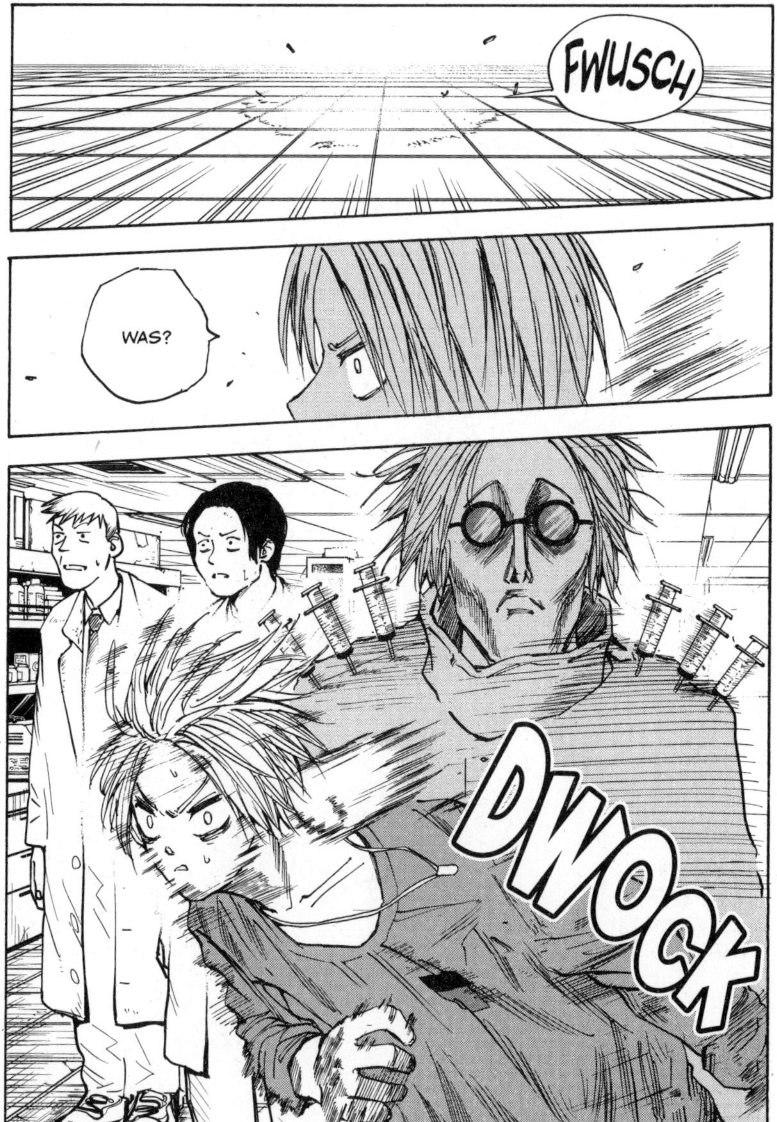
FWUSCH
WAS?
DWOCK

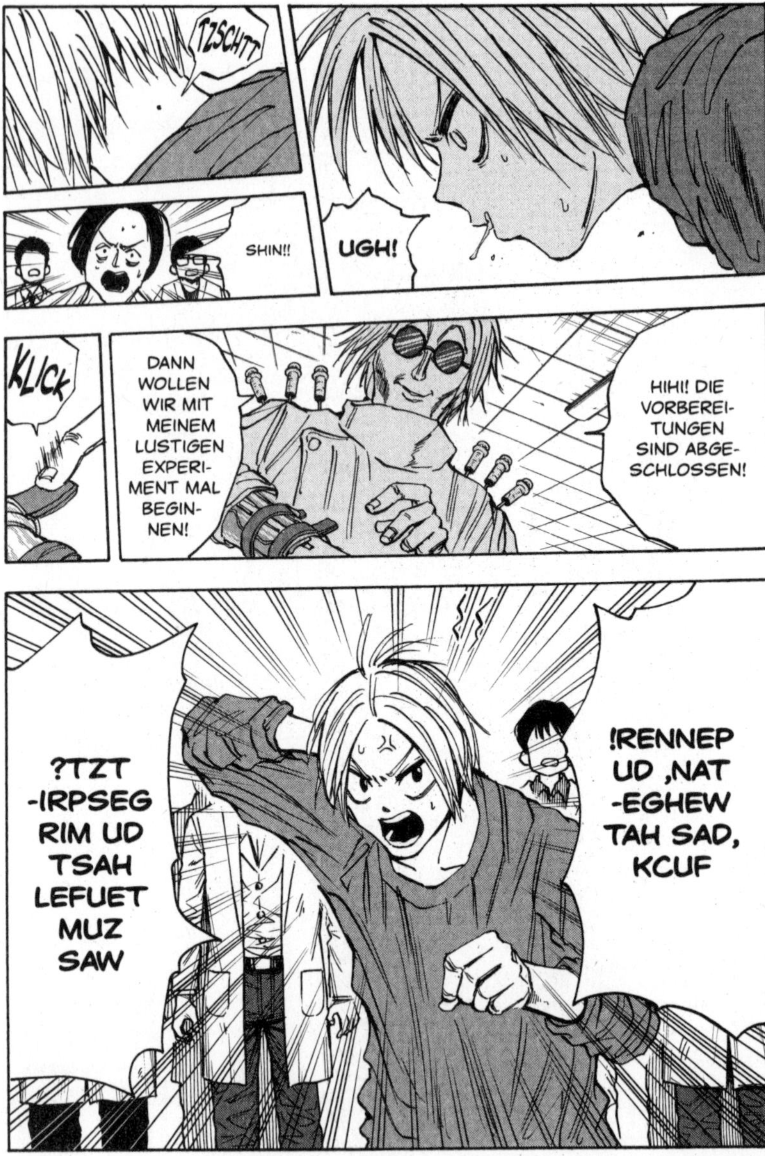
TZSCHTT
UGH!
SHIN!!
HIHI! DIE VORBEREI-TUNGEN SIND ABGE-SCHLOSSEN!
DANN WOLLEN WIR MIT MEINEM LUSTIGEN EXPERI-MENT MAL BEGIN-NEN!
KLICK
!RENNEP UD ,NAT -EGHEW TAH SAD, KCUF
?TZT -IRPSEG RIM UD TSAH LEFUET MUZ SAW

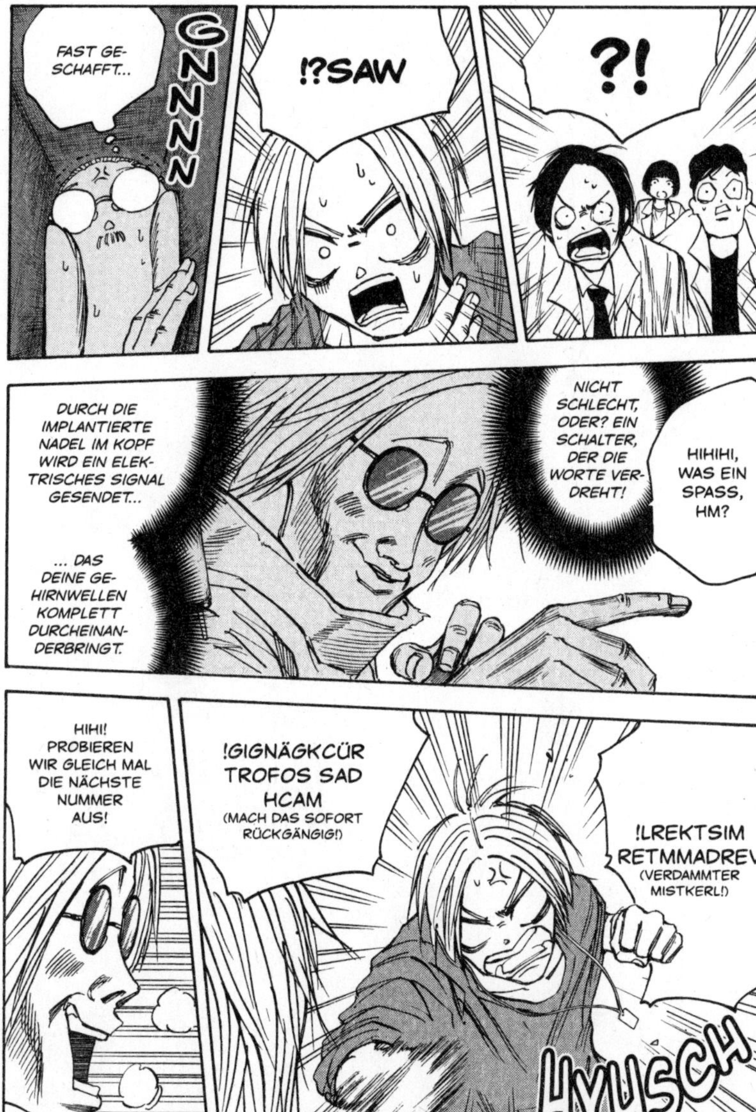
?!
!?SAW
FAST GE-SCHAFFT...
GNNNN
HIHIHI, WAS EIN SPASS, HM?
NICHT SCHLECHT, ODER? EIN SCHALTER, DER DIE WORTE VERDREHT!
DURCH DIE IMPLANTIERTE NADEL IM KOPF WIRD EIN ELEKTRISCHES SIGNAL GESENDET...
... DAS DEINE GEHIRNWELLEN KOMPLETT DURCHEINANDERBRINGT.
!LREKTSIM RETMMADREV
(VERDAMMTER MISTKERL!)
!GIGNÄGKCÜR TROFOS SAD HCAM
(MACH DAS SOFORT RÜCKGÄNGIG!)
HYUSCH
HIHI! PROBIEREN WIR GLEICH MAL DIE NÄCHSTE NUMMER AUS!

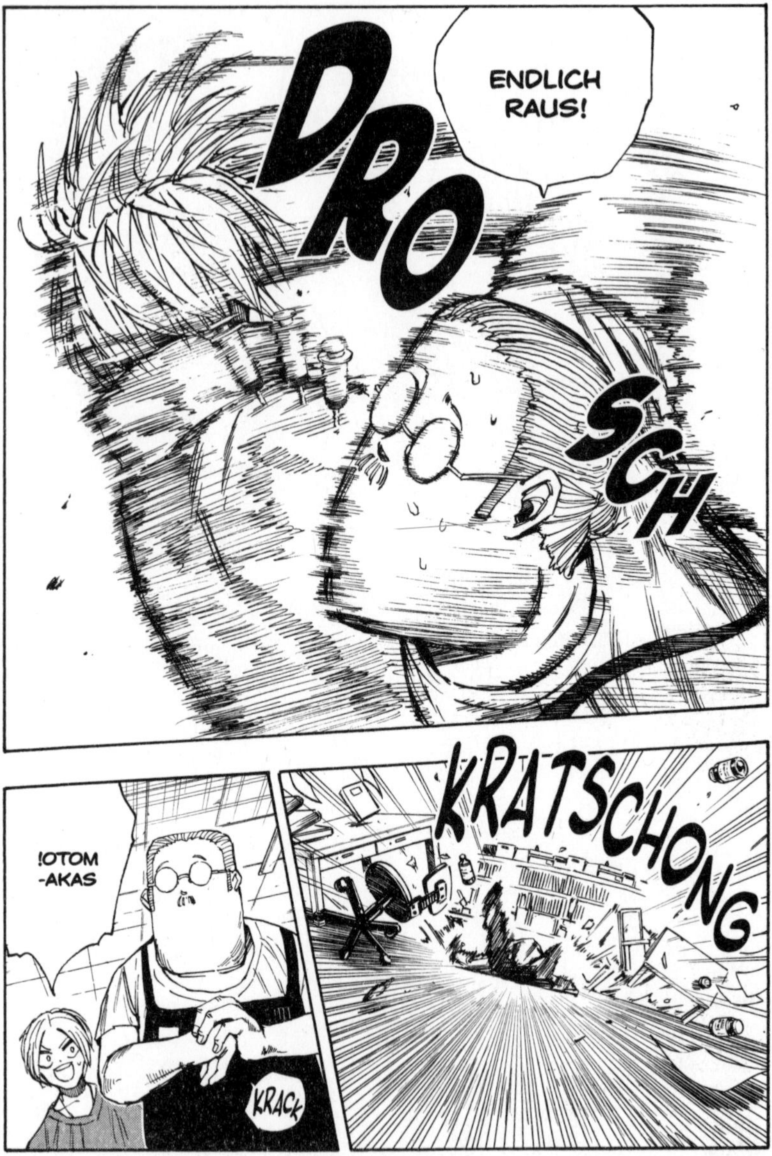
DRO
SCH
ENDLICH RAUS!
KRATSCHONG
!OTOM -AKAS
KRACK

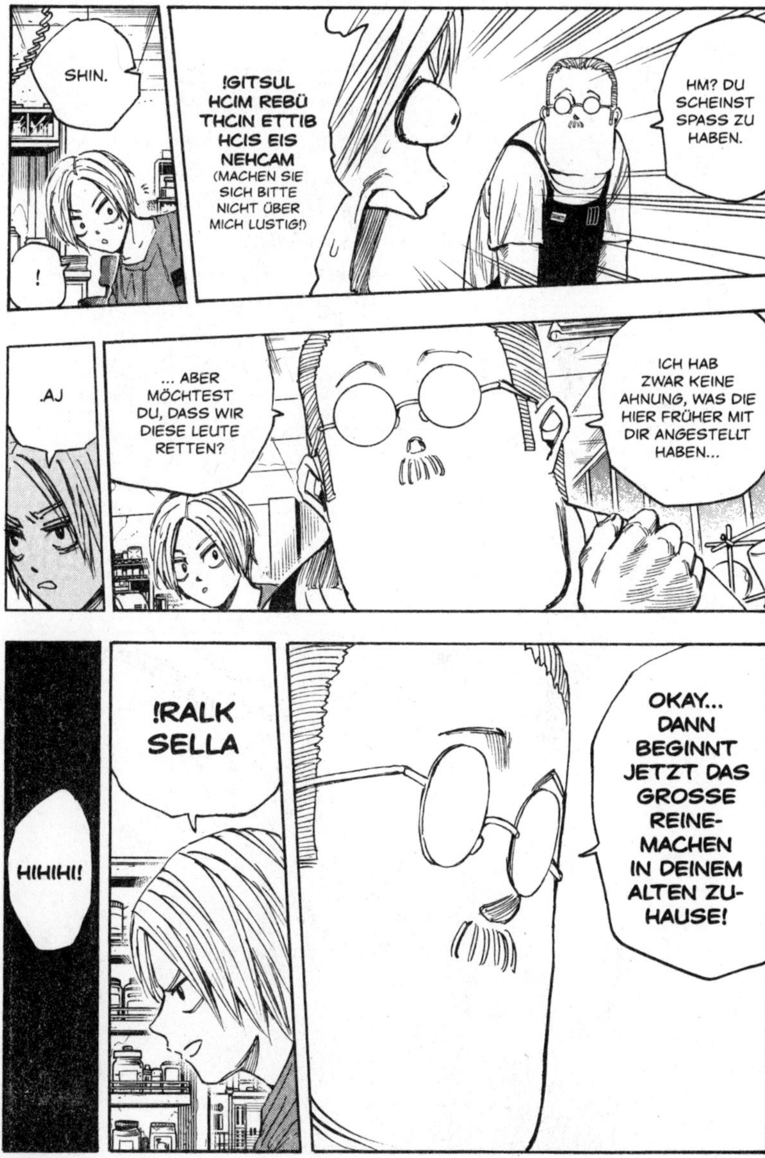
HM? DU SCHEINST SPASS ZU HABEN.
!GITSUL HCIM REBÜ THCIN ETTIB HCIS EIS NEHCAM (MACHEN SIE SICH BITTE NICHT ÜBER MICH LUSTIG!)
SHIN.
!
ICH HAB ZWAR KEINE AHNUNG, WAS DIE HIER FRÜHER MIT DIR ANGESTELLT HABEN...
... ABER MÖCHTEST DU, DASS WIR DIESE LEUTE RETTEN?
.AJ
OKAY... DANN BEGINNT JETZT DAS GROSSE REINE-MACHEN IN DEINEM ALTEN ZU-HAUSE!
!RALK SELLA
HIHIHI!

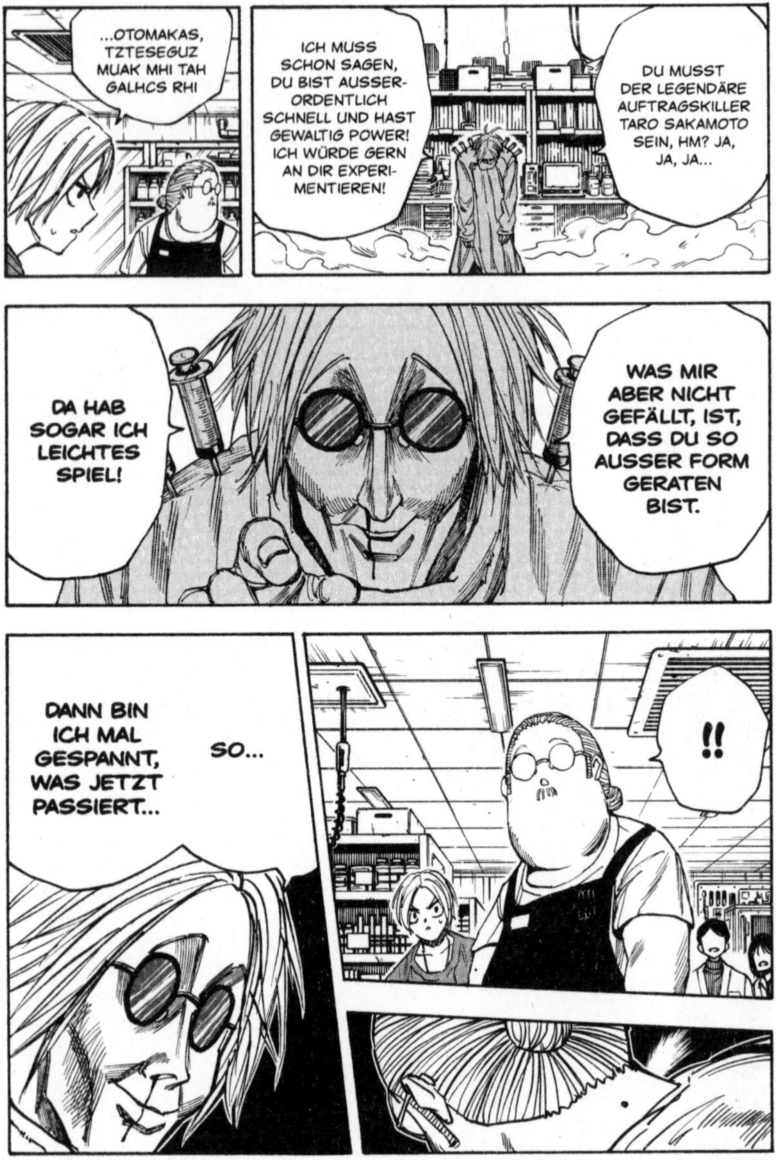
DU MUSST DER LEGENDÄRE AUFTRAGSKILLER TARO SAKAMOTO SEIN, HM? JA, JA, JA...
ICH MUSS SCHON SAGEN, DU BIST AUSSER-ORDENTLICH SCHNELL UND HAST GEWALTIG POWER! ICH WÜRDE GERN AN DIR EXPERI-MENTIEREN!
...OTOMAKAS, TZTESEGUZ MUAK MHI TAH GALHCS RHI
WAS MIR ABER NICHT GEFÄLLT, IST, DASS DU SO AUSSER FORM GERATEN BIST.
DA HAB SOGAR ICH LEICHTES SPIEL!
!!
SO...
DANN BIN ICH MAL GESPANNT, WAS JETZT PASSIERT...

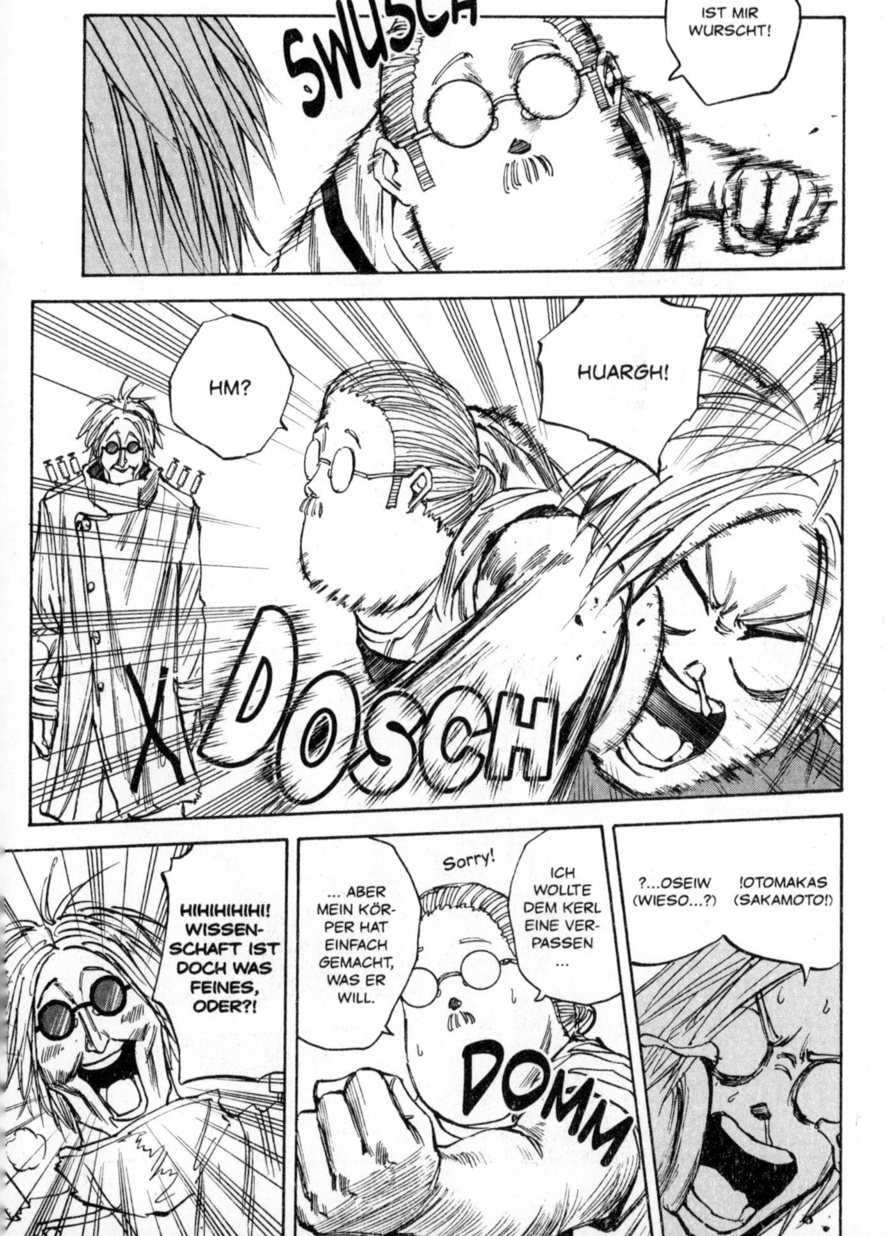
SWUSCH
IST MIR WURSCHT!
HUARGH!
DOSCH
HM?
!OTOMAKAS (SAKAMOTO!)
?...OSEIW (WIESO...?)
ICH WOLLTE DEM KERL EINE VERPASSEN ...
Sorry!
... ABER MEIN KÖRPER HAT EINFACH GEMACHT, WAS ER WILL.
DOMM
HIHIHIHIHI! WISSENSCHAFT IST DOCH WAS FEINES, ODER?!

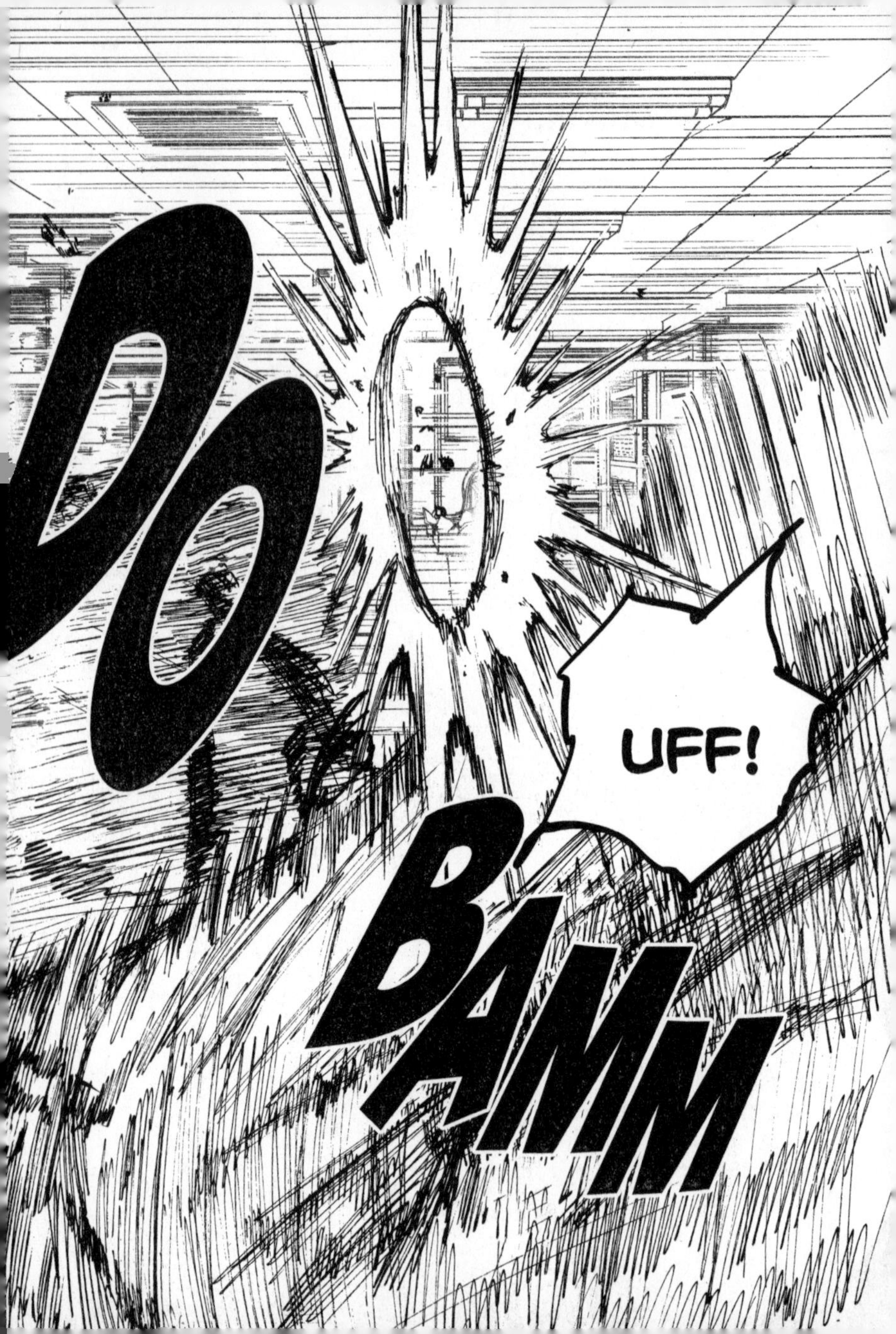
DOO
UFF!
BAMM

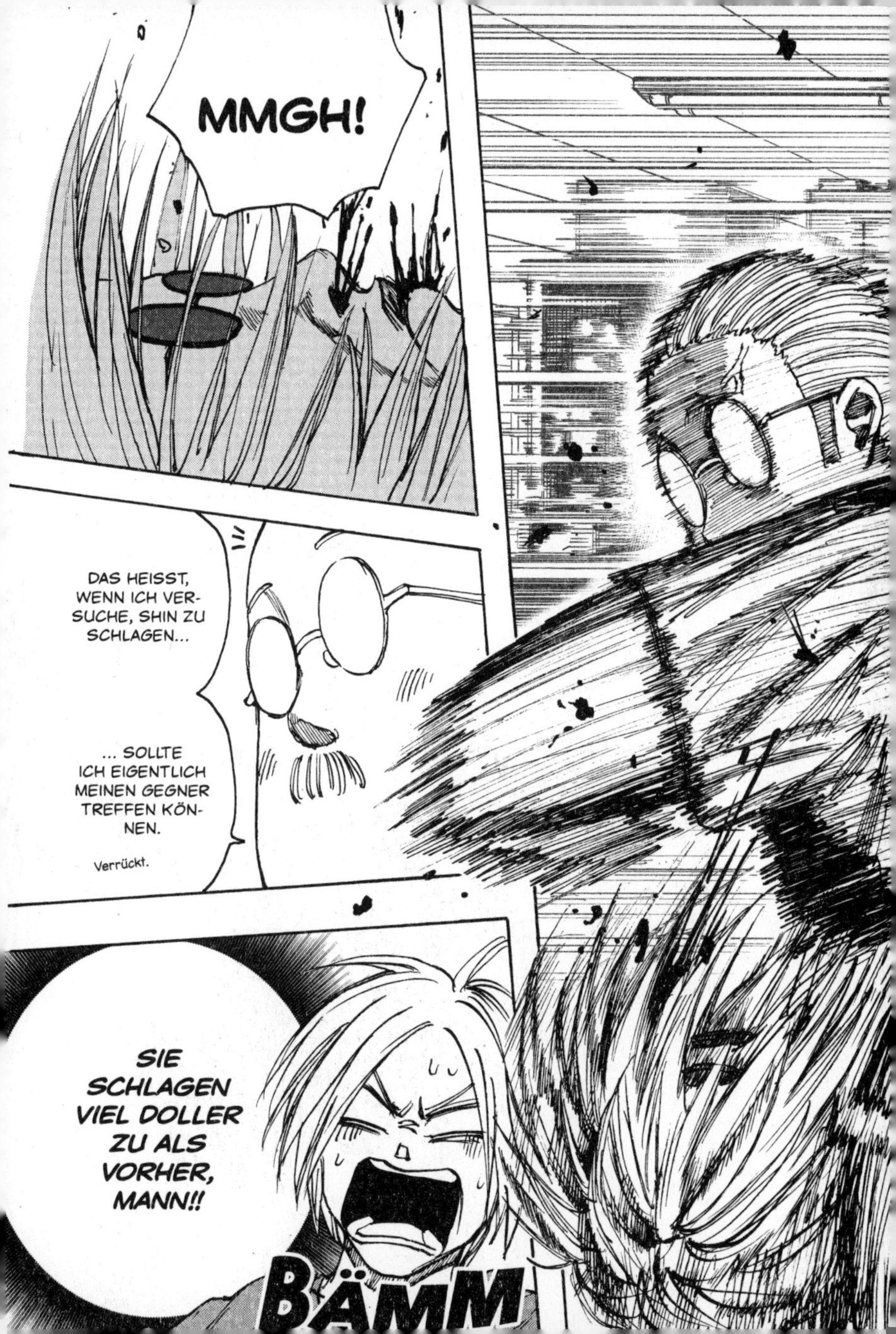
MMGH!
DAS HEISST, WENN ICH VERSUCHE, SHIN ZU SCHLAGEN...
... SOLLTE ICH EIGENTLICH MEINEN GEGNER TREFFEN KÖNNEN.
Verrückt.
SIE SCHLAGEN VIEL DOLLER ZU ALS VORHER, MANN!!
BÄMM

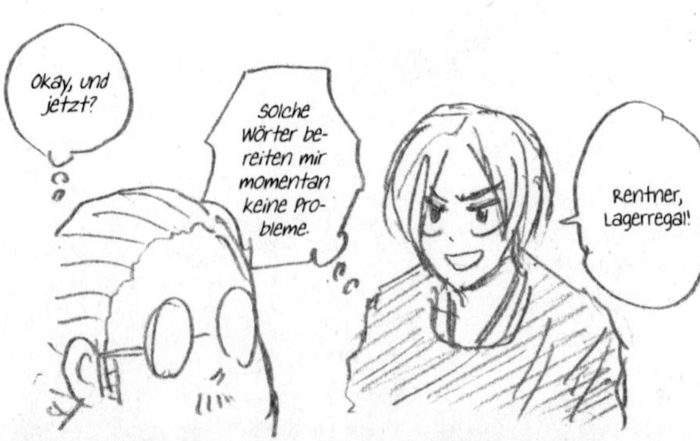
Rentner, Lagerregal!
Solche Wörter bereiten mir momentan keine Probleme.
Okay, und jetzt?

DAYS 25 Verfluchte Laborratten

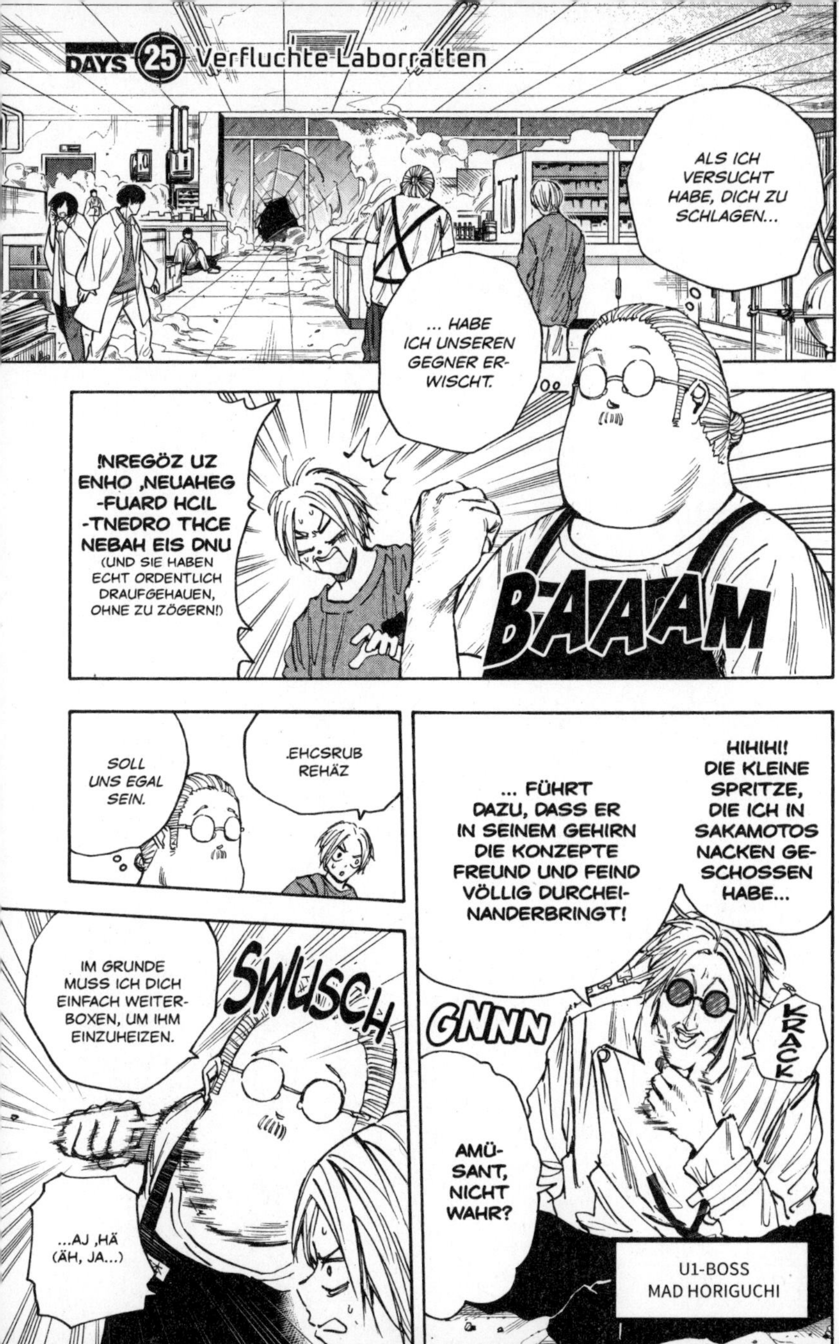

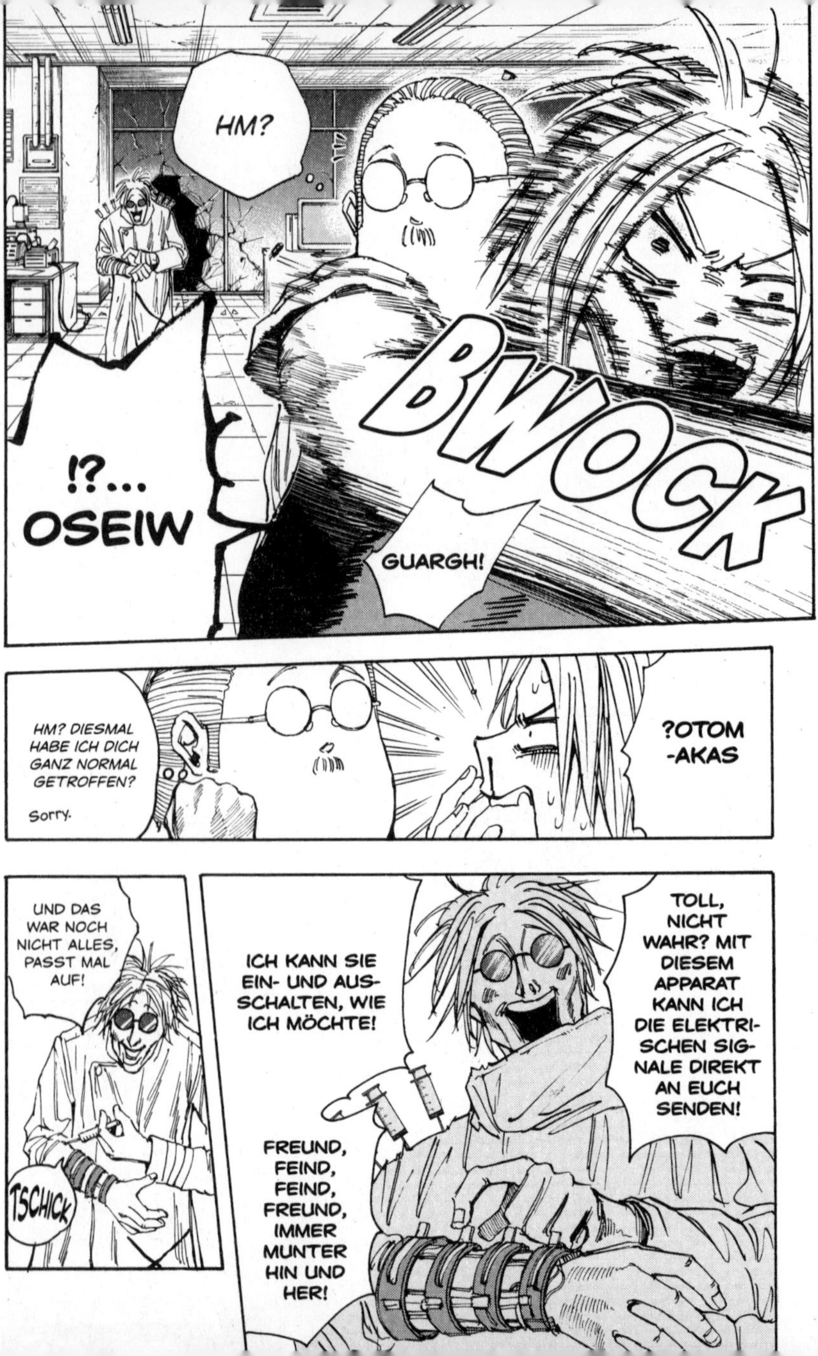
HM?
BWOCK
GUARGH!
!?... OSEIW
?OTOM -AKAS
HM? DIESMAL HABE ICH DICH GANZ NORMAL GETROFFEN?
Sorry.
TOLL, NICHT WAHR? MIT DIESEM APPARAT KANN ICH DIE ELEKTRISCHEN SIGNALE DIREKT AN EUCH SENDEN!
ICH KANN SIE EIN- UND AUSSCHALTEN, WIE ICH MÖCHTE!
FREUND, FEIND, FEIND, FREUND, IMMER MUNTER HIN UND HER!
UND DAS WAR NOCH NICHT ALLES, PASST MAL AUF!
TSCHICK

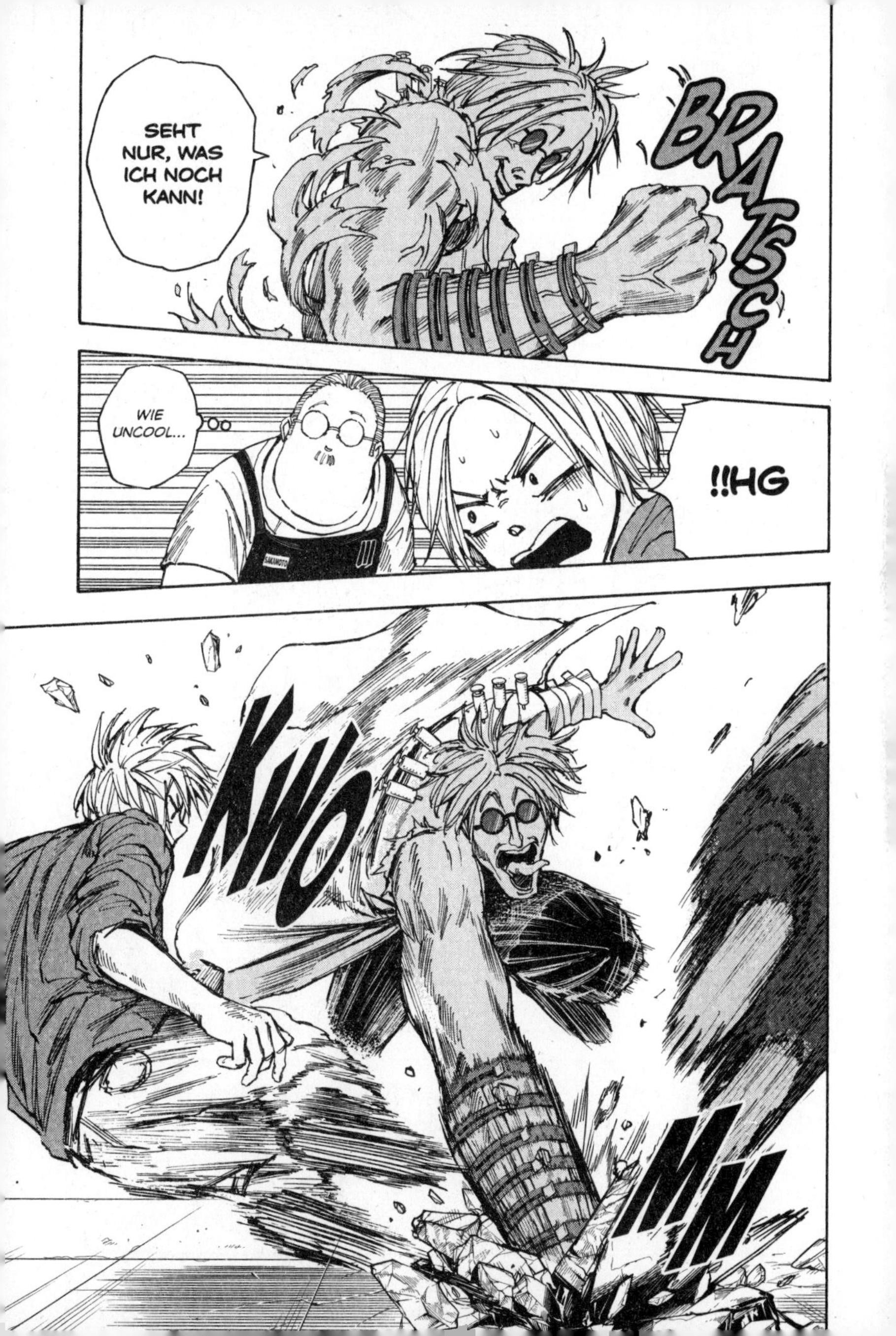
SEHT NUR, WAS ICH NOCH KANN!
BRATSCH
WIE UNCOOL...
!!HG
KWO
MM

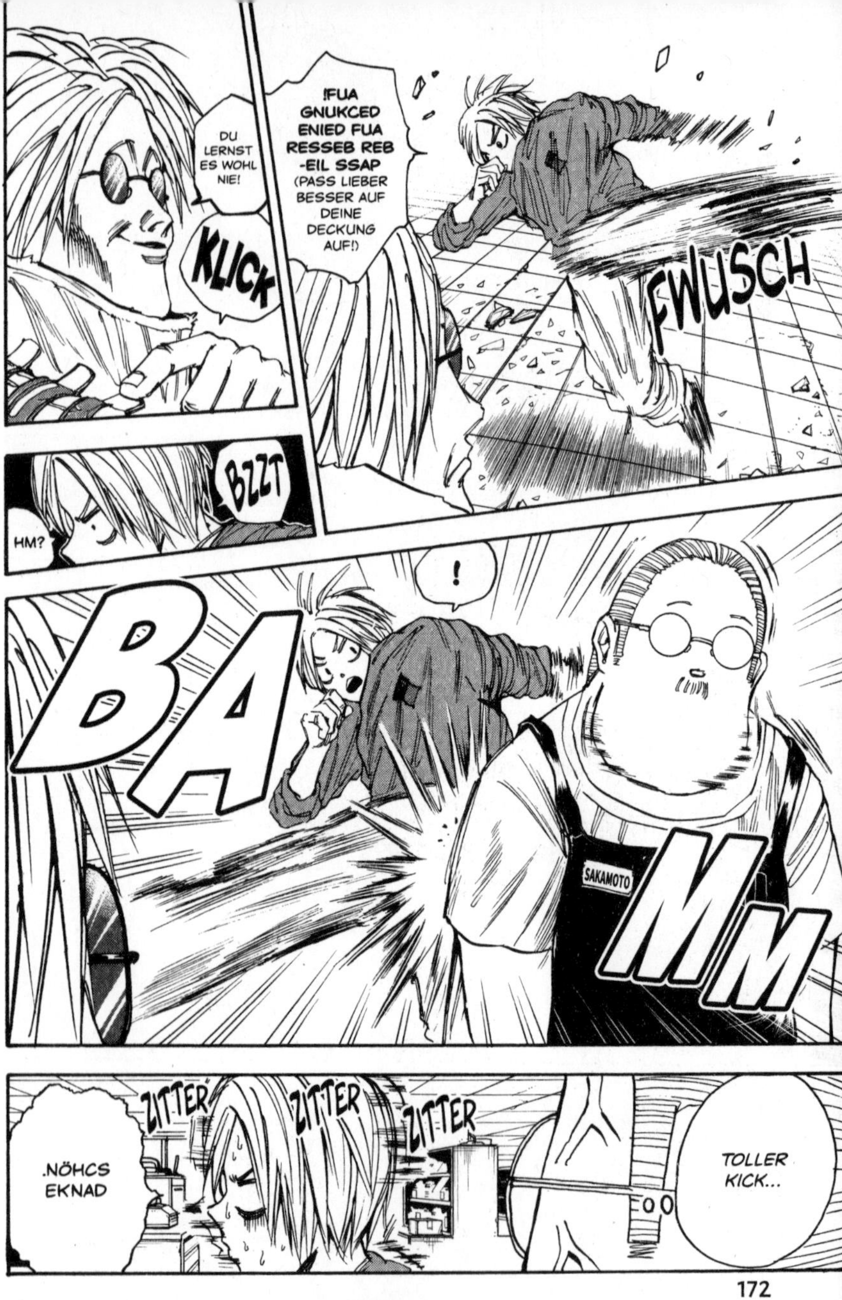
!FUA GNUKCED ENIED FUA RESSEB REB-EIL SSAP (PASS LIEBER BESSER AUF DEINE DECKUNG AUF!)
FWUSCH
DU LERNST ES WOHL NIE!
KLICK
BZZT
HM?
!
BA
MM
SAKAMOTO
TOLLER KICK...
ZITTER
ZITTER
ZITTER
.NÖHCS EKNAD

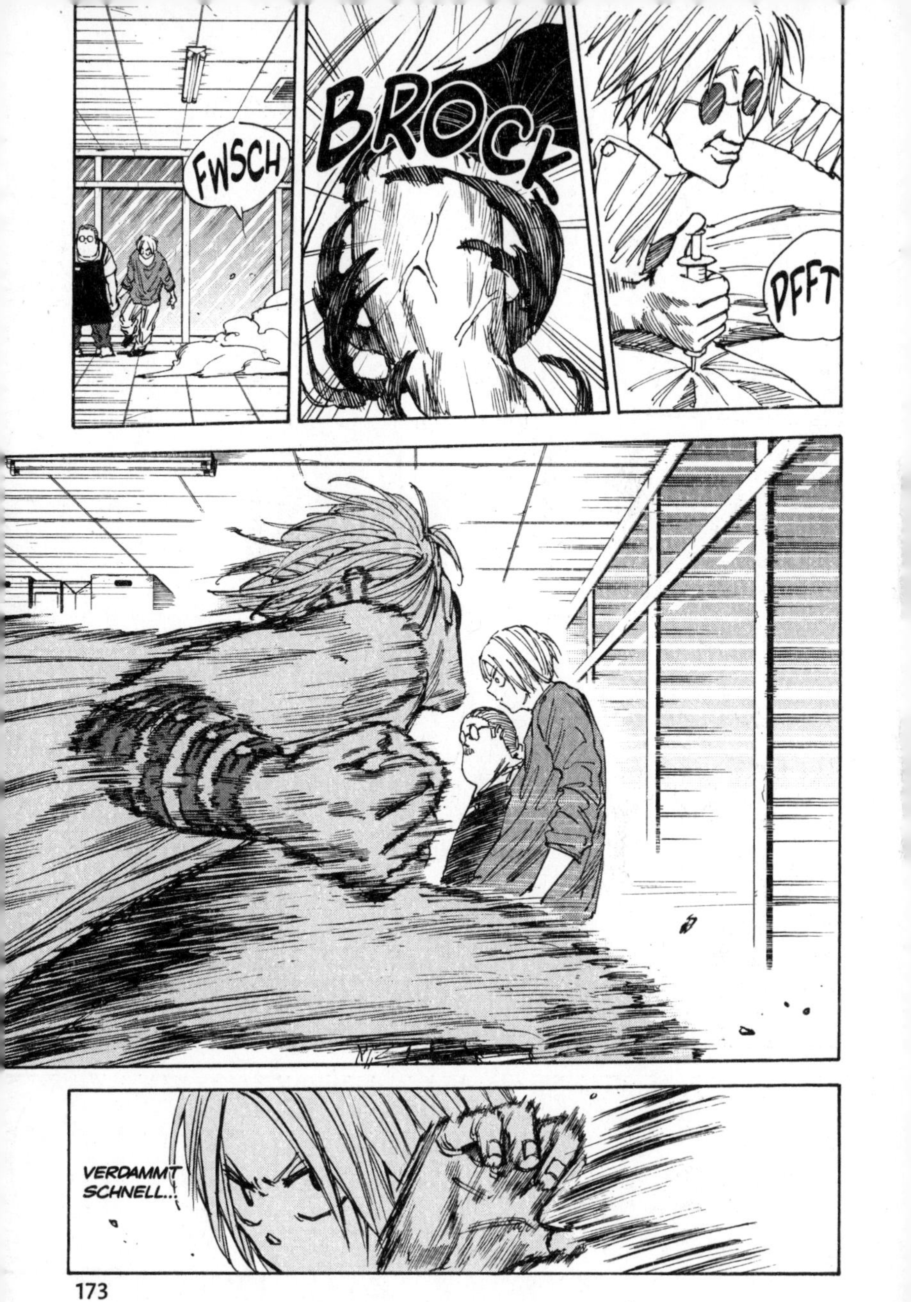
DFFT
BROCK
FWSCH
VERDAMMT SCHNELL...

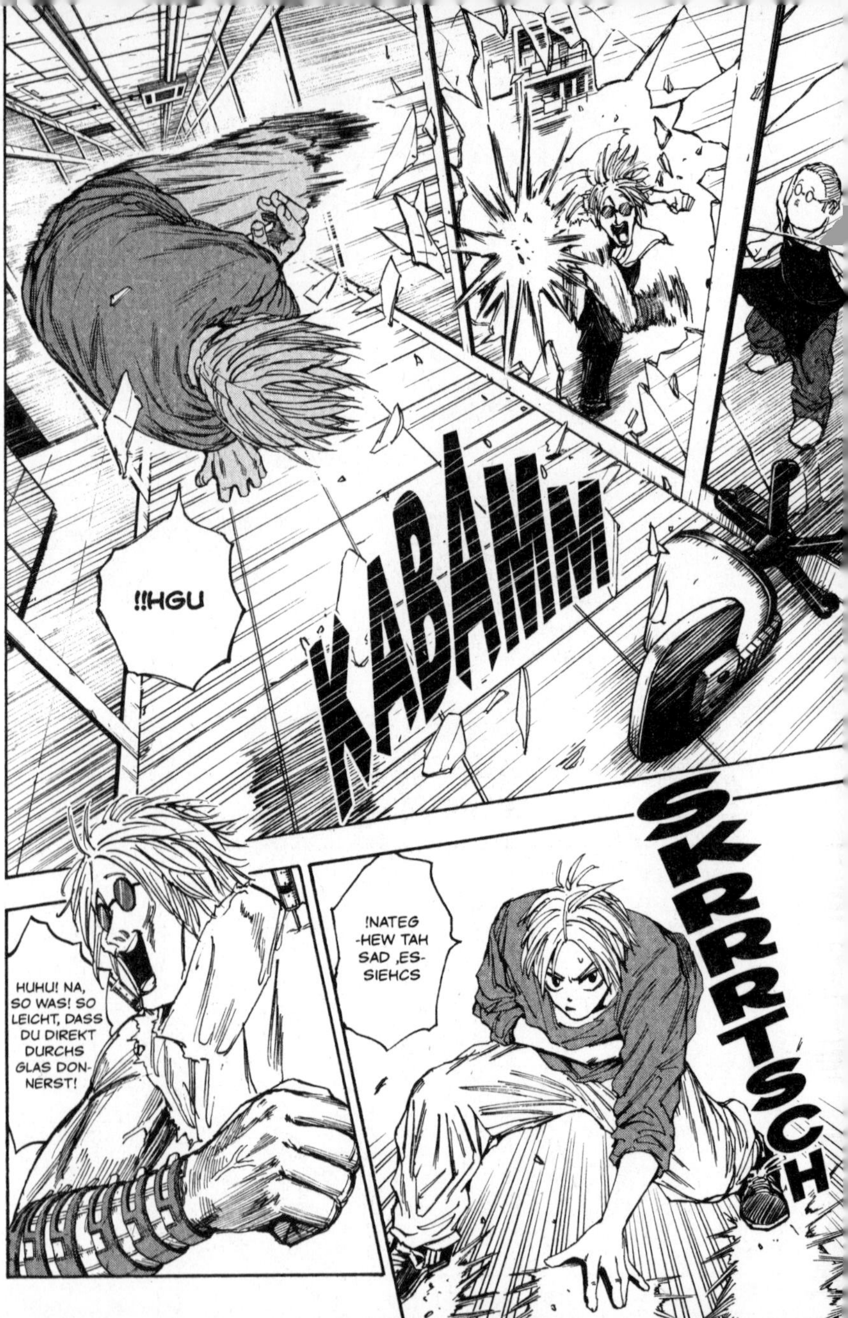
KABAMM
!!HGU
SKRRRTSCH
!NATEG -HEW TAH SAD ,ES- SIEHCS
HUHU! NA, SO WAS! SO LEICHT, DASS DU DIREKT DURCHS GLAS DONNERST!

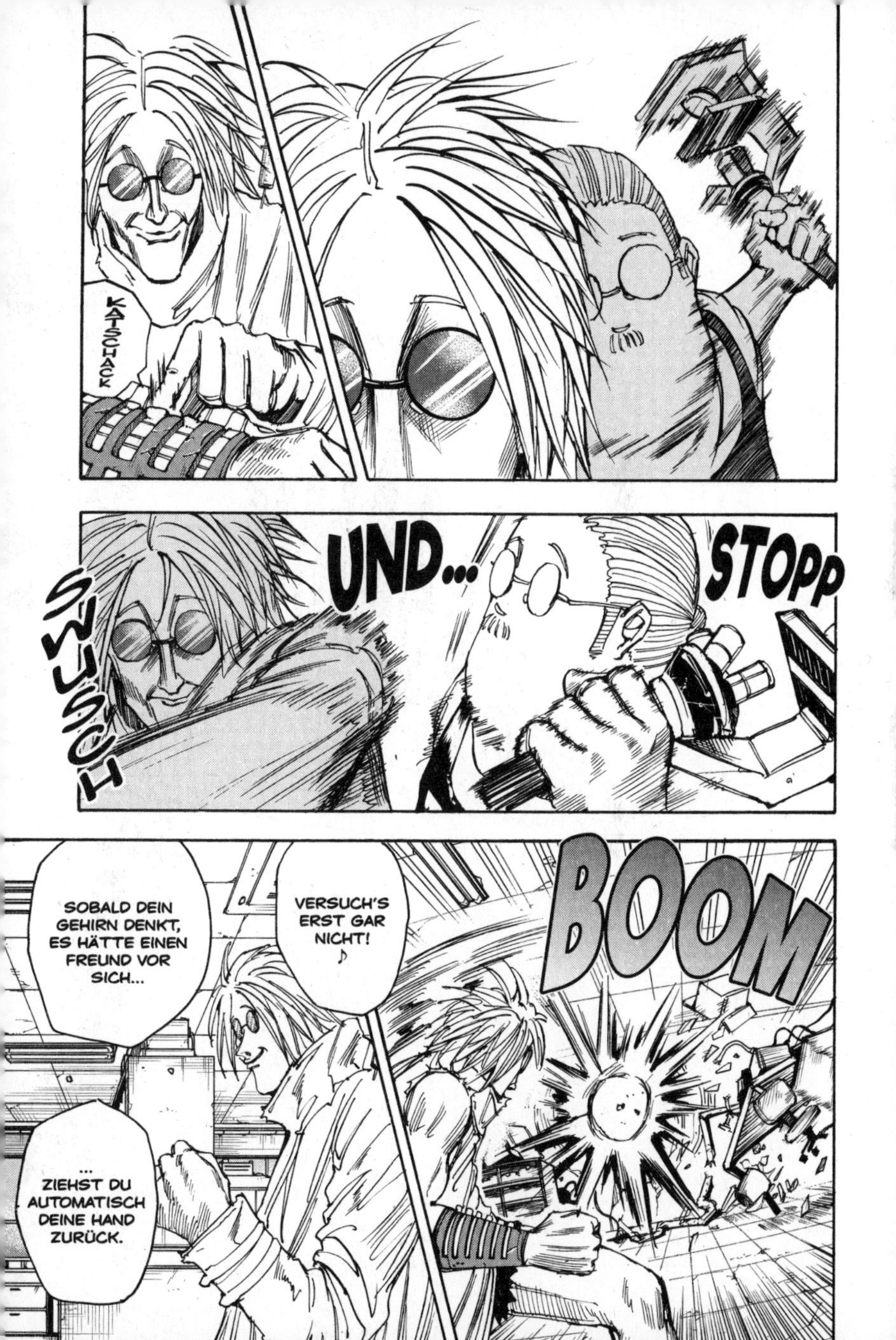
KATSCHACK
SWUSCH
UND...
STOPP
BOOM
VERSUCH'S ERST GAR NICHT! ♪
SOBALD DEIN GEHIRN DENKT, ES HÄTTE EINEN FREUND VOR SICH...
... ZIEHST DU AUTOMATISCH DEINE HAND ZURÜCK.

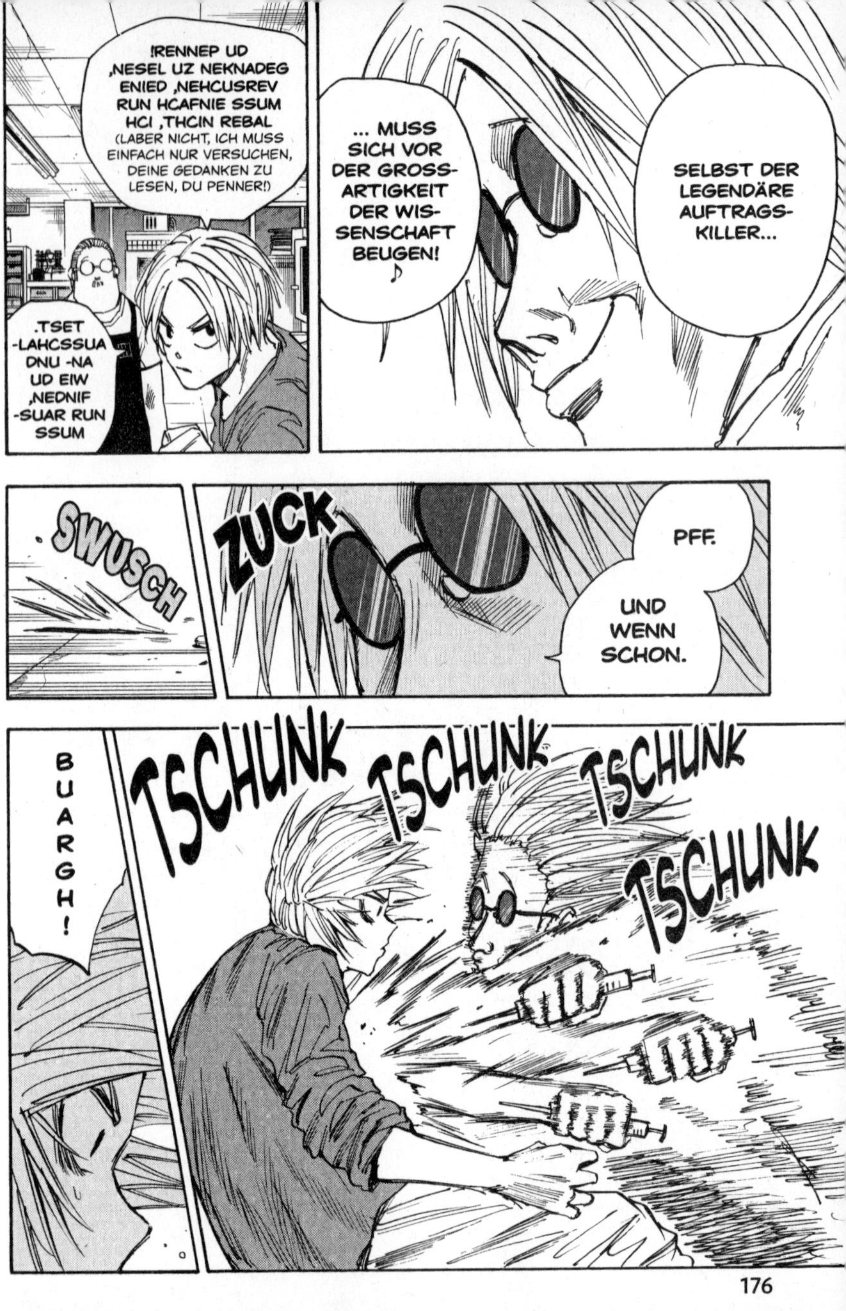
SELBST DER LEGENDÄRE AUFTRAGS-KILLER...
... MUSS SICH VOR DER GROSS-ARTIGKEIT DER WIS-SENSCHAFT BEUGEN! ♪
!RENNEP UD ,NESEL UZ NEKNADEG ENIED ,NEHCUSREV RUN HCAFNIE SSUM HCI ,THCIN REBAL
(LABER NICHT, ICH MUSS EINFACH NUR VERSUCHEN, DEINE GEDANKEN ZU LESEN, DU PENNER!)
.TSET -LAHCSSUA DNU -NA UD EIW ,NEDNIF -SUAR RUN SSUM
PFF.
UND WENN SCHON.
ZUCK
SWUSCH
TSCHUNK
TSCHUNK
TSCHUNK
TSCHUNK
BUARGH!

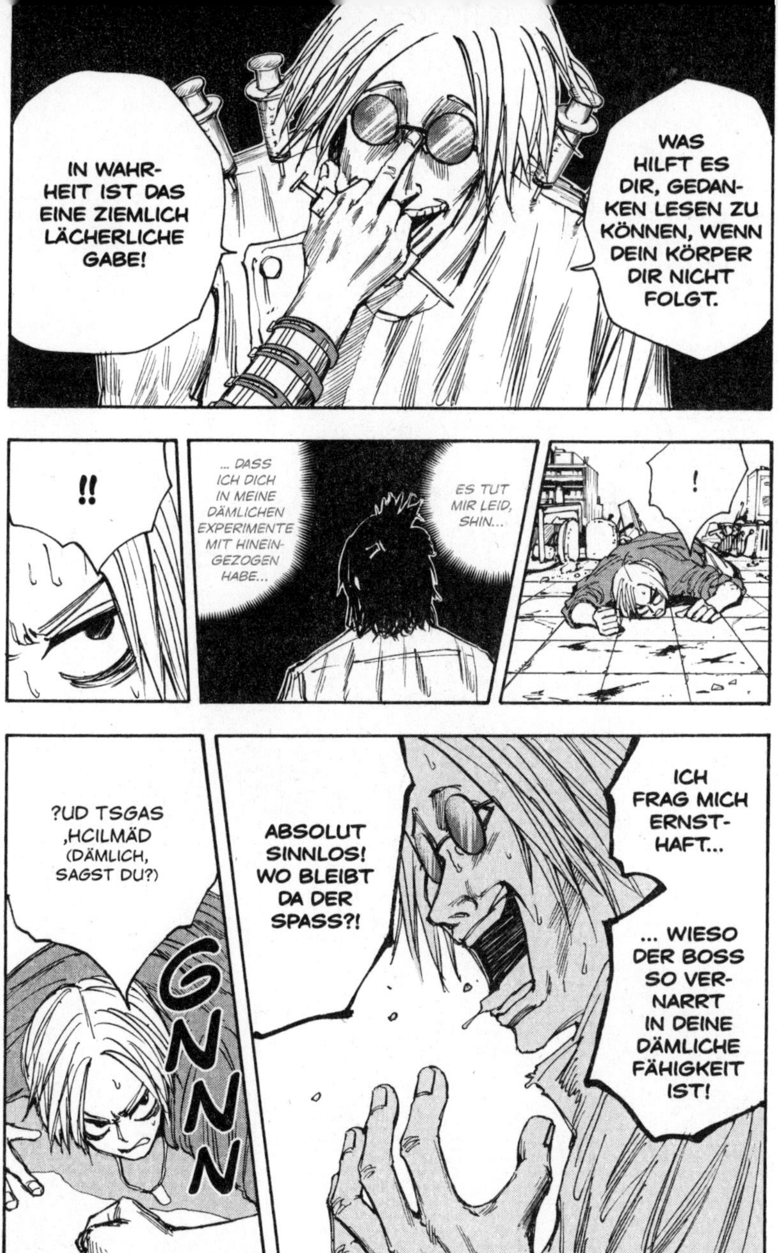
WAS HILFT ES DIR, GEDANKEN LESEN ZU KÖNNEN, WENN DEIN KÖRPER DIR NICHT FOLGT.
IN WAHRHEIT IST DAS EINE ZIEMLICH LÄCHERLICHE GABE!
!
ES TUT MIR LEID, SHIN...
... DASS ICH DICH IN MEINE DÄMLICHEN EXPERIMENTE MIT HINEINGEZOGEN HABE...
!!
ICH FRAG MICH ERNSTHAFT...
... WIESO DER BOSS SO VERNARRT IN DEINE DÄMLICHE FÄHIGKEIT IST!
ABSOLUT SINNLOS! WO BLEIBT DA DER SPASS?!
?UD TSGAS ,HCILMÄD (DÄMLICH, SAGST DU?)
GNNN

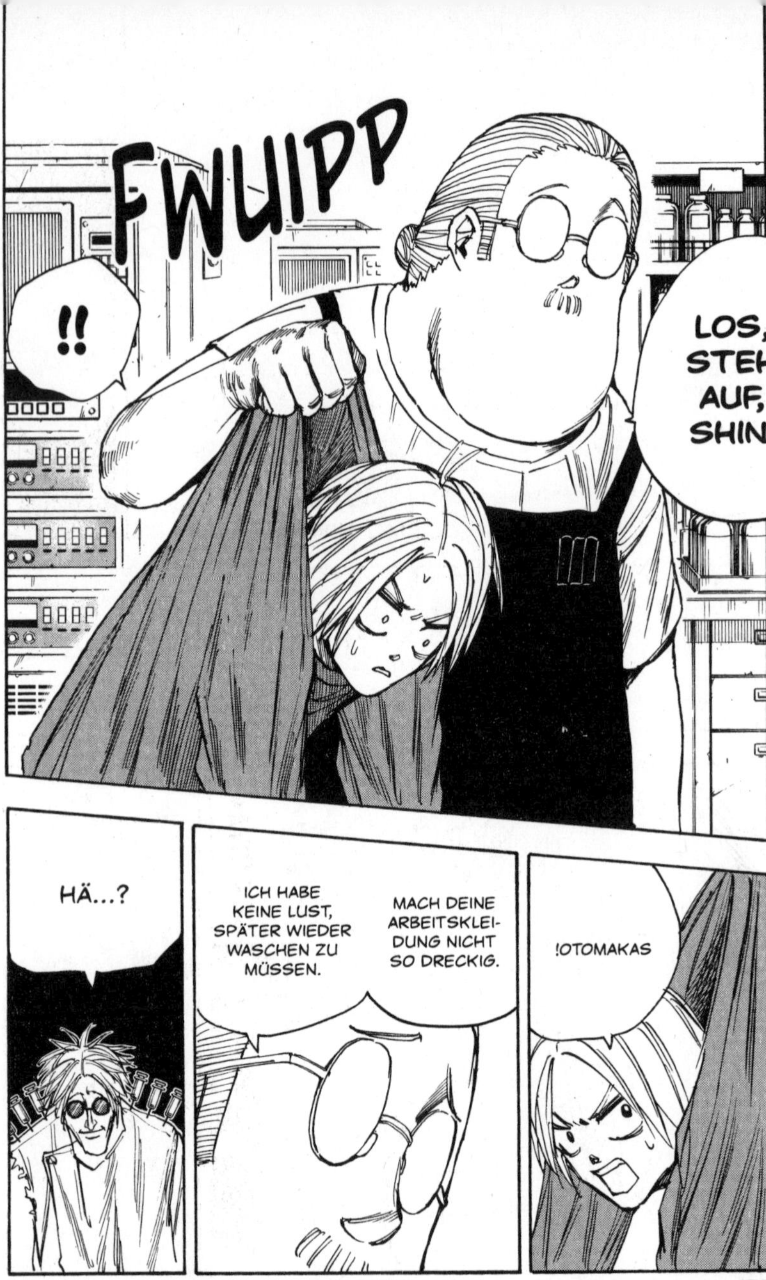
FWUIPP
LOS, STEH AUF, SHIN.
!!
!OTOMAKAS
MACH DEINE ARBEITSKLEI-DUNG NICHT SO DRECKIG.
ICH HABE KEINE LUST, SPÄTER WIEDER WASCHEN ZU MÜSSEN.
HÄ...?

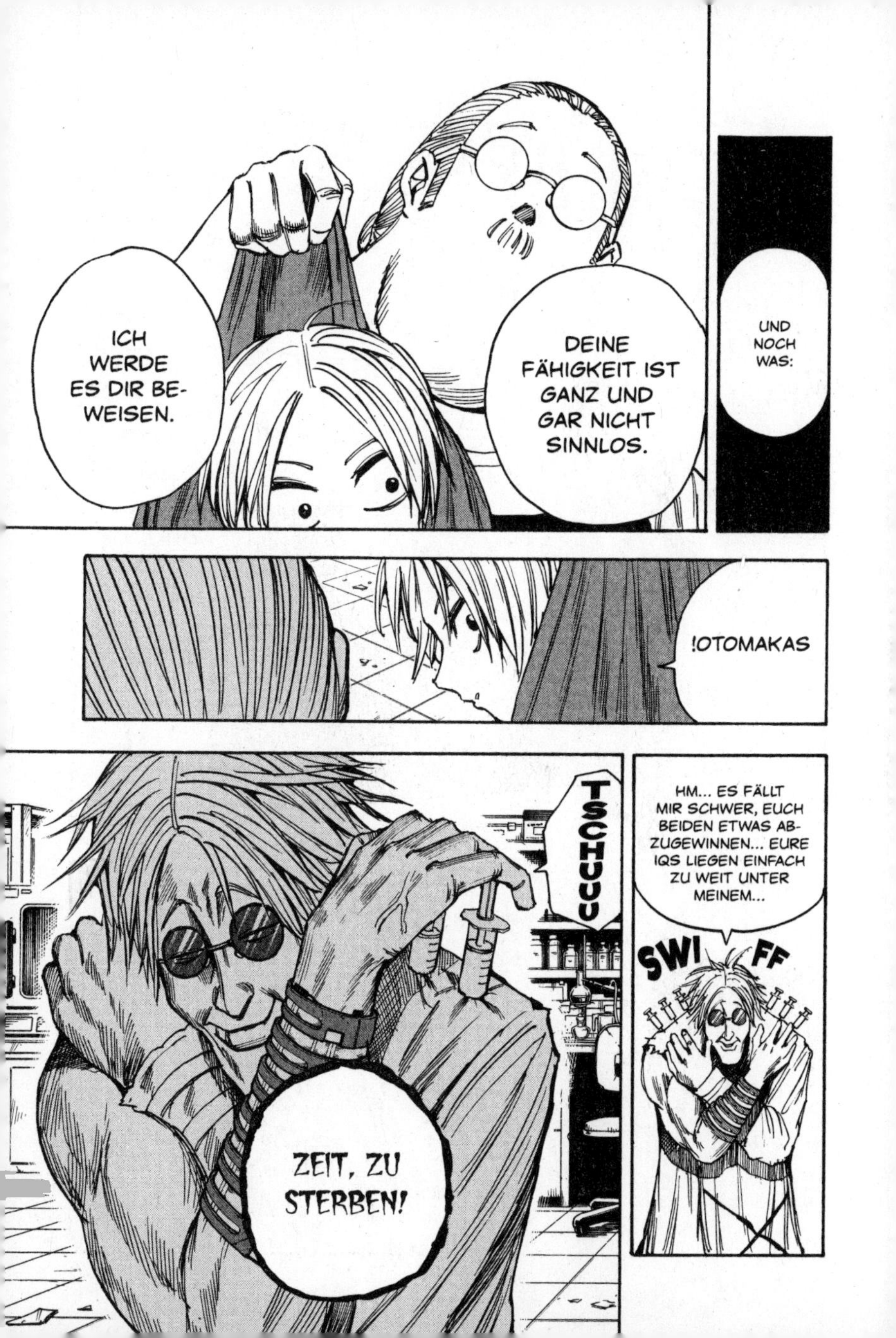
UND NOCH WAS:
DEINE FÄHIGKEIT IST GANZ UND GAR NICHT SINNLOS.
ICH WERDE ES DIR BE-WEISEN.
!OTOMAKAS
HM... ES FÄLLT MIR SCHWER, EUCH BEIDEN ETWAS AB-ZUGEWINNEN... EURE IQS LIEGEN EINFACH ZU WEIT UNTER MEINEM...
SWI FF
TSCHUUUU
ZEIT, ZU STERBEN!

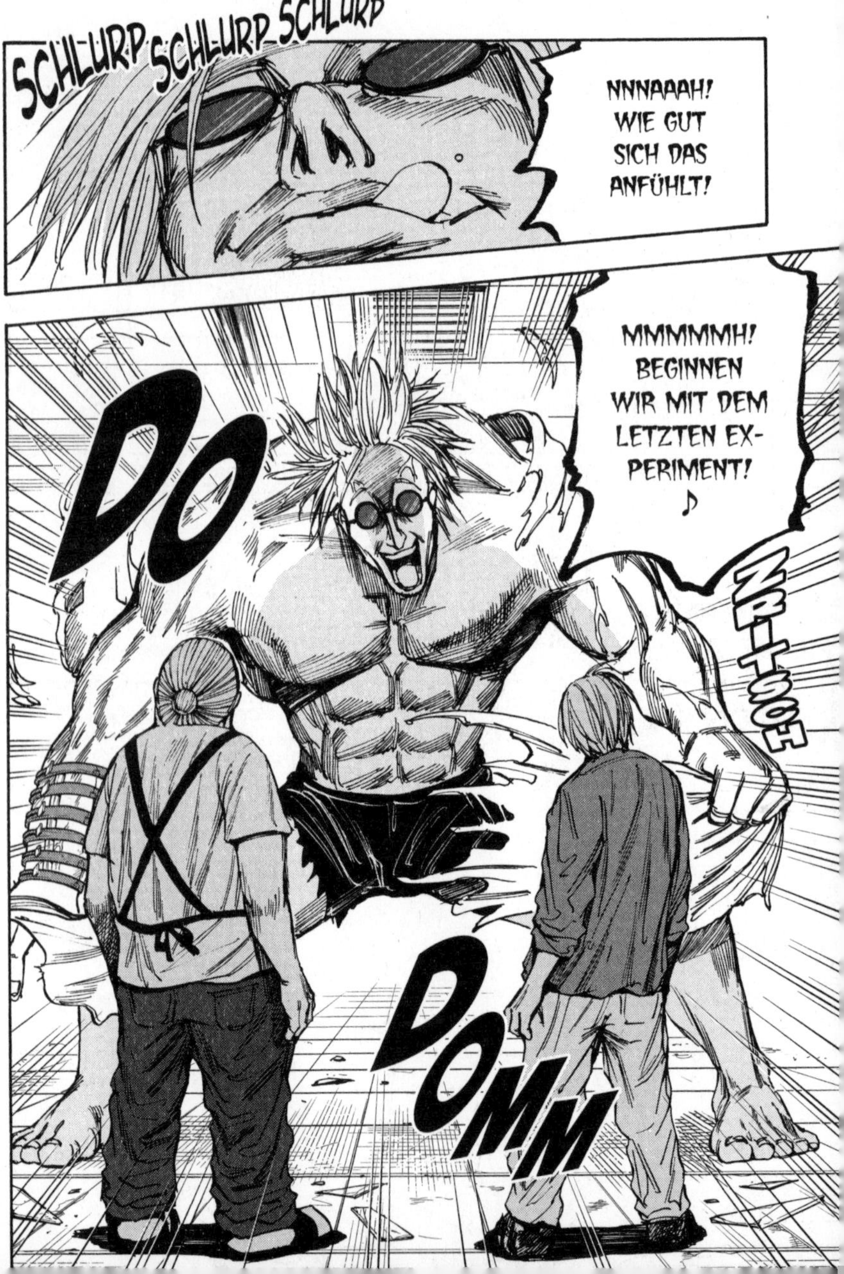
SCHLURP SCHLURP SCHLURP
NNNAAAH! WIE GUT SICH DAS ANFÜHLT!
MMMMMH! BEGINNEN WIR MIT DEM LETZTEN EXPERIMENT! ♪
ZRITSCH
DO
DOMM

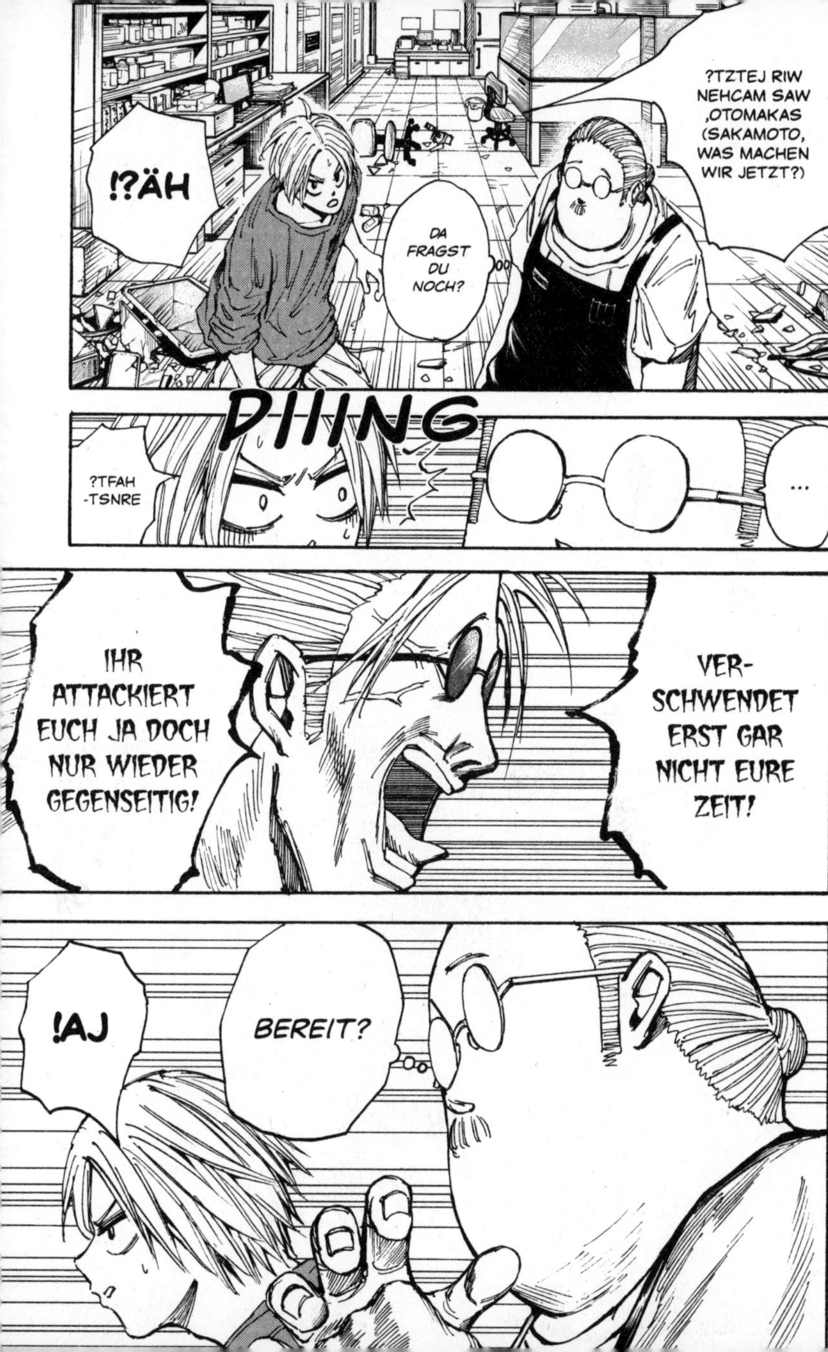
?TZTEJ RIW NEHCAM SAW ,OTOMAKAS (SAKAMOTO, WAS MACHEN WIR JETZT?)
DA FRAGST DU NOCH?
!?ÄH
DIIING
...
?TFAH -TSNRE
VER-SCHWENDET ERST GAR NICHT EURE ZEIT!
IHR ATTACKIERT EUCH JA DOCH NUR WIEDER GEGENSEITIG!
BEREIT?
!AJ

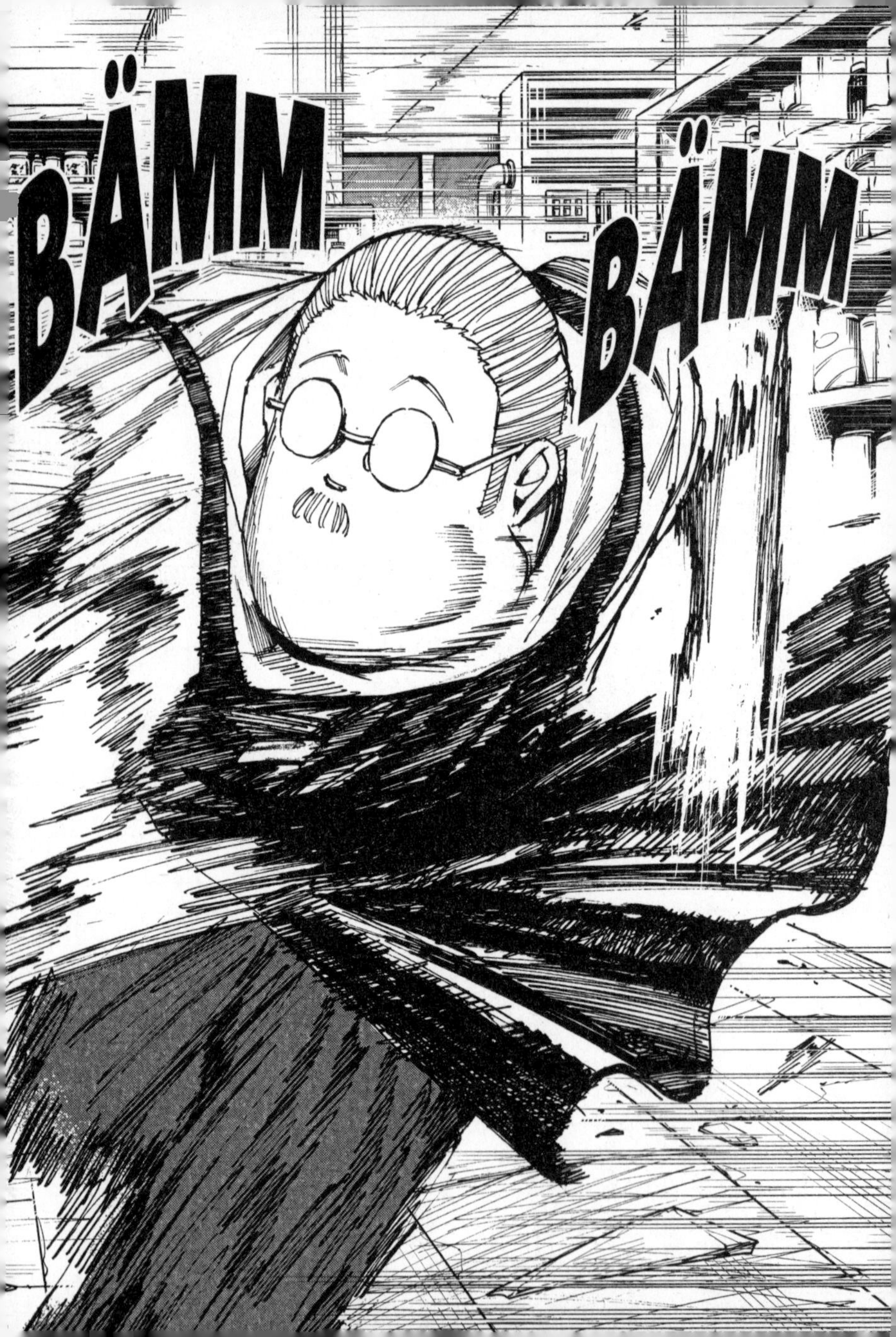
BÄMM
BÄMM

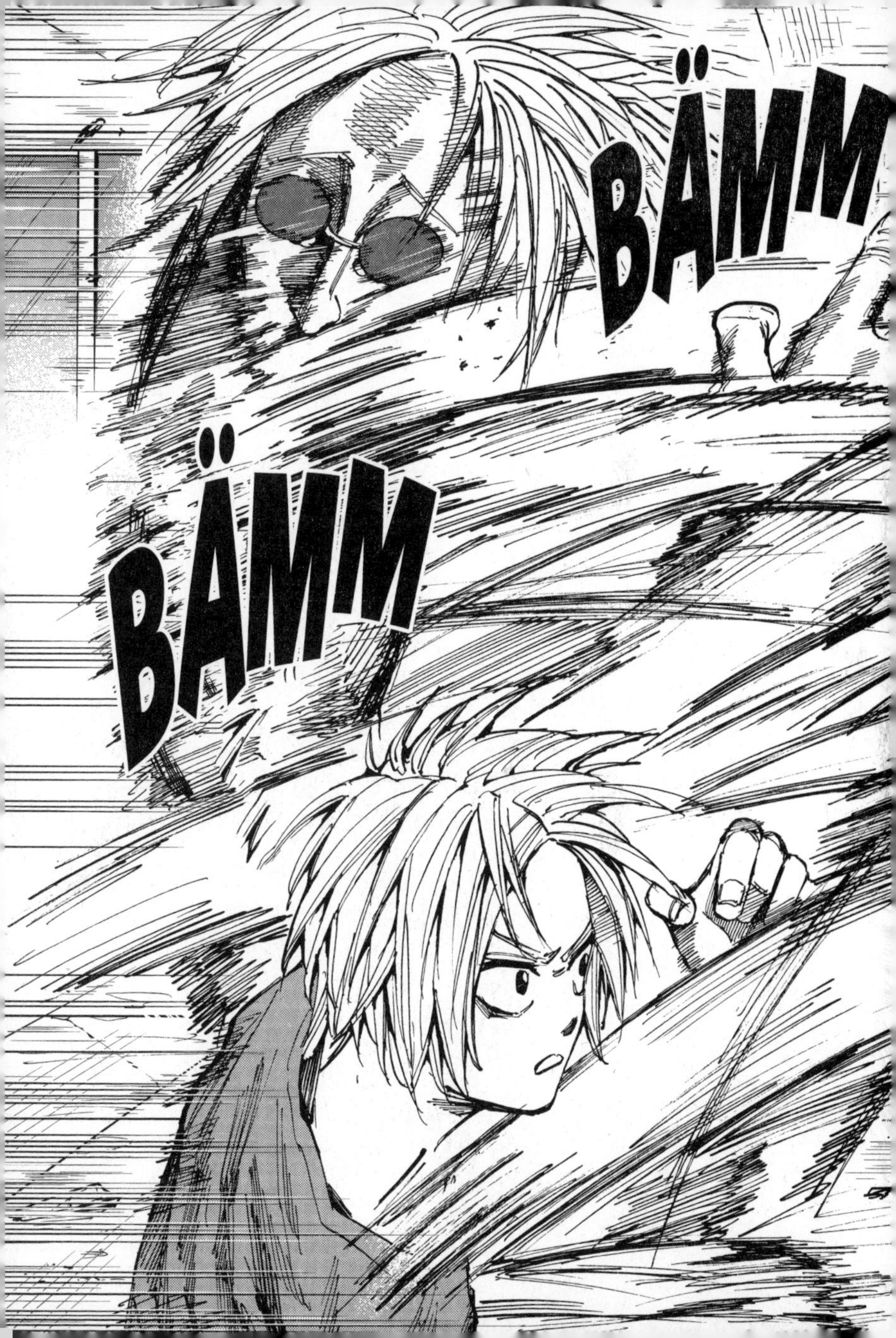
BÄMM
BÄMM

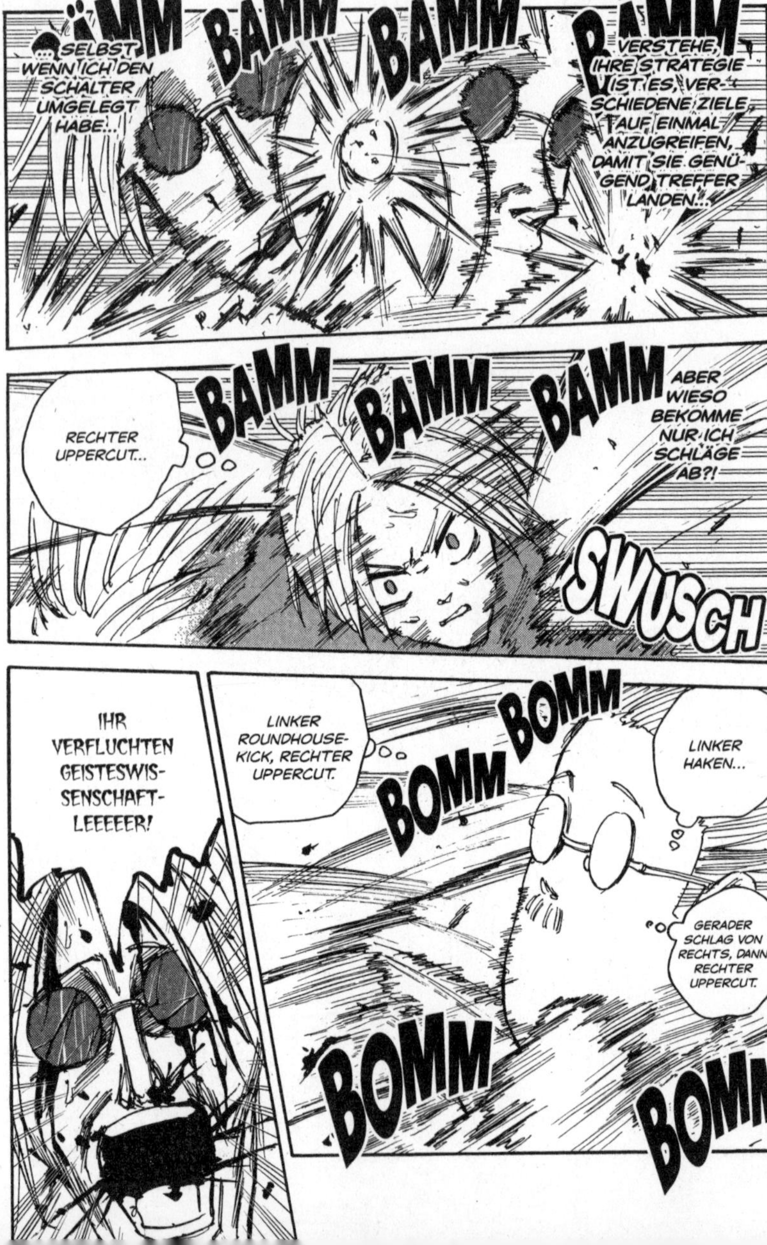
BÄMM
BÄMM
BÄMM
VERSTEHE, IHRE STRATEGIE IST ES, VER-SCHIEDENE ZIELE AUF EINMAL ANZUGREIFEN, DAMIT SIE GENÜ-GEND TREFFER LANDEN...
...SELBST WENN ICH DEN SCHALTER UMGELEGT HABE...
ÄMM
ABER WIESO BEKOMME NUR ICH SCHLÄGE AB?!
BAMM
BAMM
BAMM
SWUSCH
RECHTER UPPERCUT...
LINKER HAKEN...
BOMM
BOMM
LINKER ROUNDHOUSE-KICK, RECHTER UPPERCUT.
GERADER SCHLAG VON RECHTS, DANN RECHTER UPPERCUT.
BOMM
BOMM
IHR VERFLUCHTEN GEISTESWIS-SENSCHAFT-LEEEEER!

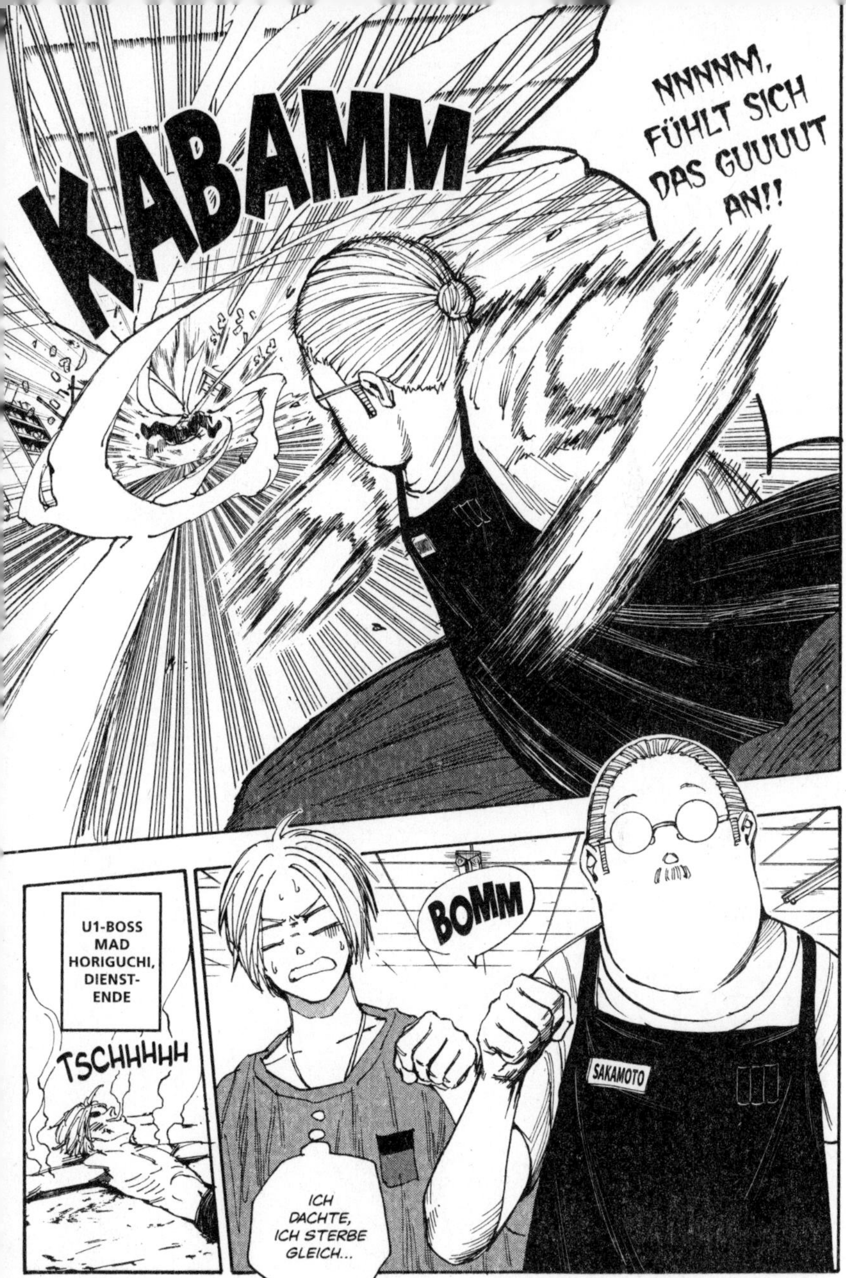
KABAMM
NNNNM, FÜHLT SICH DAS GUUUUT AN!!
BOMM
SAKAMOTO
ICH DACHTE, ICH STERBE GLEICH...
U1-BOSS MAD HORIGUCHI, DIENST-ENDE
TSCHHHHH

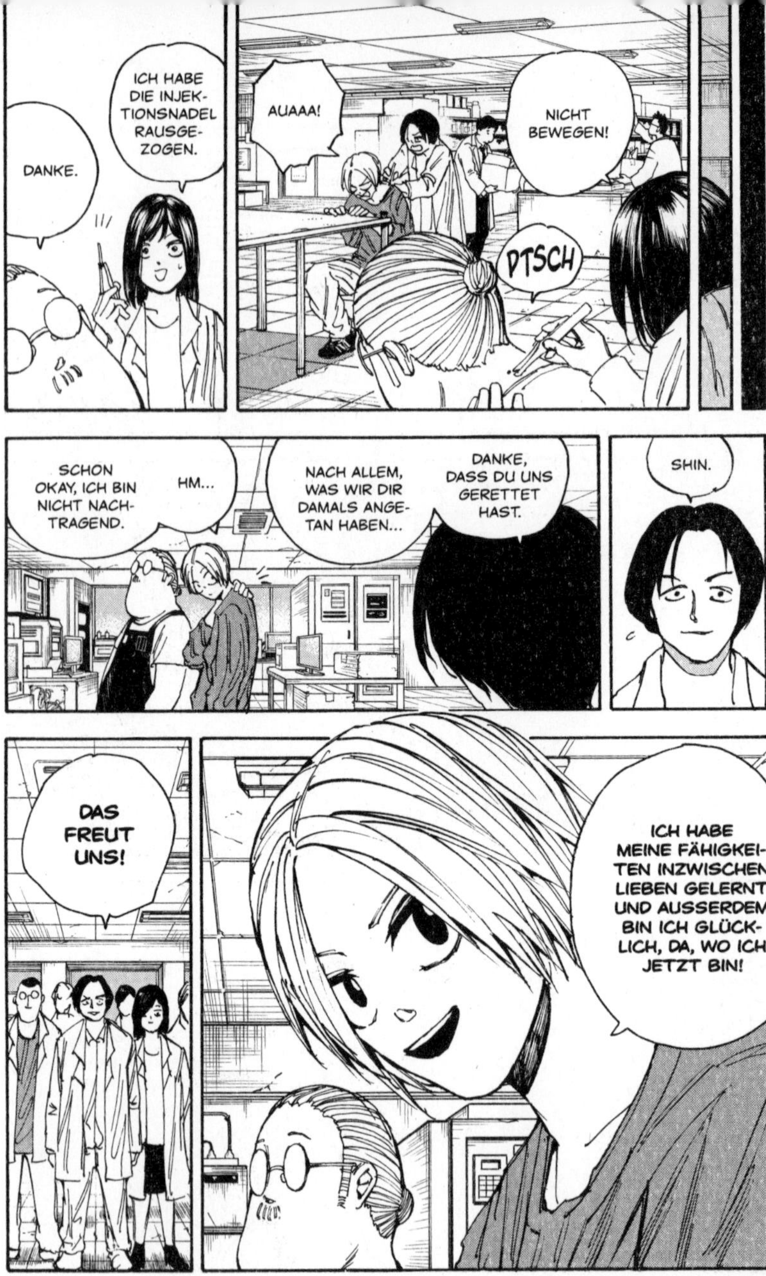
NICHT BEWEGEN!
DTSCH
AUAAA!
ICH HABE DIE INJEKTIONSNADEL RAUSGEZOGEN.
DANKE.
SHIN.
DANKE, DASS DU UNS GERETTET HAST.
NACH ALLEM, WAS WIR DIR DAMALS ANGETAN HABEN...
HM...
SCHON OKAY, ICH BIN NICHT NACHTRAGEND.
ICH HABE MEINE FÄHIGKEITEN INZWISCHEN LIEBEN GELERNT UND AUSSERDEM BIN ICH GLÜCKLICH, DA, WO ICH JETZT BIN!
DAS FREUT UNS!

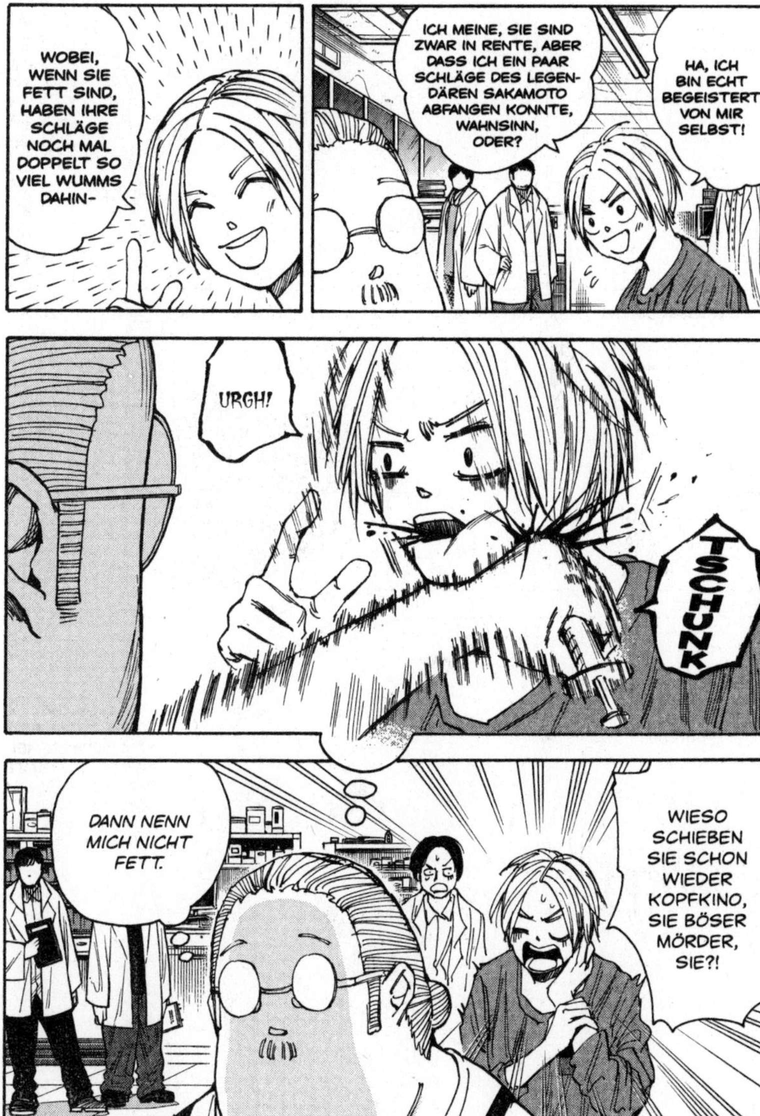

Fortsetzung folgt...

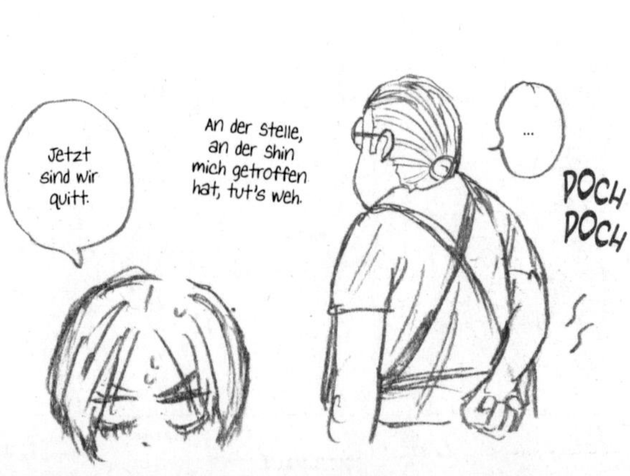
...
DOCH DOCH
An der Stelle, an der Shin mich getroffen hat, tut's weh.
Jetzt sind wir quitt.

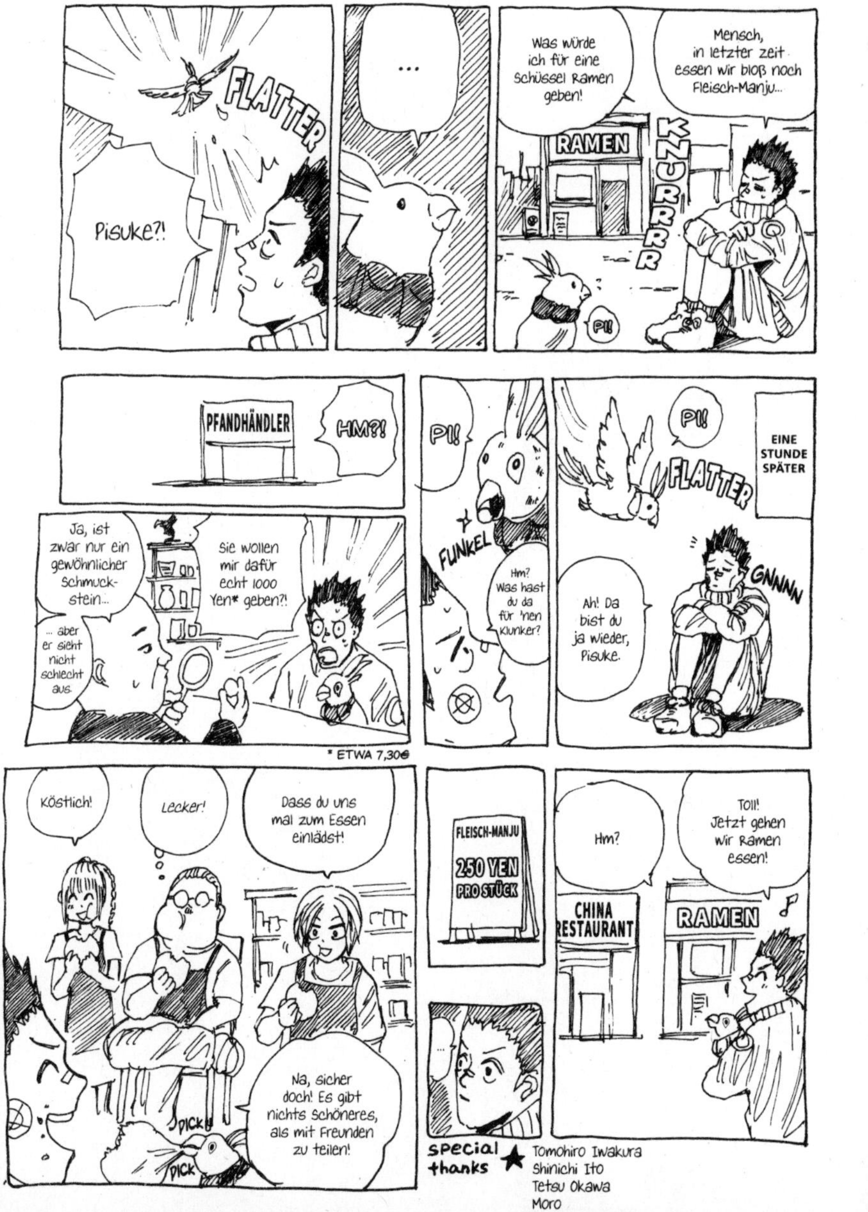

* ETWA 7,30€

special thanks ★ Tomohiro Iwakura
Shinichi Ito
Tetsu Okawa
Moro
Sosuke Ishikawa

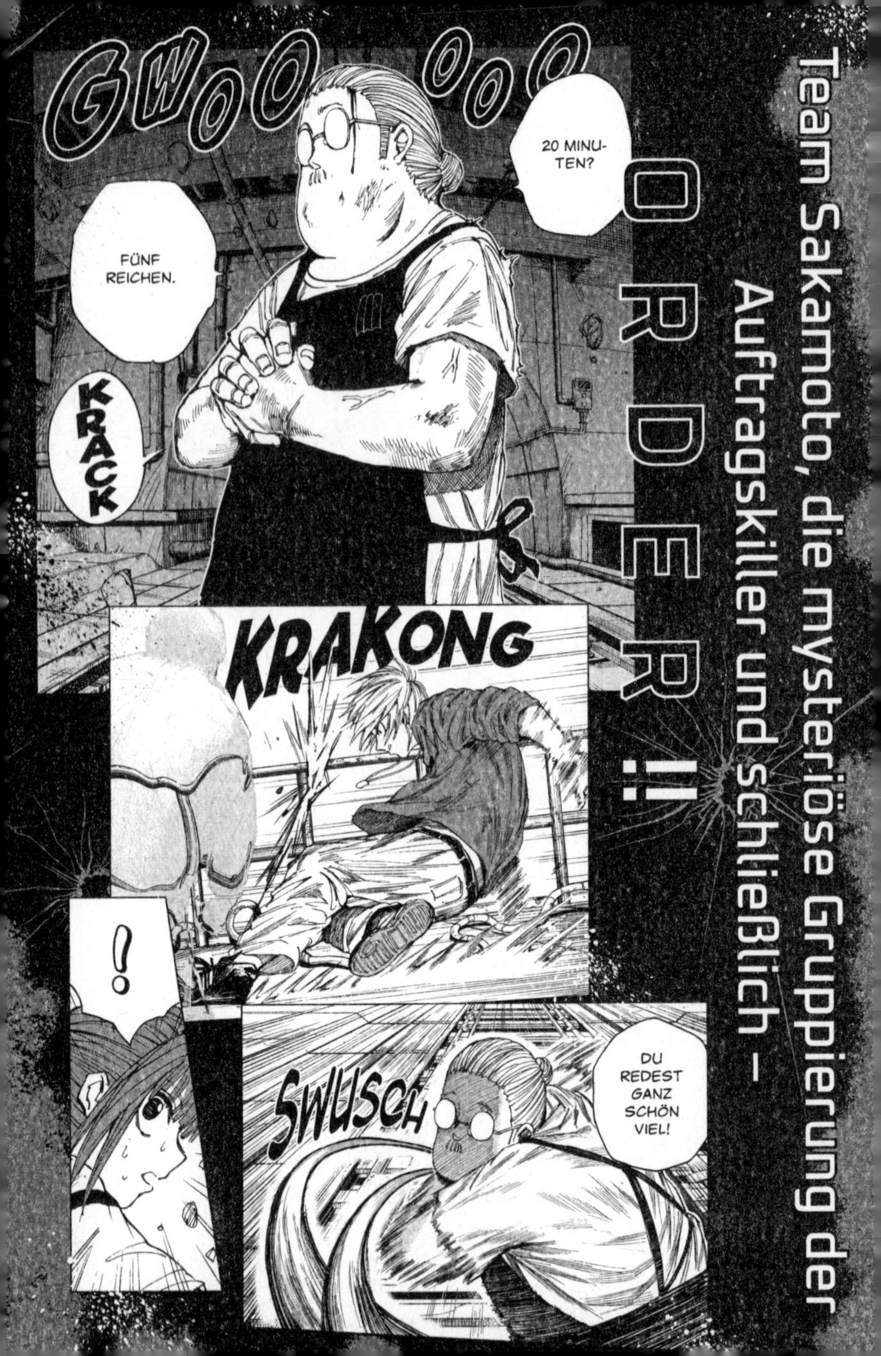
Team Sakamoto, die mysteriöse Gruppierung der Auftragskiller und schließlich –
ORDER!!
20 MINU-
TEN?
FÜNF
REICHEN.
GWOOOOOOO
KRACK
KRAKONG
!
DU
REDEST
GANZ
SCHÖN
VIEL!
SWUSCH

STOPP

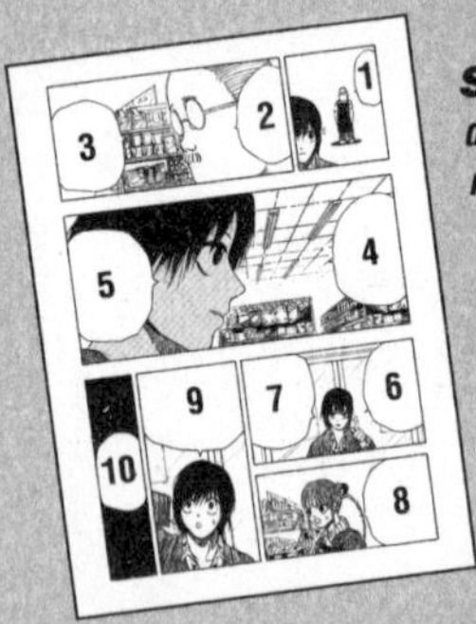

***SAKAMOTO DAYS** ist eine japanische Serie, die originalgetreu von »hinten« nach »vorne« und von rechts nach links gelesen wird. Man muss diesen Manga also »hinten« aufschlagen und Seite für Seite nach »vorn« weiterblättern. Auch die Bilder auf jeder Seite und die Sprechblasen innerhalb der Bilder werden von rechts oben nach links unten gelesen, so wie in der Grafik gezeigt.*

Ultimative Action mit dem besten Profikiller der Welt!

Carlsen Manga! News – jeden Monat neu per E-Mail!
www.carlsenmanga.de • www.carlsen.de

CARLSEN MANGA
Deutsche Ausgabe/German Edition

Aus dem Japanischen von Martin Gericke • SAKAMOTO DAYS © 2020 by Yuto Suzuki

Redaktion: Nina Kroesing • Textbearbeitung: Rebecca Richards
Lettering: Datagrafix • Produktionsmanagerin: Karen Kollmetz

ISBN: 978-3-551-75618-3